Negocios rentables a través de Internet

Paidós Empresa

Títulos publicados

10. B. Reddin - *La organización orientada al resultado*
11. E. G. Flamholtz e Y. Randle - *El juego interno del management*
12. J. H. Donnelly - *Cómo conquistar al cliente*
13. E. De Bono - *Seis pares de zapatos para la acción*
14. C. Altschul y E. Fernández - *Todos ganan*
15. A. F. Acland - *Cómo utilizar la mediación para resolver conflictos en las organizaciones*
16. S. R. Covey - *Los 7 hábitos de la gente altamente efectiva*
17. L. Leritz - *Negociación infalible*
18. C. Manz y H. P. Sims - *Superliderazgo*
19. J. Wareham - *Anatomía de un gran ejecutivo*
20. M. Bazerman y M. Neale - *La negociación racional*
21. E. De Bono - *Más allá de la competencia*
22. S. R. Covey - *El liderazgo centrado en principios*
23. E. De Bono - *La revolución positiva*
24. B. Fromm - *Los diez mandamientos de los negocios y cómo quebrantarlos*
25. P. L. Townsend y J. E. Gebhardt - *Calidad en acción*
26. R. McKenna - *Marketing de relaciones*
27. B. y C. Holton - *Curso breve para gerentes*
28. E. De Bono - *El pensamiento creativo*
29. C. Burton y N. Michael - *Guía práctica para la gestión por proyecto*
30. K. Albrecht - *Todo el poder al cliente*
31. G. de Sainte-Marie - *Dirigir una PYME*
32. S. R. Covey y otros - *Primero, lo primero*
33. S. R. Covey - *Meditaciones diarias para la gente altamente efectiva*
34. J. C. Collins y J. I. Porras - *Empresas que perduran*
35. M. E. Douglass y D. N. Douglass - *El management del tiempo en el trabajo en equipo*
36. J. W. Jones - *Management de alta velocidad*
37. J. Whitmore - *Entrenando para el desempeño empresarial*
38. A. Semprini - *El marketing de la marca*
39. F. Pacetta y R. Gittines - *No los despida, motívelos*
40. V. A. Howard y J. H. Barton - *Pensemos juntos*
41. A. de Ansorena - *15 pasos para la selección de personal con éxito*
42. R. M. Tomasko - *Repensar la empresa*
43. TH. M. Siebel y M. S. Malone - *La venta virtual*
44. K. Albrecht - *La misión de la empresa*
45. M. E. Gerber - *El mito del emprendedor*
46. B. Harrison - *La empresa que viene*
47. B. Tracy - *Estrategias eficaces de ventas*
48. T. y J. Hope - *Transformando la cuenta de resultados*
49. R. Benfari - *Cambiando el estilo de gestión*
50. S. Campbell - *Del caos a la confianza*
51. J. Slywotzky - *La migración del valor de la empresa*
52. The Hay Group - *Personal, rendimiento y sueldo*
53. A. Brooking - *El capital intelectual*
54. J. Musgrave y M. Anniss - *La dinámica de las relaciones personales*
55. J. James - *Pensando en el tiempo futuro*
56. R. Tomasko - *En busca del crecimiento*
57. R. Koch - *El principio del 80/20*
58. M. H. Meyer y A. P. Lehnerd - *El poder de las plataformas de productos*
59. S. Ghoshal y Ch. A. Bartlett - *El nuevo papel de la iniciativa individual en la empresa*
60. F. Hilmer y L. Donaldson - *La gerencia rescatada*
61. I. Morrison - *La segunda curva*
62. L. K. Geller - *¡Respuestas! Una guía completa del marketing directo efectivo*
63. F. Cairncross - *La muerte de la distancia*
64. R. Moss Kanter - *Las nuevas fronteras del management*
65. S. R. Covey y otros - *Primero lo primero. Reflexiones diarias*
68. J. Hagel III y A. G. Armstrong - *Negocios rentables a través de Internet*

John Hagel III
Arthur G. Armstrong

Negocios rentables a través de Internet

Net Gain

Título original: *Net Gain*
Publicado en inglés, en 1997, por Harvard Business School Press, Boston (Massachusetts)
Publicado en castellano por acuerdo con Harvard Business School Press, Boston (Massachusetts)

Traducción de Florentino Heras Díez

Cubierta de Víctor Viano

Quedan rigurosamente prohibidas, sin la autorización escrita de los titulares del *copyright*, bajo las sanciones establecidas en las leyes, la reproducción total o parcial de esta obra por cualquier medio o procedimiento, comprendidos la reprografía y el tratamiento informático, y la distribución de ejemplares de ella mediante alquiler o préstamo públicos.

© 1995 by the President and Fellows of Harvard College
© 1999 de la traducción, Florentino Heras Díez
© 1999 de todas las ediciones en castellano,
 Ediciones Paidós Ibérica, S. A.,
 Mariano Cubí, 92 - 08021 Barcelona
 y Editorial Paidós, SAICF,
 Defensa, 599 - Buenos Aires
 http://www.paidos.com

ISBN: 84-493-0698-1
Depósito legal: B-10.463/1999

Impreso en A & M Gràfic, S.L.,
08130 Sta. Perpètua de Mogoda (Barcelona)

Impreso en España - Printed in Spain

*Dedicamos este libro, con nuestro amor, a Jane, Rebecca y Rachel,
así como a Kathy y Emily, que han contribuido a este empeño mostrándonos un
indefectible apoyo y renunciando al tiempo que, en otras circunstancias, les
hubiéramos dedicado.*

*Hay quien gasta y todavía va a más;
y hay quien ahorra en demasía sólo para venir a menos.*

Proverbios, 11:24

SUMARIO

Prólogo 11
Agradecimientos 17

Primera parte
EL VERDADERO VALOR
DE LAS COMUNIDADES VIRTUALES

1. El éxito es de los más rápidos 23
2. Los mercados invertidos 37
3. La nueva economía de las comunidades virtuales 63
4. Lo que está por venir. 109

Segunda parte
CREAR UNA COMUNIDAD VIRTUAL

5. Elegir la manera de entrar 141
6. Echar los cimientos 161
7. El toque del jardinero 181
8. Equipar la comunidad 205

Tercera parte
POSICIONARSE PARA GANAR EL GRAN PREMIO

9. Reexaminar la gestión funcional 221
10. Remodelar mercados y organizaciones 239
    Agenda para los responsables 255
    Para profundizar en el tema 261

    Indice analítico y de nombres 263

PRÓLOGO

Nuestro interés por las comunidades virtuales ha evolucionado a lo largo de muchos años, que constituyen una verdadera eternidad en tiempo «virtual». Surgió a finales de la década de los ochenta, cuando advertimos la aparición y el posterior desarrollo de *The Well*, una comunidad virtual vibrante y atractiva, integrada por pensadores de vanguardia, situados en la intersección del cambio tecnológico y cultural. El hecho que *The Well* se centrara en los tablones de anuncios (BBS) y el correo electrónico nos hizo ver que la finalidad última de las redes son los vínculos que crean entre las personas. También ponía de manifiesto la importancia de una nueva forma de contenido que provenía de los miembros de *The Well*, al comunicar unos con otros a través de la red. Con el tiempo, los mensajes acumulados en los tablones de anuncios electrónicos de *The Well* se convirtieron en una valiosa fuente de información que atraía a otras personas. Éstas, a su vez, contribuían con sus comentarios al conocimiento acumulado de la comunidad.

Gracias a *The Well*, también descubrimos una cultura subterránea, amplia y fragmentada, circulando a través de tablones de anuncios independientes y que utilizaban la red telefónica. Creados y mantenidos —generalmente a tiempo parcial, desde una habitación libre o un garaje— por gente apasionada por un tema concreto, esos tablones de anuncios se habían convertido en lugares de encuentro virtuales donde se podía comunicar con personas que compartían los mismos intereses. Los deportes, los juegos de rol, la diabetes, coleccionar pistolas, suministrar artículos de fontanería, la política, las relaciones, la inversión en Bolsa —la variedad de temas parecía infinita. Existían miles de tablones de anuncios de este tipo, y aunque la mayoría de ellos sólo contaban con unos centenares de miembros, entre todos atraían a millones de participantes a nivel nacional e internacional.

La mayoría de estas iniciativas estaban motivadas por la pasión, no por el lucro. De hecho, había una fuerte cultura contraria a los negocios en el mundo virtual y especialmente en Internet. En aquella época, éste era una plataforma de red relativamente reciente que alojaba una gran cantidad de «grupos de noticias», los cuales reunían a personas en torno a temas de interés común. El lucro estaba casi totalmente ausente hasta que aparecieron servicios comerciales electrónicos como *Prodigy, America Online* y *CompuServe*. El éxito de *America Online* y *CompuServe*, que ponían el énfasis en los tablones de anuncios y las tertulias (*chats*), frente a *Prodigy*, que estaba más centrado en la «difusión» de contenido publicado, ponía de relieve una vez más la importancia de las relaciones entre las personas.

El segundo impulso que nos llevó a escribir este libro surgió de nuestro trabajo con los clientes en McKinsey & Company. Muchos de ellos, que provenían de una amplia gama de sectores, incluyendo los medios de comunicación, las telecomunicaciones, los servicios sanitarios y financieros, habían empezado a ofrecer contenido y servicios en la red, con la esperanza de desarrollar nuevos mercados. No tardamos en descubrir, al trabajar con esos clientes, que la clave para sacar provecho de los nuevos mercados en las redes electrónicas era saber combinar el contenido informativo con la comunicación. Las comunidades virtuales ofrecían un contexto con grandes posibilidades para esta integración y se convertían así en algo más que un simple fenómeno social de cierto interés. De hecho, constituían el núcleo de un tipo de negocio radicalmente nuevo.

Nuestro enfoque también se veía influido por el trabajo de McKinsey quien ayudaba a sus clientes a dominar las implicaciones de las tecnologías multimedia en los negocios. Al proporcionar a los usuarios experiencias más enriquecedoras y al posibilitar nuevas formas de actividad comercial, las tecnologías multimedia están transformando las redes electrónicas. En contacto con nuestros clientes, empezamos a percibir la emergencia de negocios totalmente nuevos, basados exclusivamente en las redes con capacidad multimedia, y que podrían ofrecer a sus usuarios un valor bastante mayor que el que ofrecen los comercios que se encierran entre las cuatro paredes de su localización física. Por supuesto, las comunidades virtuales no surgen de la nada. Se verán determinadas por muchos elementos de nuestro cambiante entorno actual, como son las múltiples rupturas tecnológicas, la liberalización y desregulación del comercio que exigen nuevos enfoques estratégicos y organizativos, entre ellos las estrategias relacionadas con el web, la elaboración de escenarios alternativos, el modelado evolutivo y la capacidad de «canibalizar» las líneas de negocios actuales de la propia empresa.

Decidimos escribir este libro para atraer la atención de un amplio público sobre el tipo de negocio presente en las comunidades virtuales, pues creemos que se convertirá en un elemento central del panorama económico de la próxima década. Nuestro objetivo es alcanzar públicos muy diversos. En primer lugar y sobre todo, nos dirigimos a quienes aspiran a crear sus propias comunidades virtuales, especialmente a los altos cargos de las grandes empresas que son capaces de adoptar el nuevo modelo, de crear valor y de establecer relaciones con los clientes en un plano más amplio que el imaginado por la dirección. También queremos llegar a aquellos emprendedores creativos que ya se han aventurado en la red y que, de distintas maneras, están experimentando con elementos del nuevo tipo de negocios. Muchos de ellos están a punto de experimentar el enorme potencial de este nuevo modelo, pero, como explicaremos en el libro, nadie ha descifrado todavía su código secreto ni ha conseguido dominar su potencial. De forma más amplia, queremos dirigirnos al público en general, especialmente a aquellos que han vislumbrado alguna nueva posibilidad de crecimiento de las redes electrónicas, pero que todavía no están seguros de lo que ello puede significar para su vida profesional y privada.

Nos gustaría dejar claro nuestro objetivo. Queremos ofrecer a todos nuestros lectores la posibilidad de comprender ese nuevo tipo de negocios y así ayudarles a navegar por entre los desafíos que supone crear y gestionar una comunidad virtual como una empresa comercial. Retomando las palabras de un famoso filósofo del cambio social, no intentamos interpretar este nuevo mundo: nuestro objetivo es contribuir a su cambio.

No consideramos la comprensión como un fin en sí mismo; por ello no nos hemos detenido en una descripción ni en un análisis minucioso de los principios de las comunidades virtuales. Tampoco hemos intentado ofrecer un manual de instrucciones detalladas para crear comunidades, cosa que sería prematura a estas alturas. En cambio, nos centramos en los principios básicos para el desarrollo exitoso de las comunidades que permitirán liberar la creatividad y la innovación necesarias para explorar y explotar el enorme potencial que subyace en el concepto de comunidad virtual.

También debe quedar claro que estamos hablando de comunidades virtuales en tanto que empresas comerciales. Howard Rheingold y otros han descrito con acierto las comunidades como un simple fenómeno social. Alguno de estos observadores piensa que las comunidades virtuales son la antítesis del comercio. Nuestra opinión es que el ánimo de lucro creará, en realidad, nuevas formas de comunidades virtuales cuyo fuerte componente comercial reforzará y ampliará los requisitos básicos de una comunidad, esto es, la confianza y el compromiso entre sus miembros.

Finalmente, debemos reconocer tres limitaciones inevitables al escribir este libro. La primera surge de las profundas incertidumbres asociadas a las cambiantes redes electrónicas y a los miles de tipos de negocios que están naciendo a partir del caldo inicial conocido como ciberespacio. Por una parte, lo único que sabemos con seguridad es que la evolución de este nuevo entorno nos sorprenderá a todos. Por otra parte, tenemos ciertas convicciones sobre algunas de las direcciones probables de esa evolución. Hemos querido explicitar nuestras suposiciones para que los lectores puedan comprobarlas y evaluarlas.

En segundo lugar, la necesidad de ser concisos nos ha llevado a hacer algunas generalizaciones sobre la evolución probable de las comunidades virtuales y los principios clave para el éxito. Como suele ocurrir con las generalizaciones, tienen sus inevitables excepciones y requieren ciertas matizaciones cuando se aplican a situaciones concretas. Las generalizaciones son útiles para orientar al lector y para simplificar un panorama muy complejo pero resultan peligrosas cuando se aplican de forma mecánica en todas las situaciones. Como explicaremos en su momento, es probable que se desarrolle una gran variedad de comunidades virtuales, diferenciadas por su enfoque, sus miembros, su economía, sus raíces culturales y el momento de su formación. Cada comunidad será única y necesitará sus propias estrategias y su organización para conseguir el éxito.

En tercer lugar, no esperamos que las comunidades virtuales sean la única «forma de vida» en las redes públicas. Al contrario, numerosos formatos diferentes, comerciales o no comerciales (incluyendo directorios, centros comerciales virtuales, «revistas *web*», *sites* de empresa y áreas de juego) aparecerán también en estas redes. Pero dada la necesidad de centrarnos, y por nuestro convencimiento de que las comunidades virtuales serán el formato electrónico comercial más competitivo, hemos decidido centrarnos exclusivamente en este formato.

Para guiar a nuestros lectores a través de este panorama poco familiar, hemos organizado el presente libro en tres partes. La primera, «El verdadero valor de las comunidades virtuales», describe el poder y el potencial del concepto de comunidad virtual. Empieza con una visión general de las perspectivas más importantes que se presentan en el libro y luego describe las comunidades virtuales más detalladamente, su papel en el traspaso del valor económico de vendedores a clientes, su potencial como creadoras de valor al estar basadas en la dinámica de los rendimientos crecientes y su evolución probable a través de una serie de etapas diferenciadas.

Después de haber dibujado el panorama, la segunda parte, «Crear una comunidad virtual», se centra en la forma de entrar en este nuevo negocio. Analiza la elección del tipo de comunidad con el que se quiere empezar; los principios de una acertada estrategia inicial, poniendo de relieve la necesidad de generar, articular y mantener el volumen de operaciones durante tiempo; de entender las características distintivas de la organización de una comunidad y de seleccionar la tecnología adecuada.

La tercera y última parte, «Posicionarse para ganar el gran premio», se aleja de la comunidad virtual en sí para analizar las formas fundamentales en las que la aparición y expansión de las comunidades virtuales modificarán el negocio tradicional. Nosotros pensamos que las funciones económicas tradicionales —especialmente las que implican un contacto directo con el cliente, como el marketing y las ventas— se verán transformadas de forma significativa en un entorno de comunidades virtuales. De forma más general, anticipamos que las comunidades virtuales darán una nueva forma tanto a las estructuras de la empresa tradicional como a las organizaciones económicas. Las comunidades virtuales no constituyen una oportunidad que los mandos puedan aceptar o ignorar. Representan un cambio profundo que transformará de forma indeleble el panorama económico, y que sólo beneficiará a los que sepan enfrentarse a él.

AGRADECIMIENTOS

Mientras escribíamos este libro, hemos recibido mucha ayuda de una gran variedad de fuentes. Nuestro mayor aprendizaje se ha forjado en el trabajo con nuestros clientes, que nos impulsaron a ser concretos y pragmáticos en un tema que deriva fácilmente en especulación y abstracción. De acuerdo con nuestra política de confidencialidad respecto a nuestros clientes, no podemos hacer públicos la ayuda y el ánimo que recibimos de clientes individuales y corporativos, pero sí deseamos expresar nuestra gratitud por la oportunidad que nos brindaron de probar y afinar nuestros puntos de vista en entornos tan numerosos y variados, tanto en Estados Unidos como en todo el mundo.

Dentro de McKinsey & Company, nuestros compañeros y socios han apoyado y contribuido a nuestro esfuerzo. Estamos especialmente en deuda con los directivos de Multimedia Practice: Ennius Bergsma, Sanjeev Dheer, Lorraine Harrington, Conor Kehoe, Nicholas Lovegrove, Takashi Nawa, Mike Nevens, Greg Reed, John Rose, Paul Sagawa, Chuck Stucki, Dennis Sweeney y Michael Wilshire. En innumerables talleres con clientes o internos, hemos trabajado juntos para integrar y sintetizar los puntos de vista sobre el panorama multimedia que han proporcionado una base sólida para escribir este libro. Queremos agradecer en especial a Mike Newens, que leyó incansablemente cada borrador del manuscrito y nos proporcionó comentarios y sugerencias detalladas para mejorarlo. También agradecemos la ayuda de los miembros del grupo directivo que ahora ya no trabajan en McKinsley y que están aplicando algunos de estos conceptos en sus propias empresas: Chip Austin, Richard Blue, Willy Burkhrdt, Tom Eisenmann, Thomas Hesse y Will Lansing.

Otras muchas personas, de Multimedia Practice, que han comprobado el poder y el potencial del concepto de comunidad virtual, también nos han ayudado a afinar la perspectiva presentada en este libro. Shayne McQuade contribuyó más allá de lo esperado en el desarrollo de un modelo informático, acorde a la dinámica de los negocios y que permitió cuantificar el enorme potencial económico que encierra el concepto de comunidad virtual. Hábilmente apoyada por Amy Eisner, Nick Hoffman y Soo Kim, Shayne colaboró estrechamente con Corey Peck, de High Performance Systems, la empresa que desarrolló los programas de modelado, y supo sacar provecho de su perspicacia. Nos gustaría agradecer a nuestros compañeros que aportaron sus puntos de vista tras haber viajado por varias regiones del mundo virtual. Entre ellos Neil Platt, Mina Muraki, Shengaza DaSent, Kevin Charlton y Einat Wilf. También estamos en deuda de gratitud con Joanna Barsh, Roy Berggren, Sameer Chisty, Justin Colledge, Jed Dempsey, Bob Dennis, Jon Garcia, Raj Garg, Ralph Heck, Masao Hirano, Detlev Hoch, Kristina Isakovitch, David Katz, Rich Koppel, Rod Laird, Mark Leiter, Brook Manville, Alan Miles, Finn Persson, Nina Pustilnik, Rob Rosiello, Toni Sacconaghi, Jack Stephenson, Somu Subramaniam, Anders Thulin, Luis Ubinas, Shinichi Ueyama, Kunihiko Yogo y Michael Zeisser. Todos ellos compartieron con nosotros sus experiencias e intuiciones sobre el comercio electrónico y las comunidades virtuales.

El Business Dynamics Practice nos ofreció un apoyo importante y nos ayudó a diseñar el tipo de negocios para comunidades virtuales. En especial, Glenn Cornett, Andrew Doman, Olivier Sibony y Jayant Sinha nos proporcionaron ideas y sugerencias muy valiosas.

Este libro también ha recibido la generosa ayuda y los consejos editoriales de Lang Davidson, de la empresa Communication's Group. Lang trabajó con nosotros durante todo el proceso de redacción, ayudándonos a afinar nuestro mensaje, reforzar nuestra estructura y recortar el material secundario. También quisiéramos agradecer a Partha Bose y a los responsables de *The McKinsey Quarterly* por habernos animado sin desmayo y habernos proporcionado un foro para discutir algunos conceptos de este libro. Gene Zelazny y David Wentworth idearon y plasmaron, en plazos muy cortos, ilustraciones muy creativas que nos ayudaron a aclarar muchos de nuestros puntos más abstractos. Linda Kraemer y Greg Prang contribuyeron a recoger material para el libro, proporcionando ejemplos para ilustrar los puntos clave. Nuestras leales asistentes, Carrie Howell y Rosemary Garcia, nos ayudaron con entusiasmo, fuera de la jornada laboral así como durante los fines de semana, para que nuestro manuscrito cumpliera los plazos de entrega.

Fuera de McKinsey, hemos sacado partido de la experiencia de numerosos y valientes emprendedores que son verdaderos pioneros en el campo de las comunidades virtuales. Peter Friedman, Jenna Woodul y Bernard Bernstein de Live World Productions; John Borthwick, Janice Gjertsen y Ted Werth de Total New York; Jerry Michalski de Relase1.0; Mason Myers y Kevin Watters de The Main Quad; Nick Grouf y Salman Malik de Agents, Inc.; Scott Murphy de Small World Software; y Greg Johnson de Magnet Interactive Studio, nos proporcionaron valiosos estímulos para nuestro pensamiento. Jeffrey Rayport y David Yoffie en la Harvard Business School también nos han ayudado a darles forma a nuestros pensamientos en temas clave. Brian Arthur y Stuart Kauffman en el Santa Fe Institute nos aportaron una perspectiva teórica más amplia sobre los rendimientos crecientes, así como sobre el funcionamiento y la evolución de los sistemas adaptativos complejos. Todo ello ha influido de manera significativa en nuestra manera de enfocar los entornos económicos que conllevan un alto grado de incertidumbre.

En último lugar, pero evidentemente no por orden de importancia, quisiéramos expresar nuestro aprecio a nuestros compañeros en Harvard Business School Press, a quienes debemos el habernos embarcado en este proyecto, y cuya aportación, interés y apoyo fueron cruciales para poder llevarlo a cabo con éxito. Quisiéramos agradecer especialmente a Nick Philipson, nuestro editor, por sus acertadas observaciones que nos ayudaron a centrar nuestro mensaje en cada etapa del desarrollo del manuscrito; a Barbara Roth, que dirigió pacientemente el libro durante el acelerado proceso de producción; a Carol Franco, directora de la Editorial; y a sus compañeros Chuck Dresner, Sarah McConville, Gayle Treadwell y Leslie Zheutlin. También le estamos muy agradecidos a Tom Kiely, nuestro editor en The Harvard Business Review, de quien surgió la idea de escribir un libro sobre este tema.

Excusado es decir que hemos decidido aventurarnos sobre una rama muy alta al especular sobre la dirección y el potencial de las comunidades virtuales. El enfoque del libro y los puntos de vista expresados en él —aunque formados gracias a la aportación de muchas personas y de muchas influencias— son, en definitiva, nuestros. Deseamos fervientemente que alguien nos acompañe sobre la rama, pero, por ahora, queremos comprobar su resistencia por nuestra cuenta. Sean cuales sean las consecuencias, la vista desde aquí es estimulante.

PRIMERA PARTE

EL VERDADERO VALOR DE LAS COMUNIDADES VIRTUALES

1
EL ÉXITO ES DE LOS MÁS RÁPIDOS

El auge de las comunidades virtuales en las redes electrónicas ha puesto en marcha un traspaso de poder sin precedentes, desde los vendedores de bienes y servicios hacia los clientes que los adquieren. Los vendedores que entiendan esta transferencia de poder y decidan invertir en ella mediante la organización de comunidades virtuales serán recompensados con creces, a la vez con una incomparable fidelidad del cliente y con un impresionante rendimiento económico. Pero la carrera por crear la comunidad virtual la ganarán los más rápidos: aquellos que se muevan rápidamente y con decisión obtendrán la ventaja y probablemente la conservarán.

La llegada de las empresas comerciales al mundo virtual es relativamente reciente y hasta ahora pocas han ganado dinero en ese terreno. La mayoría de los negocios presentes en Internet y en otras redes se limitan actualmente a anunciar sus mercancías en «vallas publicitarias» en la *World Wide Web*, con la esperanza de que algún cibernauta que pase por allí se detenga lo suficiente como para comprar algo. Esos anuncios, diseñados para los «antiguos medios de comunicación», disfrazados de «nuevos», sólo demuestran que los vendedores todavía tienen que descubrir el secreto que les permita acceder al potencial revolucionario de Internet y demás redes.

Costó convencer a Bell de que el mejor uso del teléfono era para que las personas comunicaran entre sí.

Como cualquier red de comunicaciones, Internet se reduce a crear y reforzar las conexiones entre las personas. Ésta es una lección que Alexander Graham Bell, cuya invención se ha convertido en la mayor y más conocida red de comunicaciones de nuestro tiempo, tardó en aceptar. Bell estaba convencido de que la función básica de su nuevo aparato sería transmitir noticias y sinfonías a las personas. No aceptó que el principal uso del teléfono fuera para que las personas comunicaran entre sí, hasta que tuvo ante él la prueba irrefutable.

Tampoco la televisión fue apreciada en su justo valor, en sus primeros años, cuando se la veía como poco más que un medio para difundir obras de teatro. Las primeras retransmisiones se limitaban a colocar un micrófono al borde del escenario y a enfocar la cámara hacia los actores. Los anuncios televisivos eran anuncios de radio ligeramente retocados. Sólo más tarde, anunciantes y responsables de la programación se dieron cuenta de que el medio no sólo posibilitaba sino que requería enfoques diferentes. Internet se encuentra hoy en una etapa similar, y tanto anunciantes como proveedores de información tienen que desarrollar todavía las herramientas de marketing y los contenidos que permitan reforzar las capacidades innatas del medio. *[Nota de los autores: Este libro aborda el crecimiento de las comunidades virtuales en todas las redes electrónicas. Internet es probablemente la más conocida de ellas, pero no es, ni mucho menos, la única red electrónica que funciona en la actualidad. Los servicios electrónicos comerciales tales como America Online, las redes privadas tales como las redes de transferencia de fondos para bancos, y los tablones de anuncios electrónicos (BBS) que utilizan la red telefónica, son todas ellas plataformas para comunidades virtuales. Como Internet sirve cada día más de medio de conexión para enlazar las demás redes, nos referiremos a Internet como a una plataforma de red genérica, a menos que se especifique otra cosa.]* Desde principios de la década de los setenta, los científicos han utilizado Internet y las redes que le precedieron para compartir datos, colaborar en investigaciones e intercambiar mensajes. Esencialmente, los científicos formaban comunidades de investigación interactiva que no existían en un campus físico, sino en Internet. Éstas fueron las primeras comunidades virtuales.

Desde entonces, el alcance de Internet ha aumentado exponencialmente. Más de 30 millones de usuarios de ordenadores en todo el mundo tuvieron acceso a la *World Wide Web* desde 1996 y este número aumentará hasta más de 100 millones a finales de la década. Los servicios electrónicos comerciales como *Prodigy, CompuServe* y *America Online* proporcionaban acceso a la red, información especializada y servicios de comunicación a más de 10 millones de usuarios de ordenadores en 1996. Surgió una amplia cultura en torno a miles de servicios fragmentados de tablones de anuncios electrónicos, que desembocaron en la creación de comunidades virtuales que potenciaban las capacidades de la red, para conectar a las personas entre sí y satisfacer sus necesidades específicas de comunicación, información y diversión. Una de las comunidades virtuales más tempranas y sólidas fue *The Well*, lanzada en 1985 por un grupo de apasionados de la alta tecnología en el norte de California. Durante la última década, más de 10.000 usuarios de ordenadores se han comunicado entre sí a través de *The Well*, y muchos han desarrollado relaciones personales en la red y fuera de ella.

Mientras tanto, vendedores tan diferentes como distribuidores de flores, libreros, fabricantes de licores y de productos duraderos se han apresurado a desarrollar sitios, en la *World Wide Web*, donde los visitantes pueden informarse sobre la empresa y sus productos, así como enviar mensajes electrónicos. Los sitios más sofisticados permiten a los visitantes jugar a ciertos juegos o cursar pedidos de productos electrónicamente. Pero pocas veces estos sitios facilitan la comunicación entre sus visitantes. (Muchas de las comunidades existentes, como *The Well*, no están orientadas hacia los negocios; de hecho, la mayoría se oponen con fuerza a la idea misma de cualquier actividad comercial en Internet.)

Sin embargo, si se adaptan a la cultura de estas redes y dan a los clientes la posibilidad de interactuar entre sí y con la propia empresa, los negocios pueden crear relaciones nuevas y más profundas con sus clientes. Creemos que el éxito comercial en el mundo virtual será para los organizadores de comunidades virtuales que sepan satisfacer las múltiples necesidades de la sociedad y las empresas. Si saben crear comunidades virtuales sólidas, los negocios serán capaces de formar grandes grupos de afiliados y de utilizar estos grupos para generar ingresos bajo la forma de publicidad, comisiones por operaciones y cuotas de afiliado.

El presente libro tiene por objetivo informar a los altos cargos de las grandes empresas, así como a los emprendedores, del poder que tienen las comunidades virtuales para crear valor en los mercados virtuales. Creemos que ya es hora de abordar este potencial económico. La infraestructura tecnológica necesaria, tanto en ordenadores como en redes, está prácticamente instalada.

En los Estados Unidos, al menos, los ordenadores personales son muy corrientes, tanto en el trabajo como en casa. A medida que ha aumentado la velocidad de los módems y las posibilidades de un mayor ancho de banda (como la RDSI [red digital de servicios integrados] y los módems para cable), se ha podido transmitir gráficos, a través de las redes, con mayor nitidez. También se ha podido llevar a cabo servicios de apoyo, tales como sistemas de facturación, directorios y mecanismos de pago. Y una gran parte de la población, no sólo se ha iniciado en el mundo de la informática, sino que además sabe comunicarse y buscar datos a través de las redes digitales. De hecho, el perfil demográfico de los usuarios de redes electrónicas en los Estados Unidos se acerca cada vez más al perfil general de la población.

Considerados en su conjunto, estos factores indican que los negocios pueden utilizar una infraestructura tecnológica amplia y rica, así como una base de usuarios sofisticada con el fin de crear comunidades virtuales. Como la inversión suplementaria que debe hacer cada uno para construir una comunidad virtual es reducida, comparada con la inversión acumulada que representa esta infraestructura, Internet permite a los creadores de comunidades virtuales, casi literalmente, utilizar las inversiones realizadas anteriormente por otros. *[Nota de los autores: A lo largo del libro nos referimos a organizadores de comunidades virtuales en su conjunto, ya sean empresas en fase de lanzamiento que desean crear una comunidad virtual o gigantes de entre las 500 mayores empresas, que desean expandirse a través del mundo de las comunidades virtuales, a partir de sus primitivas líneas de negocios.]* Esta infraestructura está ampliamente instalada en Estados Unidos, y otros países están invirtiendo rápidamente para disponer de posibilidades comparables. Mientras tanto, se puede acceder a Internet desde cualquier lugar del mundo (al menos desde cualquier lugar que tenga un teléfono). De este modo, los usuarios más expertos de otros países tienen la posibilidad y el aliciente de «conectarse», lo que ha llevado a la rápida expansión de Internet en zonas como Escandinavia o Australia.

Algunos lectores quizás aleguen que Internet todavía no está listo para satisfacer las necesidades de su empresa o mercado en particular. Otros pueden pensar que el potencial económico del comercio electrónico todavía está por demostrar. Este tipo de escepticismo es comprensible dado que pocos negocios han descubierto todavía cómo generar tráfico hacia un sitio, sin hablar de cómo hacer negocios con los clientes una vez que han llegado allí, o cómo recoger, de entre esos clientes, la información que interesará a otros anunciantes y vendedores a participar en el sitio. Estos escépticos pueden alegar que no valdrá la pena competir en redes electrónicas hasta que el modelo económico esté más asentado.

Por muy comprensibles que nos parezcan estas dudas, sospechamos que estos escépticos todavía no acaban de entender o de tener en cuenta las leyes de los rendimientos crecientes y la forma en que están cambiando las reglas del juego en lo que se refiere a fabricación, servicio y empresas basadas en conocimientos. Antes de que Bill Gates y los demás accionistas de su empresa obtuvieran tanto éxito con Microsoft, se pensaba que los rendimientos crecientes sólo existían en los libros de texto. Ahora su existencia es ampliamente reconocida en los mercados de alta tecnología (como programas informáticos o multimedia) e incluso en las empresas de menor nivel tecnológico (como la venta al por menor, los bancos y los seguros).

Como Microsoft lo ha demostrado de forma espectacular, controlar el poder de los rendimientos crecientes significa que «cuanto más vendes, más vendes». Microsoft vislumbró y explotó el potencial de rendimientos crecientes que ofrecían las redes electrónicas de negocios. La idea es que cuanta más gente participe en la red de negocios, más valor adquiere dicha red. En este caso, la red de negocios era la impresionante lista de empresas que diseñaban productos basados en el estándar del sistema operativo de Microsoft. Cuantas más empresas se unieran a la red, más útil sería la red entera para los compradores de ordenadores y más unidades del sistema operativo de Microsoft se venderían. El gráfico 1-1 muestra el crecimiento exponencial de los ingresos de Microsoft tras un lento período de arranque, durante el cual la empresa construía su «red» de usuarios.

Claro está, lo contrario también es cierto: los rendimientos crecientes hacen que sea de lo más probable que si te estás hundiendo en un mercado, caigas todavía más abajo. Por eso las estrategias previas se han convertido en algo tan importante en los mercados donde prevalecen los rendimientos crecientes: si no llegas allí el primero, puede que llegues demasiado tarde. Como suelen decir en Silicon Valley: «La velocidad es Dios y el tiempo es el demonio.»

«La velocidad es Dios y el tiempo es el demonio.»

Las ventajas de estar entre los primeros constituyen el argumento más convincente para empezar a planear ahora mismo una comunidad virtual. Una vez que el mercado empiece de verdad a despegar, será cada vez más difícil (y más caro) alcanzar a los líderes del mercado. Pero también somos conscientes de los distintos niveles de incertidumbre que aumentan el riesgo de forma sustancial para los que se mueven rápido. En concreto, este riesgo surge de la incertidumbre acerca de cómo evolucionarán las comunidades virtuales con el tiempo, dónde se concentrará la creación de valor y qué tecnologías aparecerán, que puedan reforzar la actividad comercial en Internet. No será fácil compaginar esta incertidumbre con la urgencia que genera la dinámica de los rendimientos crecientes, pero los que adopten estrategias de apalancamiento y que se apoyen, en la medida de lo posible, en los recursos de los demás para crear su comunidad virtual, conseguirán a la vez reducir el riesgo y acelerar el desarrollo de la comunidad.

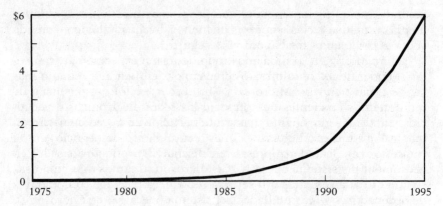

Gráfico 1.1. Ingresos de Microsoft (en miles de millones de dólares).

Quién se beneficia de las comunidades virtuales y por qué

Los beneficios de la comunidad virtual benefician tanto al cliente como al vendedor. Los beneficios para los clientes surgen de las propias características que definen a la comunidad virtual. Los beneficios para los vendedores tienen que ver con las nuevas oportunidades de expandir sus mercados.

El poder en manos del cliente

Las comunidades virtuales tienen el poder de reordenar de manera significativa las relaciones entre las empresas y sus clientes. Dicho de forma sencilla, porque las comunidades virtuales utilizan las redes como Internet, los clientes pueden tomar el control de su propio valor como potenciales compradores de productos y servicios. En la actualidad, los clientes sólo son conscientes, en parte, del valor que representa la información demográfica que les atañe, y el historial de sus transacciones. Las empresas de marketing directo, por ejemplo, pagan grandes cantidades de dinero por listas de clientes que pueden ser posibles compradores. Las revistas y las empresas de tarjetas de crédito «alquilan» sus listas de abonados y de titulares de tarjeta a casi cualquier empresa que esté interesada en intentar vender algo a esos clientes. Pero los propios clientes reciben una parte muy pequeña del valor económico que su propia información genera. En cambio, dos de las mayores empresas que venden listas de direcciones al sector de marketing directo, en los Estados Unidos, *American List Corporation* y *American Business Information*, tienen un valor de mercado de más de ocho mil millones y cuatro mil millones de dólares, respectivamente.

Esto cambiará a medida que los clientes se conviertan en exigentes dueños y gestores de su propia información. Las comunidades virtuales desempeñarán un papel esencial en este proceso, organizando y armonizando las posibilidades de información y transacción que permitirán a los clientes conseguir todavía más valor de los vendedores con los que interactúan. En esencia, las comunidades virtuales actuarán como agentes de sus miembros, ayudándoles a conseguir de los vendedores más información sobre productos y servicios —por no mencionar precios más bajos—, al tiempo que satisfacen una amplia gama de necesidades sociales de comunicación.

Cinco son los elementos que definen el modelo de negocio de las comunidades virtuales y que se conjugan entre sí para contribuir a una importante propuesta de valor:

1. El enfoque distintivo: las comunidades virtuales se pueden identificar gracias a su enfoque específico que ayuda a los miembros potenciales a entender en seguida qué tipo de recursos pueden encontrar en ella, y a los organizadores de la comunidad a determinar la gama completa de recursos que pueden necesitar para satisfacer las necesidades de sus miembros. Por ejemplo, el enfoque puede ser un área geográfica (digamos Atlanta o París), un tema (los deportes o las relaciones exteriores), una empresa vertical (bufetes de abogados o suministros de fontanería) o una especialización funcional (análisis de mercados o gestión de compras).
2. La posibilidad de integrar contenido informativo y comunicación: Las comunidades virtuales proporcionan una amplia gama de información publicada (que incluye —cuando es pertinente— anuncios o información sobre el vendedor) de acuerdo con el enfoque distintivo de la comunidad e integran este contenido en un entorno muy favorable a la comunicación. La posibilidad de comunicarse se realiza a través de servicios de tablones de anuncios en los que los miembros pueden «enviar» mensajes accesibles a todos, áreas de tertulia donde tienen lugar «conversaciones» escritas en tiempo real, y correo electrónico. Todo ello permite a los miembros de la comunidad maximizar el valor de su contenido informativo, permitiéndoles afinar su comprensión del contenido —al poder comunicarse con quien lo publica— y evaluar la credibilidad de ese contenido —al poder comunicarse unos con otros.
3. La valoración del contenido generado por los miembros: Además de la información publicada, las comunidades virtuales proporcio-

nan entornos que permiten crear y difundir el contenido generado por sus miembros. Éste es quizás el elemento más dinamizador de una comunidad virtual. Da a sus miembros la posibilidad de comparar y añadir sus experiencias, lo que a su vez crea para ellos una gama más completa de informaciones y un punto de vista independiente de los vendedores y anunciantes sobre los recursos que son importantes para los miembros.

4. El acceso a editores y vendedores rivales: Las comunidades virtuales sirven de agentes coordinadores para sus miembros. Como tales, intentarán añadir una gama de recursos de alta calidad lo más amplia posible, incluyendo a editores y vendedores que compitan entre sí, y maximizar las posibilidades de información y de productos disponibles para que sus miembros puedan tomar decisiones más informadas y rentables sobre los recursos que necesitan.

5. La orientación comercial: Las comunidades se organizarán cada vez más como si fueran empresas comerciales, con el fin de obtener un rendimiento financiero atractivo a cambio de proporcionar a sus miembros recursos valiosos y entornos a través de los cuales puedan reforzar su propio poder. Es precisamente este incentivo económico el que determinará la forma que tomarán las comunidades virtuales como medio para aumentar el poder de sus miembros. Los miembros valorarán este poder y recompensarán con generosidad a los organizadores de la comunidad que se lo proporcionen de la forma más efectiva, abandonando a aquellos que ponen en peligro esta oferta de valor. Al dar un aumento neto de valor a sus miembros, los organizadores de comunidades también conseguirán un aumento neto sustancial para ellos mismos. Claro está, muchos de los primeros ejemplos de comunidades virtuales implican iniciativas no comerciales (uno diría, incluso, anti comerciales), pero nuestro enfoque se centrará en el potencial comercial de este nuevo sistema de organización de los recursos en la red.

Está claro que el organizador de la comunidad virtual debe centrarse en dos imperativos para poder ofrecer valor: acumular miembros y acumular recursos que interesen a sus miembros. Estos dos imperativos, por su parte, generan un tercer imperativo: acumular datos informativos sobre la forma en que los miembros utilizan la red y las transacciones que llevan a cabo en ella. Al reunir estos datos, los organizadores de la comunidad pueden comprender mejor las necesidades de sus miembros y de esta forma ser más efectivos cuando reúnen los recursos adecuados. En próximos capítulos exploraremos las formas en las que los organizadores de la comunidad pueden satisfacer las exigencias de estos tres imperativos.

Beneficios para el vendedor

Los clientes no son los únicos que tienen la posibilidad de obtener beneficios de las comunidades virtuales. Los vendedores (que a lo largo del libro definimos como las empresas que producen, venden y/o distribuyen bienes y servicios) encontrarán en la comunidad virtual un potente medio de ampliar sus mercados, mientras no dejen que los competidores o algún tercero independiente se les adelante, captando la lealtad inicial de sus clientes.

Las comunidades virtuales ayudan a los vendedores a expandir sus mercados a dos niveles: a través de posibilidades que pertenecen única y exclusivamente al tipo de negocios de la comunidad virtual, y a través de posibilidades que también están disponibles de forma más generalizada en los entornos basados en redes electrónicas. Entre los elementos propios de las comunidades virtuales que ayudan a los vendedores a ampliar sus mercados están los siguientes:

> *Si no llevas a tus clientes a las comunidades virtuales, otro lo hará por ti.*

- **Reducción del coste de búsqueda:** Los vendedores y los clientes pueden encontrarse el uno al otro mucho más fácilmente porque las comunidades virtuales proporcionan un entorno que permite acumular participantes e información de interés sobre estos participantes.
- **Aumento de la disposición de los clientes a comprar:** Los clientes corren menos riesgos y se sienten más animados. Al añadir una amplia gama de informaciones y opciones para sus miembros, los organizadores de la comunidad ayudan a reducir el riesgo de compra que percibe el cliente. Al proporcionar un entorno atractivo, donde los miembros interactúan entre sí, así como con los vendedores, se puede generar rápidamente cierto grado de entusiasmo por los productos «más interesantes».
- **Mayor facilidad para seleccionar al cliente:** Las comunidades virtuales acumularán perfiles detallados de los miembros y el historial de sus transacciones, no sólo con un vendedor, sino con múltiples vendedores y para una gama completa de productos. Como explicaremos más adelante en el libro, estos perfiles pueden pasar con el tiempo a manos de los propios miembros de la comunidad y los vendedores sólo podrán acceder a ellos en los

términos señalados por los miembros individuales. Sin embargo, los miembros, asistidos por el organizador de la comunidad, conseguirán ventajas significativas al proporcionar a ciertos vendedores el acceso a esa información. En esos casos, los vendedores podrán tener acceso, de forma generalizada, a los datos sobre el conjunto de clientes que tienen un alto potencial económico para toda la gama de productos, y no sólo a los datos de sus clientes actuales. Las comunidades virtuales también generan información sobre preferencias demostradas, indicando que un cliente potencial interesante está a punto de hacer otra compra (por ejemplo, un miembro de una comunidad de viaje empieza a consultar información sobre Italia). El acceso a este tipo de información, una vez más en los términos señalados por los miembros individuales, dará la posibilidad al vendedor de seleccionar, en el momento oportuno, a clientes potenciales que sean de interés.

- **Mayor posibilidad de adaptar y añadir valor a los productos y servicios existentes:** El acceso a los historiales integrados de las transacciones, así como la posibilidad de interactuar con clientes reales y clientes potenciales mejora la habilidad del vendedor a la hora de entender las necesidades del comprador individual. Si utilizan esta información con determinación, para confeccionar productos y crear conjuntos de bienes y servicios, los vendedores pueden, a la vez, ampliar la base de sus clientes potenciales y generar más ingresos por parte de cada cliente.

Además de beneficiarse de elementos específicos de las comunidades virtuales, los vendedores también pueden sacar provecho de elementos aplicables a entornos de red de forma más general. Entre ellos están los siguientes:

- **Menor inversión en las instalaciones físicas**: En un entorno virtual, numerosos vendedores ya no necesitarán construir costosas sucursales o establecimientos para llegar al cliente objetivo y poder vender. Por ejemplo, estimamos que un banco que trabajara exclusivamente en la red podría conseguir una reducción de costes del 30 al 40 por ciento, comparado con un banco que funcionaría a través de sucursales.
- **Mayor extensión geográfica**: Los vendedores serán capaces de llegar a segmentos de clientes mucho más amplios, libres de las ataduras geográficas.
- **Reducción de la intermediación**: Como, por una parte, la inversión en instalaciones físicas se reduce y, por otra, hay mayores posibilidades para captar información sobre sus clientes finales

directamente a través de la red, los fabricantes de productos y las empresas de servicios estarán en mejor posición para tratar directamente con sus clientes finales, sin recurrir a los tradicionales intermediarios (detallistas, mayoristas, distribuidores o agentes).

La suma de todos estos factores constituye una oportunidad considerable para los vendedores. Pero las comunidades virtuales no son una simple oportunidad aislada de hacer negocios, que los ejecutivos pueden aceptar o ignorar. Al trasladar el poder de manos del vendedor a manos del cliente, las comunidades virtuales alterarán de forma irreversible el modo en que se administran las grandes empresas.

Probablemente, las comunidades virtuales van a cambiar la forma en que las empresas gestionan funciones empresariales determinadas, especialmente las que implican un contacto con el cliente, como el marketing o las ventas. Ofrecen la posibilidad de dar nuevas formas a las estructuras existentes en la empresa, definiendo de nuevo las fuentes de ventajas (por ejemplo, reduciéndose la importancia de la escala). Las comunidades virtuales presentarán a las empresas nuevas formas de organizarse en torno a los procesos centrales y a las áreas donde existen importantes reservas de experiencia y habilidades. Acelerarán el ritmo y aumentarán la eficacia de la externalización (*outsourcing*) y de las redes de empresas trabajando conjuntamente.

El reto del cambio

El mayor reto que se presenta a los altos cargos de las empresas actuales reside en salvar el profundo abismo que separa el modo de gestionar las empresas tradicionales y el modo en que las comunidades virtuales se crearán y gestionarán. La mayor parte de ellas deberán adoptar un esquema mental muy diferente del que tienen en la actualidad. Tendrán que reconsiderar sus ideas sobre dónde se puede crear valor, y cómo pueden apropiárselo.

Llegar a entender dónde se puede crear valor será quizás lo que mayor esfuerzo mental exija al organizador de la comunidad virtual. Y es que reconocer la nueva fuente de creación de valor implica una fidelidad cambiante: estarán en mejor posición para poder apropiarse de ese valor aquellas organizaciones más estrechamente identificadas con sus miembros, aquellas que defiendan los intereses de sus miembros en las negociaciones con los vendedores; y no lo estarán aquellas que consideren que su misión es ayudar a los vendedores a vender de forma más efectiva a los clientes. El modelo empresarial pasa entonces, de ser aquel en el que la organización «empuja» productos o servicios hacia el cliente objetivo, a ser otro donde la organización desempeña el papel de agente de los clientes, representa y defiende sus intereses a medida que ellos encuentran mejores accesos a los recursos. De esta forma, las comunidades virtuales crean «mercados inversos», donde los clientes buscan a los vendedores y negocian con ellos a un nivel mucho más alto, en términos de acceso a la información. Para que el poder cambie de manos, deben cumplirse tres condiciones clave:

> *La mayoría de las empresas tendrán que reexaminar totalmente el negocio en el que operan.*

1. Los miembros tienen que disponer de las herramientas necesarias para ejercer su nuevo poder: Más concretamente, esto significa reconocer el poder de la interacción entre los miembros y crear un entorno que favorezca y permita captar el contenido creado por los miembros. Esto se convierte en el centro de atención de la comunidad y su valor distintivo. Significa armonizar la más amplia gama de información publicada, de alta calidad y de interés para los miembros. Pero también significa proporcionar a los miembros servicios tecnológicos adecuados (por ejemplo, buscadores, agentes y tablones de anuncios) que les ayuden a comunicar a otros miembros reflexiones valiosas y a acumular la información de forma rápida, fácil y rentable.
2. Los miembros tienen que disponer de numerosas oportunidades para ejercer su nuevo poder: Para ejercer su poder, los miembros necesitan tener acceso a una amplia gama de vendedores rivales y complementarios, en un entorno de transacción robusto, donde puedan rápida y eficazmente comparar productos y servicios, ejecutar transacciones y pasarse a otro vendedor si el actual no cumple sus expectativas.
3. Los miembros necesitan poder maximizar el valor que reciben a cambio de la información que facilitan sobre ellos mismos: La información sobre los miembros es un activo valioso que, finalmente, será reclamado por los propios miembros. Aquellos organizadores de comunidades virtuales que mejor consigan facilitar la captación de la información facilitada por sus miembros y maximizar el valor que saquen de ella serán los vencedores. Este valor incluye el valor monetario, pero también una gama de servicios,

especialmente los de búsqueda, selección y análisis de la información, con el fin de potenciar el aprendizaje de los miembros. Más que ayudar a los vendedores a dar con el cliente, el objetivo principal del organizador de la comunidad será ayudar a los clientes a identificar a los vendedores apropiados (o, en términos más generales, ayudar a los miembros a encontrar proveedores de lo que necesitan).

Hay otros tres principios esenciales que los altos cargos deben cumplir para diseñar y crear con éxito la comunidad virtual. El primero seguramente podrá parecer ilógico: acumular miembros es más importante que el tipo o la cantidad de recursos de que se dispone. Claro está, se necesitan algunos recursos para empezar a acumular miembros, pero los altos cargos a menudo tenderían a considerar que la posesión de recursos es la clave del éxito. Después de todo, estos recursos se pueden ver claramente en un balance. Al contrario, los miembros no constituyen ningún activo, en el sentido contable de la palabra, y en los primeros años pueden no ser ni siquiera fuente de ingresos.

El segundo principio se refiere a la planificación del crecimiento. Es crucial una selección cuidadosa de cuáles serán los puntos de entrada en la comunidad virtual. Como explicaremos en los capítulos 3 y 5, las comunidades virtuales ofrecen plataformas de desarrollo para una amplia gama de negocios relacionados entre sí. El capítulo 5 sugiere que la naturaleza y el tamaño específico de estas posibilidades de desarrollo variarán probablemente en función del punto de entrada elegido por el organizador de la comunidad virtual; en otras palabras, en función del enfoque específico que define a la comunidad. Estas posibilidades de desarrollo serán difíciles de concretar por adelantado, dado el alto nivel de incertidumbre. Y todavía serán más difíciles de valorar, dadas las técnicas tradicionales de «valor neto actual».

El tercer principio exige de nuevo a los mandos que desarrollen un nuevo esquema mental. Se refiere esta vez la manera de organizar la empresa. A diferencia de la empresa corporativa tradicional, la comunidad virtual requerirá enfoques flexibles y orgánicos de su organización. Sembrar, alimentar y arrancar las malas hierbas constituyen metáforas mucho más significativas de la realización y el desarrollo de la organización virtual que hacer proyectos y planificaciones detalladas. Este enfoque orgánico de la organización se explica, por una parte, por la necesidad de estar atentos a las nuevas necesidades de los miembros y, por otra parte, por la necesidad de desarrollar una nueva serie de destrezas que surgirán con mayor probabilidad en las propias comunidades virtuales. Las estrategias de apalancamiento, que se necesitan para entrar en las comunidades virtuales y para crearlas, también exigen una amplia red de socios y proveedores, así como la capacidad de crear mecanismos adecuados para apropiarse del valor compartido, motivar a los demás y centrarse en los socios y proveedores. En general, el enfoque orgánico de la organización necesitará ser modelado y equilibrado con un riguroso enfoque en las fuerzas económicas clave que propiciarán la creación de valor a medida que pase el tiempo (como, por ejemplo, acumular miembros). Una vez más, la tradicional cultura de control, típica de las grandes empresas, estará reñida con estas nuevas formas de organización.

Este libro tiene como objetivo impulsar a la acción. En primer lugar, convenciendo a los lectores de que las comunidades virtuales constituyen un vehículo nuevo y poderoso para crear valor. En segundo lugar, enumerando los principios generales que llevarán al éxito. Y en tercer lugar, convenciendo a los lectores de que las recompensas se las llevará quién actúe primero y con rapidez.

Dejar de actuar es probablemente la actitud más arriesgada. Las empresas no sólo perderán la oportunidad que representan las comunidades virtuales, sino que además correrán el riesgo de ver sus negocios principales atacados por aquellos que actúan con mayor determinación para crear comunidades virtuales. Las comunidades virtuales ya están empezando a aparecer, y su crecimiento continuado tendrá múltiples consecuencias para la mayoría de los negocios tradicionales. Aquellos que ignoren su poder potencial corren el riesgo de ser presionados por recién llegados que sepan mejor lo que se juegan si pierden o ganan y que conozcan las cambiantes reglas del juego.

2
LOS MERCADOS INVERTIDOS

Cómo ganan los clientes

Los primeros entusiastas de las redes virtuales, particularmente de Internet, eran reticentes a la idea de que dichas redes pudieran ser utilizadas con fines comerciales (algunos todavía lo son). Pero las comunidades virtuales y el comercio no tienen por qué estar enfrentados. De hecho, las comunidades virtuales proporcionan un marco único en el que se pueden establecer intercambios comerciales y en el que los clientes reciben mejor información. El resultado de todo ello es un «mercado invertido» en el que los clientes detentan mayor poder. Para que esto sea rentable, el organizador de la comunidad virtual debe entender y responder a las necesidades de un cliente con mayores poderes.

Los mercados invertidos implican que la información ya no estará del lado del vendedor.

En su relación con los clientes, el vendedor ha llevado siempre la voz cantante y esto tiene mucho que ver con la información. El acceso a la información es una de las claves fundamentales del poder negociador en cualquier transacción comercial. Si una parte tiene acceso a más información, estará en condiciones de sacar más partido de las transacciones que la parte que dispone de menos información.

Hoy, en la mayoría de los mercados, el vendedor posee comparativamente más información que el cliente. Utiliza esta información para captar a los clientes más interesantes para sus productos o servicios y para establecer lo que los economistas denominan discriminación de precios —práctica consistente en aplicar un precio a un determinado cliente y un precio diferente a otro cliente—, en función del mercado. Por supuesto, la discriminación de precios es perfectamente legal, pero ilustra una de las maneras mediante las cuales el vendedor tiende a captar el superávit del mercado a costa de sus clientes.

Probablemente, las comunidades virtuales van a darle la vuelta a esa dinámica del mercado con la creación de «mercados invertidos», en los cuales el cliente, provisto de una cantidad creciente de información, utiliza esa información para buscar qué vendedor ofrece la mejor relación calidad/precio de cuanto se adapta a sus necesidades individuales. De hecho, la capacidad para obtener más información y sacar así más provecho del vendedor será en última instancia uno de los mayores incentivos para atraer más miembros hacia las comunidades virtuales. Pero los miembros no se darán cuenta de estas ventajas hasta que su comunidad no alcance cierta envergadura. Incumbe al organizador de las comunidades virtuales responder a los intereses y a las necesidades de los miembros, desde un primer momento, con el fin de crear una comunidad viable.

La necesidad de comunidades virtuales

La finalidad última de las comunidades virtuales no es —aunque ciertamente lo hagan— la de recopilar información y otros tipos de recursos. Las comunidades virtuales consisten en agrupar personas. Estas personas son atraídas hacia las comunidades virtuales porque les proporcionan un entorno atractivo en el que poder conectar con otras personas, a veces en una única ocasión, pero más a menudo en una serie continuada de interacciones, creando una atmósfera de confianza y de verdadera comprensión. Pero ¿cuál es la base de esta interacción? Es fundamentalmente el deseo de las personas de cubrir cuatro necesidades esenciales: interés, relaciones, fantasía y transacción.

Las comunidades virtuales se diferenciarán de forma significativa, en cuanto a su enfoque, en relación a estas necesidades básicas; algunas enfatizarán una necesidad más que otras. Pero pocas tendrán éxito si sólo responden a una necesidad, excluyendo a las demás. La causa de todo esto es que la fuerza de las comunidades virtuales radica en su capacidad para responder a múltiples necesidades de forma simultánea.

Interés

A la mayoría de nosotros nos apasiona algo. Como consumidores, a muchos nos entusiasman los deportes, los espectáculos o los viajes de placer. Algunos tenemos aficiones absorbentes que van desde coleccionar sellos, hasta coleccionar grabaciones de música folklórica de diferentes países. A otros, nos consume el reto incesante de ganar en la Bolsa. Muchos tenemos, además, fuertes intereses profesionales. Podemos querer comprender mejor las grandes tendencias de la industria; conocer las últimas técnicas para mejorar la productividad del personal de ventas; o asegurarnos de que hemos hecho la compra más acertada de componentes fundamentales para nuestra empresa.

Muchas de las primeras comunidades virtuales respondieron a esta demanda, reuniendo a un grupo disperso de personas que compartían cierto interés y un profundo conocimiento en torno a un tema específico. Una de las comunidades con mayor éxito de cuantas han surgido hasta la fecha es *Motley Fool*, un foro electrónico alojado en *America Online*, y cuyos creadores son dos hermanos carismáticos, David y Tom Gardner.

Los hermanos Gardner crearon *Motley Fool* para aquellas personas que estaban interesadas en realizar inversiones privadas de tipo financiero. Desarrollaron una cartera de valores e invitaron a la gente a comentar su elección.

De forma más general, una amplia cultura ha surgido, en torno a servicios de tablones de anuncios, cuya creación y funcionamiento se debía a particulares (pocas veces a empresas) conocidos como *sysops* (abreviatura de "operadores de sistema") apasionados por algún tema en particular. Habitualmente, el acceso a estos tablones de anuncios se realizaba mediante un número de teléfono único para cada tablón de anuncios y conectando mediante un módem, pero un número creciente de ellos también es accesible hoy a través de Internet. Los grupos de personas atraídos por estos tablones de anuncios son muy variados: desde coleccionistas de pistolas hasta aficionados a la astronomía que buscan la información más reciente sobre un nuevo cometa. La facilidad para contactar con otras personas que comparten una afición similar es un atractivo convincente para muchas personas, que de otro modo nunca hubieran aprendido a utilizar un ordenador.

Los tablones de anuncios con un enfoque profesional también tienen éxito. Un cierto número de asociaciones profesionales como por ejemplo: la Asociación Americana de la Abogacía, la Asociación Médica Americana, la Asociación Profesional de Asistencia Informática o la Asociación para la Gestión de la Información y de la Imagen, han creado servicios *online* que permiten a sus miembros compartir información sobre temas de interés común.

Relaciones

En diferentes etapas de la vida, nos enfrentamos a nuevas y a menudo intensas experiencias que pueden acercarnos a otras personas que pasaron por una experiencia similar. Acontecimientos tan traumáticos como la muerte de un ser querido, un divorcio o el diagnóstico de una enfermedad debilitante o mortal, une a menudo a los compañeros de infortunio. Muchas personas sufren algún tipo de adicción y necesitan ayuda para superarla. De forma más general, cada etapa de la vida plantea sus propios retos. Adolescentes, padres primerizos, personas de la tercera edad, todos necesitan compartir sus experiencias particulares con otras personas que viven experiencias similares.

Las comunidades virtuales ofrecen a las personas con experiencias similares la oportunidad de reunirse, sin limitaciones de tipo espacial o temporal, y crear relaciones personales significativas. El *Cancer Forum* en *CompuServe*, por ejemplo, proporciona apoyo a enfermos de cáncer y a sus familiares. Los participantes hablan de cómo afrontan la enfermedad, e intercambian información acerca de la investigación médica, de medicamentos contra el dolor, de resultados de pruebas y de protocolos. Y pueden descargar, de la biblioteca del foro, información acerca del cáncer. Pero el valor fundamental

Los miembros de una comunidad virtual son sus verdaderos creadores.

de este tipo de comunidades parece ser la facilidad para reunirse con otras personas y compartir experiencias personales. Un número importante de comunidades en Internet se dedican a las relaciones. Entre ellas están los grupos de personas divorciadas, viudas o con problemas de infertilidad.

Una de las comunidades que ha crecido más rápidamente es *SeniorNet*, una comunidad virtual con más de 18.000 miembros. *SeniorNet* es una organización sin ánimo de lucro, radicada en Estados Unidos, y cuyo objetivo es crear una comunidad de usuarios de ordenadores de la tercera edad. Esta iniciativa surgió como un proyecto de investigación de la Universidad de San Francisco en 1986, llevado a cabo por la doctora Mary Furlong. La creación de *SeniorNet* como empresa data de 1990. En su w*eb* Mary Furlong narra lo que le inspiró *SeniorNet*: «La vida de mi abuela fue el modelo para crear *SeniorNet*. Era una mujer que tenía amigos con los que charlaba a diario. Cuando la visitaba, veía cómo cruzaba la calle para ir al parque y reunirse con la gente que estaba sentada en los bancos; todos se conocían. Ése es el concepto de comunidad que yo creía que faltaba en nuestro mundo moderno.»

Ahora, *SeniorNet* mantiene foros dirigidos a personas de la tercera edad en *America Online, Microsoft Network* e Internet. Los foros abarcan un amplio terreno. Por ejemplo encontramos: *Christian Corner* (el Rincón del cristiano), *Divorced Pals* (compañeros divorciados), *Federal Retirees* (funcionarios jubilados) o *Senior Entrepreneur* (Emprendedores de la tercera edad). El entusiasmo de los miembros se hace patente en el caso de un señor que participa en un grupo de jardinería en *SeniorNet* y está elaborando una base de datos electrónica de rosas: «Sólo estamos empezando a imaginar el tipo de personas con las que podemos colaborar.» La doctora Furlong tiene claro cual es el papel que desempeña *SeniorNet*: «El aspecto más importante de *SeniorNet* es que sus miembros son sus productores. Ellos son sus creadores. Son el talento, nosotros sólo los coordinamos.»

El éxito de *SeniorNet* es particularmente sorprendente teniendo en cuenta el segmento de población al que se dirige. Ya en 1994 una encuesta mencionada por *SeniorNet* reveló que un número cada vez mayor de personas de la tercera edad tenía un ordenador. La promesa de compartir experiencias vitales sin tener que salir de casa llevó a muchas personas de la tercera edad a invertir en su primer ordenador y a matricularse en cursillos para aprender a utilizar *SeniorNet*. En un esfuerzo por preparar a más personas de la tercera edad para participar en el mundo de la comunicación *online, SeniorNet* ha contribuido a crear más de ochenta *SeniorNet Learning Centers,* (centros de aprendizaje *SeniorNet)*, en todo Estados Unidos.

Fantasía

Las redes electrónicas ofrecen también a las personas la posibilidad de reunirse y explorar nuevos mundos de fantasía y entretenimiento. Una característica única de estos entornos es la libertad que otorgan a sus participantes para «probar» nuevos papeles y para establecer juegos de rol donde todo parece posible.

Una de las primeras y también de la más oscuras formas de comunidad que surgieron en la red fueron los MUD (reflejando un temprano interés por los juegos de rol a imagen del juego *Dragones y mazmorras*, MUD eran en principio las siglas de *Multi-User Dungeons*, pero responden ahora a una denominación más sofisticada: la de *Multi-User Dimensions*). Los MUD son entornos organizados en los que los jugadores pueden adoptar una gran variedad de papeles fantásticos y contactar entre ellos para jugar partidas muy elaboradas y cambiantes que pueden durar años. Ésta puede ser una experiencia tan absorbente que los responsables de la salud en las universidades comenzaron a expresar su preocupación acerca de la «adicción a los MUD», cuando comprobaron cómo los estudiantes sacrificaban su tiempo de estudio para pasar muchas horas cada día en su entorno MUD favorito. Un conjunto complejo de entornos de juegos de rol ha florecido en la red con nombres tan variados como MOO, MUSH, MUCK, MUSE o MUX.

Para dar un ejemplo, en un MUD de *America Online* un participante puede pretender ser un barón medieval en *Red Dragon Inn* (la Posada del Dragón rojo). En esa área fantástica los visitantes ejercen su imaginación y participan (mediante tertulias electrónicas desde el teclado) en la creación de una historia prolongada sobre la vida en la posada. A lo largo de un ciclo de dos meses, los participantes pueden acumular suficientes victorias como para recorrer un complejo escalafón jerárquico de títulos que va desde el aprendiz hasta el brujo pasando por el paladín y el maestro mago.

Pero no todos los juegos de fantasía están tan alejados de la realidad. En la comunidad deportiva de Internet *ESPNET*, por ejemplo, los participantes pueden crear sus propios equipos (usando el nombre de jugadores reales) y competir contra equipos creados por otros participantes. Se determinan los ganadores, en función de los resultados conseguidos por los verdaderos jugadores durante la temporada.

No es difícil imaginar las aplicaciones de la fantasía en los juegos de simulación, en comunidades virtuales de empresa a empresa, que ayudarían a sus miembros a interiorizar principios básicos del negocio y a observar su impacto en interacción con los demás. ¿Acaso pasará mucho tiempo hasta que los vendedores compitan en «Widgetland» para conseguir la mayor cuota de mercado, aplicando las técnicas más recientes de Continuous Relationship Marketing? ¿O para que los abogados litiguen casos simulados en tribunales virtuales para ver el resultado de algunas estrategias ante un juez y un jurado?

Transacción

La necesidad de transacción en sentido amplio se satisface *online* con el intercambio de información entre los participantes. De hecho, la noción de trueque o de intercambio ha sido un elemento importante de la cultura y los modales de los primeros momentos de Internet. Pero las comunidades virtuales necesitarán algún tiempo hasta poder responder a necesidades de transacción, en el sentido estrictamente económico de la palabra. Su capacidad para ello se verá probablemente limitada por impedimentos de tipo tecnológico, por una parte (la preocupación continua por la seguridad y la autentificación en Internet, por ejemplo) y el número relativamente pequeño de miembros y vendedores que hoy están agrupados en cada espacio. Sin embargo, la respuesta a esta cuarta demanda constituye una prolongación natural de ciertas iniciativas, en las que los miembros que tienen un interés especial por algún tipo de producto o de servicio se agrupan para intercambiar información y experiencias relacionadas con sus adquisiciones.

Por ejemplo, *Motley Fool* ya ha comenzado a vender libros y otros productos relacionados con inversiones financieras. ¿Acaso pasará mucho tiempo hasta que *Motley Fool* ofrezca a sus miembros la posibilidad de relacionarse directamente, a través del ordenador, con agentes de bolsa, para realizar sus operaciones en bolsa? Ya muchos tablones de anuncios independientes, dirigidos a coleccionistas, ofrecen espacios de «anuncios clasificados» donde poder comprar y vender objetos relacionados con sus colecciones.

De forma alternativa, algunas iniciativas creadas con el fin específico de realizar transacciones comerciales pueden evolucionar hacia comunidades virtuales más desarrolladas. *Virtual Vineyards*, un servicio *web* que vende vinos, responde a una demanda de transacción muy específica. *Virtual Vineyards* ofrece a los visitantes información acerca de los vinos, e incluye ofertas especiales con precios interesantes. La mayoría de los vinos incluidos provienen de bodegas pequeñas y son difíciles de conseguir en las tiendas de tipo medio. Los visitantes pueden comprar los vinos directamente de *Virtual Vineyards*, mediante un formulario *online*, o pueden llamar al servicio *online*. Aunque los visitantes pueden enviar un mensaje electrónico al organizador (así como preguntas al *Cork Dork*), todavía no pueden intercambiar información unos con otros. Cuando se añada esta posibilidad aumentará el valor del *web* para los visitantes haciendo de éste una auténtica comunidad virtual.

En un contexto de empresa a empresa, *Nets, Inc.*, es un ejemplo de espacio comercial emergente que agrupa a compradores y a vendedores de algunos productos de ingeniería. *Nets, Inc.*, agrupa a más de 200.000 compradores y 4.500 vendedores de productos industriales. La mayoría de los productos que abarcan los servicios de *Nets, Inc.*, incluyen equipos de medición y sensores, sistemas de control y programas informáticos de fabricación y de ingeniería.

Nets, Inc., facilita las transacciones comerciales ofreciendo una amplia gama de servicios que van desde una colección de catálogos donde los compradores pueden consultar los detallados catálogos de productos de fabricantes y distribuidores, hasta un «Servicio de Productos Nuevos» que ofrece información acerca de productos recientes, y un «Servicio de Excedentes de Equipo» que permite a los miembros localizar productos que ya no se fabrican, difíciles de encontrar o usados, a precio rebajado. Otros servicios de interés para los miembros es una «Feria Virtual del Empleo» que presenta ofertas de empleo y seminarios sobre productos o tecnologías particulares.

Una mezcla poderosa

Sería interesante analizar algunos ejemplos de cómo funcionan las comunidades virtuales, ya que su capacidad para responder no sólo a una de estas necesidades sino a todas ellas es muy valiosa, y que dicha capacidad distingue a las comunidades de otras actividades virtuales, tales como los centros comerciales y los periódicos electrónicos. Ya hemos citado el caso de *ESPNET* como una comunidad virtual emergente que responde a las numerosas necesidades de sus miembros. Responde claramente a la primera característica de las comunidades virtuales —la necesidad de interés— al proporcionar una amplia recopilación de información e interacción sobre deportes específicos. Responde a la segunda característica —la fantasía— al formar un equipo deportivo virtual que «juega» contra otros miembros. Responde a la necesidad de transacción al vender recuerdos deportivos en su *ZoneStore*. El sitio también promociona una tarjeta de crédito *ESPN MasterCard* que se puede encargar *online*. Al ofrecer numerosos foros de comunicación para sus miembros, *ESPNET* aumenta las posibilidades que tienen los hinchas de relacionarse entre sí.

En un contexto de empresa a empresa, las comunidades virtuales pueden también satisfacer una amplia gama de necesidades. Podemos imaginar una comunidad virtual dirigida a propietarios de pequeñas empresas, donde podrían intercambiar información sobre temas específicos (cómo elaborar un sistema de nómina o cómo cumplir ciertos requisitos legales, por ejemplo). La comunidad virtual podría ofrecer también juegos de simulación para que el propietario de una pequeña empresa aprenda y pruebe algunas técnicas de financiación. No tiene por qué ofrecer tan sólo información sobre cuál es la mejor fotocopiadora para una pequeña empresa, sino también sobre las diversas maneras de adquirirla *online*. Se pueden crear tablones de anuncios especiales y tertulias electrónicas para compartir experiencias en las diferentes etapas del desarrollo de la pequeña empresa (inicio, introducción en bolsa) o para compartir los retos personales del propietario de una pequeña empresa (mantener el justo equilibrio entre la empresa y la vida privada, cómo y cuándo implicar a la familia en el negocio).

Un cambio de poder

Hemos sugerido hasta ahora que uno de los potenciales iniciales de las comunidades virtuales es su capacidad para agrupar a personas, en entornos que respondan a una combinación de cuatro necesidades básicas experimentadas en sus vidas profesionales o privadas. El verdadero potencial comercial de las comunidades virtuales, sin embargo, empezará a surgir tan sólo cuando hayan acumulado un número suficiente de miembros y hayan desarrollado una gran capacidad de transacción. Foros *online* como *Nets, Inc.*, y *Agriculture Online* (dirigido a los agricultores) han anunciado su intención de añadir la posibilidad de realizar transacciones, a unos servicios que en un principio eran de información y comunicación. Las comunidades virtuales tienen la capacidad de llevar a cabo un importante traspaso de poder del vendedor al comprador que se acompaña de un desplazamiento del valor económico, desde el vendedor hacia el comprador.

El gráfico 2-1A presenta la curva de la oferta y la demanda, clásica en microeconomía, con una línea horizontal recta en la intersección de ambas curvas que marca el precio del mercado en una relación estándar entre cliente y vendedor. El gráfico 2-1B muestra el impacto de las comunidades virtuales al producir un desplazamiento del superávit, del vendedor al comprador. Cabe constatar que, en este caso, el precio del mercado se ajusta más a la curva de la oferta, reflejando así la importancia cada vez mayor de entornos parecidos al de la subasta, que probablemente prevalecerán en las comunidades virtuales, a medida que los mercados invertidos se afiancen. En esta etapa, cuando los compradores quieran efectuar una compra, informarán a los vendedores apropiados y solicitarán ofertas. El proceso de oferta tiende a crear un «minimercado» cada vez que se realiza una transacción, en el que el precio final es el de la oferta vencedora, realizada por el vendedor que ha sabido adaptar mejor el precio y la función del producto a las necesidades del comprador.

Los elementos claves que rigen este cambio de poder —acumulación de poder adquisitivo, mejora del acceso a la información por parte del cliente, elección del vendedor, y presencia de un intermediario altamente motivado cuya ganancia proviene de llevar a la práctica los tres elementos anteriores—, proporcionan las bases para una exploración sistemática de las cinco características que definen las comunidades virtuales y que han sido presentadas en el capítulo 1:

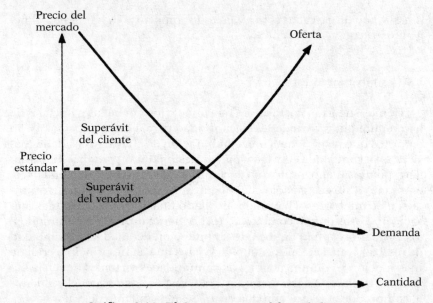

Gráfico 2.1A. El Superávit pasa del vendedor...

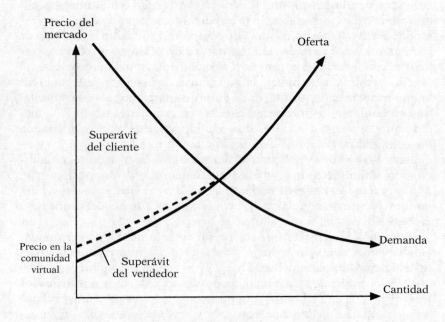

Gráfico 2.1B. ... al cliente, en el mundo de las comunidades virtuales.

1. Enfoque distintivo en cuanto a los miembros.
2. Integración del contenido informativo y la comunicación.
3. Énfasis en el contenido generado por los miembros.
4. Elección entre vendedores que compiten entre ellos.
5. Organizadores motivados por objetivos comerciales.

Acumulación del poder adquisitivo

Las comunidades virtuales ayudan a acumular el poder adquisitivo al proporcionar un entorno motivador que atrae a nuevos miembros y al ofrecer una gran selección de medios para que los miembros puedan contactar unos con otros. La primera de las características que definen a las comunidades virtuales (un enfoque específico en cuanto a sus miembros) ayuda en gran medida a esta acumulación de poder adquisitivo.

Primera característica: enfoque específico en cuanto a sus miembros. Las comunidades virtuales se distinguen de otros entornos de red más generales, como Internet o los servicios *online* tradicionales como *America Online* o *CompuServe,* por el hecho de que van dirigidas a un tipo específico de miembros. Tener un enfoque diferente es vital para los miembros, desde un principio. Necesitan saber dónde deben acudir para encontrar a otras personas que compartan sus mismos intereses y necesidades, así como para encontrar recursos, como informaciones publicadas o vendedores que han sido agrupados convenientemente para responder a sus necesidades. Las comunidades virtuales serían una reserva de información generada por los propios miembros y adecuada a sus intereses particulares. En el vasto e indómito laberinto de las redes electrónicas aprovecharían su poder para cubrir las necesidades de los usuarios.

Al proporcionar un enfoque específico, las comunidades virtuales también aceleran el proceso de acumulación de poder adquisitivo. Casi cualquier comunidad concebible tendría una serie particular de necesidades, y de intereses en las transacciones. Una comunidad de inversores privados reuniría a particulares que invierten de forma activa en acciones y fondos de inversión mobiliaria. Una comunidad virtual para abogados reuniría a particulares y empresas interesadas en tener acceso a servicios de información legal y a determinado tipo de expertos (medicina forense, detectives privados para los abogados penalistas, etc.).

A menudo, estos particulares representan la clientela más atractiva para una categoría específica de productos y servicios. Por ejemplo, un estudio de mercado muestra que los lectores de revistas especializadas en viajes gastan como término medio tres veces más en viajes que el consumidor medio. Es justo pensar que, especialmente en los primeros años, los miembros de comunidades virtuales enfocadas hacia los viajes mostrarán una tendencia similar en sus gastos.

A través de su enfoque distintivo, las comunidades virtuales realizan una función de imán, reuniendo a clientes que comparten un mismo perfil comprador y que representan conjuntamente una cantidad considerable de actividad compradora en determinadas categorías de transacciones. De forma aislada, esta característica que define a las comunidades virtuales sería interesante en la misma medida en que las revistas especializadas proporcionan una acumulación similar de público al que pueden dirigirse los publicistas. Pero en combinación con las demás características de las comunidades virtuales, destacadas anteriormente, esta acumulación de poder adquisitivo se convierte en el primer paso para llevar a cabo un cambio fundamental en dicho poder. Hay un poder potencial en cuanto a cantidad, y las comunidades virtuales reunirán a los compradores en entornos que aumentan su efectividad al producirse el apalancamiento de su poder colectivo.

Mejor acceso a la información

La comunidades virtuales no sólo agrupan a potenciales compradores, sino que también les proporcionan mucha más información de la que eran capaces de obtener de forma conveniente y rentable en el pasado. Como ya señalamos anteriormente en este capítulo, si huimos de la asimetría tradicional de la información podremos crear mercados invertidos en los que el poder pasa a los clientes. Estos mercados invertidos ponen de relieve otras dos características de las comunidades virtuales: la integración del contenido y de la comunicación, así como el énfasis en el contenido generado por los miembros.

Segunda característica: la integración del contenido y la comunicación. Redes como *America Online* e Internet difieren de las redes convencionales y de los medios de comunicación tradicionales por su capacidad para integrar contenido y comunicación. Los medios de comunicación tradicionales tienden a ser vehículos de difusión unidireccionales: por ejemplo, las revistas, los libros, las grabaciones, los programas de televisión o las películas, que difunden un contenido para una audiencia determinada.

Salvo en contadas excepciones (particularmente las cartas al director, las tertulias radiofónicas y los debates televisivos), estos medios de comunicación ofrecen pocas veces al público la oportunidad de interactuar con los responsables, y mucho menos unos con otros. Por contra, las redes convencionales, como el teléfono, ofrecen una valiosa oportunidad de comunicación con una capacidad relativamente limitada para captar, almacenar y recuperar contenidos.

Las comunidades virtuales aprovechan la capacidad única de estas nuevas redes que proporcionan entornos en los que comunicación y contenido no son sólo accesibles, sino que también están estrechamente integrados. Así, los particulares que se agrupan en tertulias *online* pueden recuperar y «recoger» contenidos adecuados para su discusión. Los participantes en tablones de anuncios electrónicos pueden acceder a mensajes previos y así enviar preguntas a uno o varios de sus autores. Los moderadores de los tablones de anuncios pueden anunciar una noticia reciente o citar un libro para estimular una nueva ronda de discusión entre los participantes. Se puede pedir, a los autores de información publicada, que clarifiquen o aporten información más específica de forma mucho más fácil que con los métodos tradicionales de edición.

Este tipo de integración entre contenido y comunicación puede ser ilustrado con el ejemplo de una hipotética comunidad enfocada hacia los viajes. Este tipo de comunidad podría reunir una amplia selección de información publicada, que iría desde guías de viaje tradicionales hasta revistas y boletines informativos especializados, así como folletos *online* e información de las oficinas de turismo o de vendedores específicos (horarios de líneas aéreas, información sobre hoteles, etc.). Al mismo tiempo, la comunidad proporcionaría una variada serie de foros de comunicación entre viajeros, incluyendo tablones de anuncios en los que estos últimos podrían enviarse preguntas unos a otros (padres informándose de centros adaptados a los niños, personas de la tercera edad que buscan compañeros de viaje) y eventos especiales en los que renombrados expertos (y no tan renombrados) estarían accesibles a las preguntas de los visitantes.

Un papel fundamental del organizador de la comunidad es el de acumular información publicada adaptada a los miembros. En gran medida, esto significa actuar como agente, buscar y recoger contenidos adecuados y al mismo tiempo filtrar contenidos poco fiables o de baja calidad. El organizador de la comunidad virtual debe comprometerse a ofrecer un cierto nivel de calidad. Cualquiera que haya «navegado» por Internet y haya leído una masa ingente de «material transportado» (material publicado primero en los medios tradicionales y transferido luego a los medios modernos, sin intentar utilizar las ventajas de estos nuevos medios) y comunicados de prensa de los vendedores, en un vano intento por encontrar la respuesta a una pregunta concreta de una fuente fidedigna, puede ponderar el valor que añade el organizador de la comunidad cuando filtra y organiza la información.

Como la información en las comunidades virtuales puede provenir de otros miembros y no sólo de «expertos», el organizador también desempeña un valioso papel de «certificación» de la autenticidad y cualificación de los demás miembros que proporcionan tal información. Los miembros que proporcionan habitualmente información falsa o interesada deben ser rechazados de la comunidad o como mínimo acallados.

La fusión entre contenido y comunicación, en el contexto de la comunidad, ofrece una valiosa fuente de información a los miembros que quieren comprar algo en concreto. En una comunidad enfocada hacia los viajes, un miembro que proyecta un viaje a Florencia puede encontrar rápidamente diez guías de hoteles de la ciudad, repasar la valoración de los miembros de la comunidad acerca de los hoteles y enviar preguntas al tablón de anuncios pidiendo consejo a los miembros que ya han estado en Florencia en los dos meses anteriores. El valor relativo de estas sugerencias puede ser evaluado analizando el perfil de los miembros para determinar si tienen intereses y experiencias afines. Si la persona está confundida por las informaciones contradictorias o incompletas que ha obtenido a través de estos servicios, puede contactar con autores individuales o con algunos miembros para pedir aclaraciones. A medida que evolucionen las comunidades, la riqueza, fiabilidad y actualidad de la información que esté al alcance de los miembros que quieren realizar compras puede ser mucho mayor que la de cualquier otra información ofrecida por medios más convencionales. De este modo aumentará la probabilidad de la compra.

Tercera característica: el énfasis en el contenido generado por los miembros. Un supuesto clave que rige la formación de las comunidades virtuales es que los miembros obtendrán a la larga más valor de los contenidos generados por los miembros que de los contenidos publicados de forma más tradicional. Los contenidos generados por los miembros se producen generalmente en tiempo real, en tertulias *online* y se acumulan en los mensajes enviados a los tablones de anuncios.

Algunas personas siguen dudando de que los contenidos generados por los miembros tengan más valor que los contenidos publicados por renombrados «expertos» en sus distintos campos de especialidad. De Michael Kinsley, antiguo editor de *New Republic* y en la actualidad director de *Slate*, la empresa editorial *online* de Microsoft, se citó profusamente su observación —que hizo en una conferencia del sector—, de que los clientes de un restaurante prefieren que su comida sea preparada por un cocinero experimentado antes que por la persona que se sienta en la mesa de al lado.

Este tipo de observaciones, aunque divertidas, pasan por alto un aspecto fundamental: las comunidades virtuales acumularán unos ingentes conocimientos colectivos que posiblemente no podrían ser igualados por ningún experto individual, por muy formado o experimentado que fuera. En muchos casos, el valor no sólo radica en la experiencia y en los conocimientos de cada individuo, sino en la experiencia comparada y los puntos de vista de muchos individuos. Buen ejemplo de ello son las guías Zagat que se han convertido en un ingrediente básico para aquellos que frecuentan los restaurantes en Estados Unidos. El valor de estas guías no es que presenten el enfoque de un experto sino que ofrezcan una amplia muestra de enfoques y experiencias de personas apasionadas por la gastronomía.

¿Cuánto pesa la opinión de un «experto» frente a la ingente cantidad de conocimientos colectivos?

Es precisamente en este tipo de conocimientos y experiencia donde las comunidades virtuales realizan un buen trabajo de supervisión. Ninguna combinación de «publicaciones de expertos» podría igualarse al conocimiento colectivo y a la experiencia de una comunidad de personas que comparten una misma pasión.

Amazon.com, un espacio en rápido crecimiento que agrupa en Internet a los amantes de los libros, ilustra este enfoque en el contenido generado por los miembros. Además de publicar reseñas de libros de los críticos del *New York Times*, *Amazon.com* ha creado también una comunidad llamada «*Amazon.com Community*», donde no sólo se autoriza sino que se alienta a los miembros a que envíen sus propias críticas. De hecho, *Amazon.com* ofrece a sus miembros un premio de mil dólares en libros en un "Concurso de Recomendación de Libros". Este tipo de iniciativas no sólo acumulan una gran cantidad de información sobre libros, en beneficio de todos los miembros, sino que además fomentan un sentimiento de mayor compromiso con la comunidad y ayudan a estimular la venta de más libros.

De este modo, las comunidades aumentan de forma considerable la información y los conocimientos que ponen a disposición de sus miembros, en el momento de decidir una compra. El intercambio de información *entre* clientes, en cierto tipo de transacciones, era hasta ahora un hecho relativamente azaroso y poco fiable. Es esa capacidad la que recoge el poder adquisitivo acumulado en una comunidad virtual y lo transforma en una conducta colectiva que puede determinar de forma rápida y decisiva el éxito o el fracaso del vendedor.

De todas las características de las comunidades virtuales ésta es la que hace que el vendedor se sienta más incómodo. Un foro en el que los clientes hablan entre sí, de forma continuada, es algo preocupante. Si los clientes están satisfechos con un producto o un servicio, esto se propaga rápidamente de boca en boca (o mejor, de ordenador a ordenador) para provecho del vendedor. Pero la inversa también es verdad. El vendedor que ofrece productos o servicios de baja calidad verá cómo esa información se difunde con rapidez y eficacia.

Elegir al vendedor

La comunidades virtuales no sólo reúnen miembros, también reúnen vendedores que ofrecen productos o servicios susceptibles de interesar a sus miembros. Al proporcionar un entorno en el que los miembros pueden interactuar con vendedores particulares, así como adquirir sus productos o servicios, las comunidades virtuales ponen en marcha una dinámica que propicia un cambio de poder del vendedor al comprador. A diferencia del comercio tradicional, donde el cliente tiene acceso a un número limitado de vendedores —«o lo toma o lo deja»—, las comunidades virtuales hacen posible que el cliente busque activamente entre una amplia gama de vendedores y de ofertas (el espacio no es un impedimento en el espacio virtual) y, en el momento oportuno, entablar negociaciones concretas con los vendedores.

Cuarta característica: la elección entre las ofertas competidoras de los vendedores. Las comunidades virtuales podrían comenzar ofreciendo tan sólo los productos o servicios de un vendedor. Esto sería cierto en el caso de comunidades virtuales patrocinadas por un único vendedor. Sin embargo, pensamos que pocas comunidades serán capaces de tener autonomía de este modo.

Póngase en el lugar del miembro potencial de una comunidad, interesado en equipos de sonido y de vídeo. ¿Se plantearía unirse a una comunidad patrocinada por un vendedor de equipos de sonido y de vídeo, lo cual limitaría la información al alcance de los miembros sólo a la selección de sus productos? ¿O acaso, preferiría unirse a una comunidad competidora que reuniera información y ofertas de productos de una variedad de vendedores, en situación de competencia, y que le ofreciera la oportunidad de interactuar con aficionados a los vídeos y a los equipos de sonido, y que debatieran acerca de la calidad de sus productos?

Probablemente, en cualquier comunidad que ofrezca posibilidades suficientes de transacción relacionadas con su objeto, la posibilidad de elegir entre vendedores competidores permitirá, con el tiempo, aumentar el número de afiliados. Es justamente esta posibilidad de elegir entre vendedores competidores la que hará posible que los clientes consigan más ventajas de los vendedores. Y, tal y como mencionamos anteriormente, eso es también lo que posibilita que las comunidades virtuales creen mercados invertidos.

Amazon.com, citado anteriormente, proporciona ejemplos de cómo funcionan estos mercados invertidos. Los directorios de *Amazon.com* permiten a los miembros buscar y comprar entre más de un millón de títulos publicados. Esta búsqueda puede realizarse a través de palabras clave, pero también a través de las entradas tradicionales tales como autor, título o tema. Un Servicio de Notificaciones del Editor informa también a los miembros acerca de nuevos títulos que aparecen, en temas señalados con anterioridad. Compradores de libros de Bahrein, Bosnia y Guam tienen más títulos de libros a su disposición, y más información sobre los libros disponibles, que cualquiera que visite la mayor librería de Nueva York o de Francfort.

Todo ello da la vuelta al modelo tradicional de mercado, en el que los vendedores buscan a los clientes. Las comunidades virtuales ofrecen a los clientes una posición de mayor poder, al proporcionarles una rica fuente de información sobre los vendedores, foros en los que interactuar con otros clientes que ya han negociado con ciertos vendedores, así como la posibilidad de interactuar con ciertos vendedores para negociar las condiciones de venta mas ventajosas. En muchos casos, las comunidades virtuales son susceptibles de ofrecer espacios para la subasta, donde los clientes envían sus demandas y crean una guerra de ofertas entre vendedores competidores para obtener el mejor precio. La tecnología permite que el organizador de la comunidad actúe como agente para los miembros, buscando de forma rápida y eficiente la mejor oferta disponible y desempeñando así un papel muy importante. *Amazon.com* ofrece *Eyes*, un motor de búsqueda automático, que envía automáticamente a los miembros un mensaje electrónico cuando un determinado libro sale en rústica o cuando su autor favorito publica un nuevo libro. Cada vez más, los clientes provocarán una competición entre los vendedores para asegurarse el mejor acuerdo.

Intermediarios motivados

Conjugar todos estos elementos para crear una comunidad virtual de éxito no es para nada una tarea fácil. En algunos casos, ese esfuerzo será asumido por particulares apasionados por algún tema, continuando así la tradición voluntarista y no comercial de los primeros momentos de Internet. Creemos sin embargo que esta labor será asumida cada vez más por particulares y empresas que ven el potencial de este nuevo modelo de negocio y se sienten motivados por la posibilidad de obtener algún beneficio.

Quinta característica: organizadores con motivaciones comerciales. Reconocemos y saludamos a los pioneros de las redes electrónicas que no eran movidos por fines comerciales cuando organizaron las comunidades virtuales. Ese esfuerzo aportó muchas lecciones de provecho. Seguirán apareciendo muchas comunidades virtuales no comerciales y seguirán desempeñando un papel valioso en las redes. Sin embargo, quienes van a provocar un cambio de poder del vendedor al comprador van a ser los organizadores de comunidades que tengan motivaciones económicas. Para acumular una cantidad importante de poder adquisitivo en las comunidades virtuales serán precisos recursos importantes, y un tiempo suficiente. En muchos casos, no se lograrán esos recursos si no se puede conseguir un rendimiento interesante. En otros casos, pueden existir los recursos, pero la búsqueda de un rendimiento atractivo contribuirá a acelerar su desarrollo. Además, la competencia entre los organizadores de comunidades para obtener rendimientos atractivos fomentará la innovación, ayudando a desarrollar y a madurar el concepto y el funcionamiento de las comunidades virtuales más rápidamente.

Como mostraremos en el capítulo 3, la economía de las comunidades virtuales puede ser muy atractiva desde la perspectiva del organizador de la comunidad. Poderosos incentivos económicos guiarán la formación y el crecimiento de las comunidades virtuales en la red. Como muchos de estos beneficios dependen de la capacidad de identificar y explotar la ocasión para trasladar el poder de los vendedores a los compradores, los organizadores de las comunidades tendrán una fuerte motivación para superar la reticencia de potenciales vendedores e invertir los recursos necesarios. El organizador de comunidad virtual que defiende la causa de sus miembros tratando con los vendedores será ampliamente recompensado; los que sigan enfocando las transacciones desde la perspectiva del vendedor encontrarán que la rentabilidad es difícil de alcanzar. Por tanto, los mecanismos del mercado ayudarán a acelerar el cambio profundo de poder que prometen las comunidades virtuales.

El poder del liderazgo

A medida que las comunidades virtuales evolucionan en la red, su valor para los miembros crecerá. Tal y como hemos analizado, el valor primero de las comunidades seguirá siendo mayoritariamente su capacidad para responder a las pasiones de sus miembros. La acumulación de un número considerable de miembros y de poder adquisitivo en una comunidad, proporcionará a los miembros la posibilidad de conseguir un mayor valor, por parte del vendedor con el que esta negociando. Probablemente, en una etapa posterior, las comunidades virtuales podrán ofrecer ese valor a una amplia gama de personas. Esos compradores menos asiduos participarán en comunidades, movidos en gran medida por el hecho de comprar bienes y servicios más que por una gran pasión. Explorar la comunidad virtual se convertirá para ellos en una alternativa a la visita al centro comercial o al contacto con el distribuidor local. A este nivel, el valor de las comunidades virtuales residirá en su liderazgo. Por el volumen de transacciones que generan, se convertirán en el lugar preferido de compra para amplios sectores de consumidores.

El dilema del vendedor...

Llegados a este punto, los lectores pueden preguntarse con toda razón: si las comunidades virtuales producirán un cambio de poder del vendedor al comprador, ¿por qué razón iba un vendedor a querer participar en esa comunidad (que no es lo mismo que organizarla)? ¿Por qué no boicotear simplemente estos nuevos entornos para los negocios y privar a los clientes de ejercer su poder? A medida que los vendedores se den cuenta de las implicaciones potenciales de su participación en una comunidad virtual este tipo de reacción será expresada por altos cargos.

Evidentemente, si las comunidades virtuales no son capaces de reunir una cantidad importante de miembros, los vendedores no tienen por qué preocuparse. Pueden permanecer al margen y esperar a que esa moda pasajera se acabe. Por otra parte, si las comunidades virtuales demuestran que son suficientemente poderosas para agrupar a un número significativo de miembros, los vendedores se enfrentan a un difícil dilema. Analicemos el ejemplo de *Motley Fool*. Una vez que ha acumulado millones de inversores financieros activos, ¿acaso no ofrecerá, tanto a los vendedores de fondos de inversión mobiliaria como a otros vendedores de productos financieros, una audiencia muy interesante?

Si todos los vendedores fueran reticentes a participar en las comunidades virtuales, evitarían su avance hacia la etapa siguiente, en la que los miembros consiguen sacar más ventajas de los vendedores. Pero no todos los vendedores son iguales. El pequeño vendedor y el recién llegado al mercado, sobre todo, esperarán un beneficio de su participación en las comunidades virtuales. Como, habitualmente, sus negocios son relativamente jóvenes, buscar una reducción de los márgenes —como consecuencia del traspaso de poder del vendedor al consumidor— es mucho menos preocupante para ellos que lo es para vendedores con posiciones bien asentadas en el mercado.

El gráfico 2-2 subraya las buenas noticias para los vendedores. El efecto combinado de disminuir los costes de transacción para ambas partes, comprador y vendedor, producirá un desplazamiento hacia la derecha tanto de la curva de la oferta (1) como de la demanda (2). Como consecuencia, la intersección entre las curvas de la oferta y de la demanda se producirá más hacia la derecha que antes de la existencia de las comunidades virtuales, señalando que el volumen de las transacciones aumentará en el futuro (3). Cuánto aumentará el volumen de las transacciones y cuál será el efecto neto cuando se haya tenido en cuenta el cambio en las ganancias entre el vendedor y el comprador es algo que variará considerablemente en función de los mercados.

Si algún pequeño vendedor o alguien recién llegado rompiera filas y eligiera participar en el entorno de las comunidades virtuales, los vendedores más grandes correrían un riesgo importante. ¿Deberían aguantar y esperar a que las comunidades virtuales demuestren ser un entorno marginal para las transacciones, por lo menos para sus productos y servicios? Si aguantan y las comunidades virtuales se convierten en entornos significativos para las transacciones, se arriesgan a perder cuota de mercado en favor de aquellos vendedores que sí participan en dichas comunidades. Una vez que se ha perdido, es difícil volver a recuperar la cuota de mercado. A medida que la fidelidad de los miembros hacia su comunidad se incremente, será cada vez más difícil que se cambien a otra comunidad. Por otra parte, si los grandes vendedores deciden participar, dicha participación incrementará a la larga el atractivo de las comunidades virtuales como entorno de transacción, aumentando así el riesgo de un cambio de poder.

Dado el atractivo que tiene el conjunto de los miembros de muchas de las comunidades virtuales que surgen en las redes y el valor que probablemente tenga para esos miembros el poder realizar transacciones dentro de dichas comunidades, es probable que los pequeños vendedores y los recién llegados se muestren agresivos a la hora de explotar la oportunidad de ampliar sus mercados. Si esto se produce, probablemente sólo será una cuestión de tiempo, hasta que los grandes

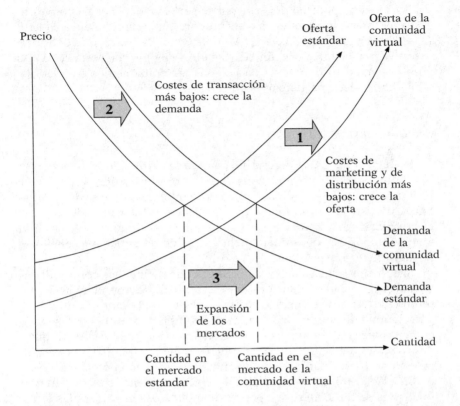

Gráfico 2.2. La expansión de los mercados en la comunidad virtual.

vendedores consideren necesario unirse a dichas comunidades.

Aunque todavía es pronto para ofrecer ejemplos de cómo funciona la dinámica de las comunidades virtuales, *ParentsPlace*, un sitio dedicado a cubrir las necesidades de los padres, ilustra una actividad de transacción temprana. *ParentsPlace* pone a la venta algunos productos que incluyen los alimentos para niños y los champús. Los vendedores son pequeñas empresas: *Earth's Best Baby Foods* y *Mustela* (respectivamente). Los grandes vendedores deben decidir todavía si participan, pero si la comunidad crece mucho en cuanto al número de sus miembros y al volumen de sus

> *Los pequeños vendedores serán los primeros en romper filas.*

transacciones, ¿podrían dejar de participar? *ParentsPlace* ha comenzado ya a atraer a los pequeños distribuidores, tales como *Delivered with Love*, *The Breast-feeding Shop* y *Natural Baby Company*, que de forma colectiva ponen a disposición de los padres de niños de corta edad una amplia gama de productos. Una vez más, sin embargo, los grandes distribuidores deben participar ya en *ParentsPlace*.

...Y LA OPORTUNIDAD

No hace mucho que el término *comunidad virtual*, por lo menos en un contexto comercial, era considerado novedoso e innovador. Muy pronto se perdió la cuenta del número de iniciativas que se denominaban a sí mismas comunidad y que florecían en Internet y otras redes electrónicas. Ahora parece como si cualquier *web* pudiera reclamar la denominación de comunidad, incluso cuando no ofrece más que unas páginas de texto y gráficos.

Si aplicamos las cinco características que definen las comunidades virtuales destacadas anteriormente, esa aparente abundancia de comunidades se desvanece. De hecho, todavía no podemos señalar ningún ejemplo de comunidad virtual que cumpla firmemente esas cinco características. Para alcanzar este poderoso potencial, las comunidades virtuales deben, en última instancia, poner de manifiesto esas cinco características para que no disminuya su impacto potencial.

Si las comunidades virtuales, tal y como las hemos descrito, fueran una empresa tan poderosa, ¿porque no podemos encontrar más ejemplos de comunidades en pleno florecimiento? La respuesta puede ser que, tal y como ocurre con muchas otras empresas con poder y potencial, no sea tan fácil lanzarlas. De hecho, la noción de comunidad virtual significa un cambio de mentalidad fundamental, particularmente para los altos cargos o para las empresas bien asentadas en el mercado, y que crecieron en un mundo muy diferente, regido por una serie de supuestos muy diferentes, en lo que se refiere a los fundamentos del éxito empresarial. Visto de este modo, no es sorprendente que en esta primera etapa sea difícil encontrar más ejemplos de comunidades virtuales bien desarrolladas. De hecho, es sorprendente que se experimente tanto con elementos del modelo de las comunidades virtuales.

Para ilustrar con claridad el cambio de mentalidad necesario, es bueno contrastar el concepto tradicional del valor económico de un editor o un vendedor con el que podría tener un organizador de comunidad virtual. Un editor o vendedor tradicional creerá probablemente que los clientes virtuales encontrarán el mayor provecho en el hecho de ser capaces de acceder a recursos individuales, por ejemplo, una revista *online*, una entidad bancaria o un vendedor de equipos de sonido. Estos empresarios medirán el valor de la interacción por el valor de las transacciones que se realicen entre el miembro de la comunidad y el autor/editor, así como entre aquél y el vendedor del producto/servicio. Finalmente, el editor o vendedor llegará a la conclusión que, mientras que el valor marginal *podría* aumentar —acumulando recursos en la red—, la mayor parte sería aprovechado por editores o vendedores individuales, en vez de serlo por quien acumula los recursos.

Por contra, el organizador de la comunidad virtual podría contestar que el valor distintivo de los entornos virtuales es su capacidad para captar y para acumular contenidos generados por sus miembros (por ejemplo, estudios de las ofertas del vendedor, consejos y experiencias, todo ello realizado por los miembros). Si esto es cierto, significa que el enfoque real de la interacción es aquella que se produce entre los propios miembros de la comunidad y que la interacción con vendedores y editores sólo sirve para reforzar el valor de la interacción entre miembros. Esta perspectiva conduce a la consideración que, con el tiempo, el valor se concentrará en espacios «compartidos» de comunidades (tablones de anuncios electrónicos, áreas de tertulia, etc.) y que este valor será captado en gran medida por los propios miembros y por los organizadores de esos espacios compartidos.

Las diferencias entre estos esquemas mentales aparecen claramente cuando observamos qué decisiones, en la práctica, deben tomar los mandos de una empresa, cuando se plantean llevar la actividad de esa empresa al terreno virtual. Por ejemplo, ¿crearía un vendedor un espacio donde sus clientes pudieran reunirse libremente e intercambiar información y opiniones acerca de sus productos? Hoy en día, muchos vendedores dirían que no. Planteando un caso aún más extremo ¿un editor o un vendedor crearían un espacio en el que los miembros pudieran tener acceso, no sólo a sus productos, sino también a los de sus competidores? Hoy en día, todo consejo de administración consideraría ese enfoque como una herejía.

Cuando buscamos, hoy, en las redes electrónicas, observamos una sorprendente variedad de iniciativas empresariales, algunas de las cuales contienen elementos sacados del modelo de las comunidades virtuales que hemos descrito y otras muchas presentan poco parecido con éstas. Los servicios *online* más importantes, como *America Online* y *CompuServe*, no pueden ser considerados como comunidades virtuales, tal y como las hemos definido aquí, porque no se distinguen por un enfoque particular en cuanto a los miembros o en cuanto a los contenidos que quieren acumular. En cambio, su objetivo es el de adquirir una gran variedad de suscriptores, que representan un conjunto heterogéneo de intereses y a los que intentan proporcionar un entorno de red que cubrirá muchas de sus demandas *online*.

Sin embargo, si observamos de cerca estos servicios *online*, observaremos realmente ciertos signos de comunidades virtuales emergentes. *America Online*, en particular, parece haber captado la noción de comunidad de forma significativa y ofrece ejemplos de comunidades emergentes como *Motley Fool* o *Red Dragon Inn*. De hecho, el éxito de *America Online*, al ampliar el número de sus suscriptores mucho más rápidamente que *CompuServe* o *Prodigy*, no tiene tanto que ver con sus esfuerzos de marketing como con el hecho de que se diera cuenta de la importancia de la interacción y de la comunicación entre los usuarios. *America Online* incrementó el número de sus miembros en casi 3.600.000 entre 1993 y 1995, mientras que *CompuServe* añadió 1.900.000 miembros, y *Prodigy* creció muy poco, pues aumentó de menos de 200.000 nuevos miembros (netos). *Prodigy* fue lento en adaptar su modelo empresarial, pasando de un modelo de contenido «difundido» a un modelo de comunidad. Como consecuencia de ello, se ha quedado atrasado, esforzándose por desarrollar una arquitectura que se adapte mejor a la comunicación de los usuarios que al acceso a periódicos *online*.

Los servicios de información *online* como *Lexis-Nexis* no son tampoco comunidades virtuales, o en todo caso aún no lo son. Aunque *Lexis* ofrece un rico menú de contenidos y se define por estar enfocado al servicio de la comunidad de los letrados, no mezcla con su contenido la capacidad de comunicación que permitiría interactuar a sus usuarios. Por ahora, se trata de un servicio *online* dirigido a satisfacer la necesidad de información de los abogados. No se trata de una comunidad.

Otro tipo de sitio virtual es el centro comercial virtual, un ejemplo del cual podría ser *MCI*. Como los servicios de información, estos centros comerciales no fomentan la comunicación entre los participantes. Como *America Online*, no tienen una única característica que les defina. En consecuencia, se enfrentan al reto de ofrecer a los clientes una mejor gama de productos, mejores precios, o una transacción más fácil que la que podrían obtener acudiendo a una tienda, comprando por catálogo, o mediante una llamada gratuita de teléfono. Quizás sea por eso que *MCI* anunció recientemente que cerraría su centro comercial.

Del mismo modo, muchos sitios de empresas en el *World Wide Web* no consiguen estimular la interacción entre los visitantes. Ciertamente estos sitios ofrecen más a los usuarios que un anuncio en una revista, en cuanto a gráficos e información del producto se refiere. Pero, ¿acaso es eso todo los que los clientes quieren?

Muchas empresas de medios de comunicación están introduciendo sus contenidos en Internet o en servicios *online*. Empresas como *Time-Warner* han realizado una fuerte inversión para ofrecer algunas de sus publicaciones más importantes *online*. Pero muchas publicaciones *online* siguen siendo sólo eso, es decir publicaciones tradicionales que no aprovechan en su justa medida las ventajas que ofrecen las comunidades virtuales. La interacción se limita a menudo a foros de «cartas al director». Estos editores parecen reticentes a abandonar el control del medio a sus lectores, un control que siempre ha pertenecido al periodista. Esto puede ser cierto en la prensa escrita, pero el caso de las publicaciones *online* es diferente. El periodista ya no tiene el control en el mundo virtual, o en todo caso ya no lo tiene de forma tan evidente. En su lugar, el periodista pasa a ser un catalizador de las interacciones entre los miembros de la comunidad.

A lo largo de esta obra mostraremos cómo las comunidades virtuales pueden cambiar un número de papeles tradicionales de forma sorprendente. Pero precisamente porque estos cambios son sorprendentes y porque podrían ser profundos, nuestra simpatía está con aquellos que están experimentando a nivel de empresa y que intentan entender y adaptarse a los retos y oportunidades de este nuevo medio.

Los usuarios individuales están también experimentando cambios de comportamiento al acceder al mundo virtual. La prueba de lo que esta pasando *online* sugiere que los particulares y las empresas tienen una opinión más práctica, aunque ambiciosa, de lo que este nuevo marco puede ofrecerles. Por ejemplo más de 100.000 médicos reciben noticias médicas e información sobre prescripciones *online*, e incluso están comenzando a tratar ejemplos de diagnósticos en foros, uno de ellos es *Physicians Online*. Algunos representantes del sector de la confección se reúnen en el *Virtual Garment Center* para intercambiar información y analizar las posibilidades de transacción. Vendedores y contratistas del sector de los tintes y los tejidos intercambian productos e información sobre sus aplicaciones en *Paint/Coatings Net*.

Aunque ninguna organización ha alcanzado todavía el potencial de una comunidad virtual con éxito, la buena noticia es que hay un modelo de empresa en marcha y que algunas organizaciones han lanzado iniciativas prometedoras en la dirección de dicho modelo. Para el vendedor decidido, esta situación representa una oportunidad excepcional para lanzar una o varias iniciativas de comunidades virtuales. El capítulo siguiente destaca los aspectos económicos y el potencial para la creación de valor que éstas implican.

3
LA NUEVA ECONOMÍA DE LAS COMUNIDADES VIRTUALES

La comunidad virtual no es tan sólo un vehículo para transferir el poder del vendedor al comprador. Para el organizador de la comunidad, se trata también de un poderoso medio para la creación de riqueza. Pero el análisis económico tradicional no explica su enorme potencial de crecimiento; no reconoce la magnitud de esa oportunidad ni los elementos claves de su valor. Lo que impulsa la creación de valor que genera una comunidad virtual es la economía de los rendimientos crecientes.

Todavía no cuesta mucho entrar en el negocio de las comunidades virtuales. Éstas requieren una inversión inicial relativamente limitada, y gran parte de dicha inversión, en realidad, no se hace en tecnología sino en la captación y el seguimiento de los miembros. Sin embargo, aquellos que esperen una recuperación inmediata de su inversión quizás se sientan frustrados debido a las importantes presiones a las que, a corto plazo, se ve sometida la rentabilidad. Estas presiones pueden dar cierto grado de incertidumbre a la evolución económica de las comunidades virtuales, a corto plazo, y convertirlas en un reto para el organizador de la comunidad.

En el presente capítulo, examinamos la economía de la organización de una comunidad virtual. Nos ocupamos de la procedencia de los ingresos y del destino de los gastos en que se va a incurrir. Y abordamos cómo los rendimientos crecientes pueden ser aprovechados para aumentar el crecimiento de los rendimientos y acelerar la recuperación de la inversión.

LA ECONOMÍA DE LOS RENDIMIENTOS CRECIENTES

El potencial de las comunidades virtuales para crear riqueza viene fuertemente determinado por los efectos acumulativos y reforzadores de los rendimientos crecientes. Una buena comprensión de la dinámica de esos rendimientos es, por tanto, esencial para los organizadores de una comunidad. Éstos necesitarán entender, en particular, el modelo de crecimiento de los ingresos que es característico de algunos tipos de negocios de rendimientos crecientes. Este modelo implica una acumulación gradual de los ingresos, seguida de una repentina aceleración, junto con un descenso constante de los costes unitarios, a medida que pasa el tiempo.

Empresas como *Microsoft* o *Federal Express*, negocios que finalmente generaron miles de millones de dólares de ingresos, tardaron muchos años en alcanzar un tamaño significativo. (Véase el gráfico 3-1, que muestra el modelo clásico de crecimiento impulsado por rendimientos crecientes en cuatro áreas de negocios.) No es probable que los organizadores de comunidad obtengan pronto ingresos significativos, hasta que no

Incluso **Microsoft** y **Federal Express** *tardaron en despegar.*

alcancen ciertos umbrales o «puertas». Esto significa que las inversiones iniciales probablemente se harán en un contexto de incertidumbre y de riesgo. El hecho que los organizadores no necesiten realizar una inversión inicial excesiva para poner en marcha la dinámica de los rendimientos crecientes mitiga en cierto modo dicha incertidumbre,

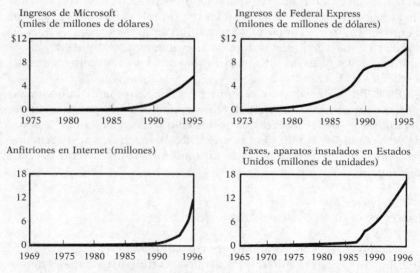

Gráfico 3.1. Crecimiento de Empresas de Rendimientos Crecientes.

siempre y cuando entren pronto en el juego. Los costes por incorporarse más tarde al juego se convierten rápidamente en prohibitivos.

Los rendimientos crecientes pueden adoptar múltiples formas. En su forma más sencilla, los rendimientos crecientes aumentan cuando una empresa realiza importantes desembolsos iniciales para desarrollar un nuevo producto o servicio y el coste marginal de la producción de cada unidad del producto o del servicio es mínimo. Así sucede habitualmente en el negocio del software, donde el coste de desarrollar un programa puede ser muy importante, pero los costes de fabricación son mínimos.

Otra forma habitual de rendimientos crecientes toma en consideración los efectos de la curva del aprendizaje o curva de la experiencia, que muchas empresas sólo comprenden con el paso del tiempo. Cada vez que duplican el número de unidades vendidas, las empresas consiguen habitualmente un cierto porcentaje en la reducción de los costes de fabricación y de entrega al cliente de ese producto o servicio. (A menudo hay también importantes efectos de aprendizaje en términos de habilidad.) Por lo tanto, cuantas más unidades fabrica, más reducidos serán los costes de cada unidad.

Un tercer tipo de rendimientos crecientes produce un apalancamiento de los efectos de red: cuantas más unidades de producto o de servicio se comercializan, más valiosa será cada unidad. El primer período de la historia del fax nos proporciona un ejemplo simple de esta forma de rendimientos crecientes, un producto que depende de su grado de penetración. Un único fax es inútil: ¿a quién iba su dueño a mandarle faxes? Pero cada vez que se vende y se pone en funcionamiento un nuevo fax, el valor de cada uno de los demás faxes aumenta porque existen así más oportunidades de comunicación. Pensemos también en el ejemplo de *Federal Express*. Cuantas más plataformas de distribución haya en la red de *Federal Express*, más valioso será el servicio en su conjunto.

A diferencia de las dos primeras formas de rendimientos crecientes, que tienden a mostrar una curva de ingresos o de costes con un crecimiento exponencial uniforme, la tercera forma de rendimientos crecientes se caracteriza a menudo por uno o varios puntos de inflexión: los ingresos crecerán despacio hasta alcanzar el punto de inflexión, y luego lo harán de forma acelerada. Tomemos el ejemplo del fax. Es probable que se produzca algún tipo de penetración mínima, umbral por debajo del cual un fax no tiene prácticamente ningún valor, pero una vez que se ha alcanzado dicho umbral, la demanda de nuevos faxes despega con fuerza. Este modelo se puede observar con claridad en cada una de las cuatro curvas del gráfico 3-1.

Las comunidades virtuales muestran los tres tipos de dinámicas de rendimientos crecientes. Primero, se requiere una inversión inicial, no sólo para «construir» el entorno de la comunidad virtual (diseñar el interfaz del usuario; desarrollar y desplegar los servicios y las ofertas iniciales de la comunidad; desarrollar e instalar un sistema capaz de captar datos, que detallaremos a continuación) pero también para alcanzar una cantidad significativa de miembros. Segundo, es probable que se den efectos de aprendizaje significativos, ya que estamos en una etapa relativamente temprana del desarrollo del negocio (se consigue más rápidamente duplicar la cantidad de unidades que en un negocio más maduro, donde duplicar el número de unidades puede requerir más tiempo). Finalmente, los efectos de red aumentan significativamente en las comunidades virtuales, dado el valor de la interacción entre sus miembros. La comunidad en la que interactúan pocos miembros tendrá menos valor que una comunidad en la que muchos miembros puedan interactuar entre sí. Por otra parte, un número reducido de miembros atraerá (si acaso atrae a alguno) a pocos proveedores de contenido, anunciantes o vendedores, reduciendo aún más el valor de la comunidad tanto para los miembros como para el organizador. Por todas estas razones, las comunidades virtuales seguirán probablemente el modelo de los rendimientos crecientes.

Fuentes de ingresos para la comunidad virtual

Acercarnos al modelo de los rendimientos crecientes significa entender la manera en que las formas cambiantes de los rendimientos crecientes actúan en el marco de las comunidades virtuales. Para ayudar a dicho entendimiento, dedicaremos primero algún tiempo a explicar cuáles son las fuentes de ingresos de la comunidad virtual. Sólo entonces estaremos preparados para describir los círculos dinámicos autorreforzadores que determinan el crecimiento del flujo de ingresos a lo largo del tiempo.

Las comunidades virtuales pueden alimentarse de ciertos flujos de ingresos potenciales provenientes de las cuotas de suscripción, similares a las que caracterizan hoy a los sitios, y que resumimos en la siguiente tabla:

Tipo de ingresos	**Descripción**
Cuotas de suscripción	Una cuota fija mensual por participar en la comunidad
Pago por utilización	Un pago basado en el número de horas de utilización o en el número de «páginas» a las que se

	ha accedido o una combinación de ambas posibilidades
Cuota por miembro	
Pago por contenido entregado	Pago por «descargar» información específica, tal como el informe de inversión de una empresa o el artículo de una revista
Pago por servicio	Pago por servicios especializados, tales como servicios de notificación cuando un determinado vendedor pone a la venta sus productos a un precio determinado

Además, a medida que una comunidad virtual reúne un número suficiente de miembros, los ingresos por anuncios y por transacciones se convierten en fuentes de ingresos más rentables. A diferencia de las cuotas de suscripción o del pago por utilización, que son susceptibles de variar a medida que aumenta el número de miembros, los ingresos por publicidad o por transacciones requieren un número importante de clientes o audiencia; los anunciantes y los vendedores no estarán interesados en participar de manera significativa, en una comunidad virtual, hasta que no alcance esa masa de público. Esa masa crítica, necesaria para generar esa corriente de ingresos, variará en función del mercado al que se dirigen los anunciantes y los vendedores importantes para la comunidad, y del «alcance» y la política de precios de las cadenas, o los medios de comunicación de la competencia.

Las primeras formas de ingresos por publicidad *online* provienen de los «*banners*» o de los anuncios de tipo icono insertados en una o más «páginas» de un *web*. Con el tiempo estos ingresos por publicidad incluirán probablemente ciertas formas de anuncios más directamente dirigidos a un público en particular, como por ejemplo «*banners*» o mensajes de correo electrónico personalizados para usuarios individuales. También la política de precios de esta forma de publicidad puede evolucionar. Actualmente, los precios de la publicidad se establecen a partir del CPM (coste por mil *hits*, siendo los *hits* el número de espectadores de un anuncio) de los medios tradicionales de comunicación, aunque existe una tendencia encabezada por anunciantes como *Procter & Gamble* para cambiar a un coste por «consulta», donde el anunciante paga en función del número de personas que han «entrado» en el anuncio, haciendo clic en él, y han manifestado su deseo de obtener más información del anunciante.

Estas políticas de precios son susceptibles de evolucionar aún más, reflejando así el estrecho vínculo que existe, en el entorno virtual, entre la publicidad y la compra. Cuando los anuncios permiten al público comprar un producto o un servicio simplemente presionando un icono en el propio anuncio, se difumina la distinción entre anuncio y compra. Como consecuencia de ello, la política de precios puede cobrar la importancia que tiene en el modelo de marketing directo, en el que el anunciante paga en función del volumen de venta generado por un anuncio, en lugar de hacerlo en función de los *hits* o de las peticiones de mayor información. En un ejemplo reciente, *CD Now*, un vendedor de discos compactos, aceptó pagar a un sitio, otorgando una comisión a sus anuncios, en función de las compras generadas por sus *banners*.

A medida que las comunidades virtuales se conviertan en un foro de transacciones y no sólo de publicidad, el organizador de la comunidad estará en posición de cargar al vendedor una «comisión» por cada transacción. Estas comisiones oscilan hoy entre un 2 y un 10 por ciento del valor de la compra. A medida que aumenta el volumen de las transacciones existe la posibilidad de que la comunidad virtual «suprima» los intermediarios tradicionales —como los vendedores al por menor y los distribuidores—, de manera que los miembros puedan tratar directamente con los productores de bienes y servicios. En este caso, el organizador de la comunidad virtual debe ser capaz de captar ingresos adicionales, repartiendo con el productor el margen del que disfrutaba anteriormente el intermediario.

Finalmente, otra fuente de ingresos que están teóricamente a disposición del organizador de la comunidad virtual proviene de la venta o «alquiler» a terceras personas, del perfil de compra o de utilización de los miembros. Aunque existen muchos precedentes para dichas corrientes de ingresos en los negocios tradicionales (tales como la venta de la lista de abonados de una revista o la lista de clientes de venta directa) hemos ignorado esta fuente de ingresos en nuestro propio modelo de ingresos de las comunidades virtuales. Este «mercadeo» del perfil de los miembros puede socavar de forma significativa la relación entre el organizador de la comunidad virtual y sus miembros y, como consecuencia de ello, poner en peligro las posibilidades de desarrollar los ingresos por anuncios y por transacción de la comunidad virtual, que con el tiempo reduciría el valor económico del comercio con los perfiles de los miembros. Incluso si el organizador de una comunidad virtual elige comerciar con los perfiles de los miembros, las leyes que protegen la intimidad de las personas limitarían dicha actividad, tal y como ocurre hoy en muchos países europeos.

Creemos que los aspirantes a organizador, que proyecten ingresos potenciales para su comunidad, sacarán más provecho centrando exclusivamente sus expectativas en los ingresos generados por la publicidad y las transacciones. Esto evita confiar en las cuotas de suscripción o de utilización, que pueden frenar la adquisición de miembros. Servicios como *America Online* y *The Well* han sido capaces de elaborar una base de suscriptores importante, cargando a sus usuarios una combinación de cuota de suscripción y de pago por utilización (cuota mínima anual de 120 y 180 dólares respectivamente), pero la experiencia de las empresas que han intentado hacer esto en Internet ha sido hasta hoy desalentadora. *USA Today* intentó cargar a sus usuarios una cuota de suscripción de 15 dólares al mes para poder acceder a su *web*, cuando éste fue inaugurado a principios de 1995, pero el aumento del número de sus miembros no fue significativo hasta que no eliminó completamente dicha cuota de suscripción, algo más tarde, en el transcurso del mismo año. Quizás una de las razones por las cuales los que tienen conexión a Internet en su domicilio se han mostrado tan reticentes a pagar cuotas es porque deben pagar ya una cuota anual de aproximadamente 240 dólares a un proveedor de acceso, sólo para poder acceder a Internet.

Esta reticencia a pagar cuotas, probablemente sea menor en un contexto de empresa a empresa, donde el acceso a Internet está financiado habitualmente por la empresa y donde el valor económico de la participación en las comunidades virtuales puede ser cuantificado mucho más fácilmente. Por ejemplo *Nets, Inc.*, carga a los vendedores miles de dólares en cuotas de registro para poder participar en su mercado electrónico (mientras que el comprador, por lo menos hasta ahora, no paga nada). Incluso en el terreno del consumidor, algunas comunidades, como las que se dedican a los pacientes de ciertas enfermedades, pueden cargar una cuota a sus miembros, dado el valor evidente de la participación en dichas comunidades y la posible reticencia de los miembros a ser bombardeados con un exceso de publicidad o a comprometerse a realizar transacciones importantes al ingresar en la comunidad.

Para comprender mejor estas fuentes de ingresos, tomemos el ejemplo de una comunidad virtual hipotética, que serviría con éxito al consumidor de viajes en Estados Unidos. Supongamos que el organizador de la comunidad comienza operando a principios de 1997, con una inversión inicial de 15 millones de dólares, y se lanza, con dinamismo, en la construcción de la comunidad, para optimizar los ingresos y el valor neto actual. El gráfico 3-2 indica que el organizador de este tipo de comunidad, si tiene éxito, puede razonablemente generar aproximadamente 90 millones de dólares de ingresos en su quinto año de actividad, y alrededor de 620 millones de dólares en el décimo año. (Estas cifras de ingresos provienen de un modelo informático extenso, desarrollado para su uso con los clientes. Los gráficos y las cifras que aparecerán a continuación en este capítulo también provienen de dicho modelo.) Los ingresos por publicidad representan un poco más del 75 por ciento de estos ingresos en el quinto año y un poco menos del mismo porcentaje en el décimo año. En el décimo año, la comunidad está generando 170 millones en comisiones por viajes, lo que implica que (con un tipo de comisión del 5%) la comunidad está generando más de 3.300 millones de dólares en concepto de transacciones por viajes. Incluso con una comisión del 5%, la comunidad representaría menos del 4 por ciento de los gastos totales proyectados en viajes de placer (tanto en el mundo virtual como en el mundo físico) en el décimo año.

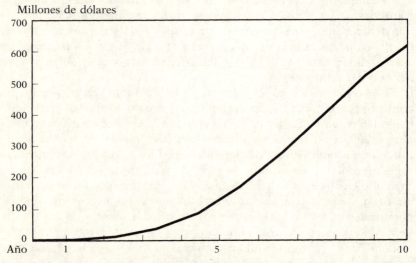

Gráfico 3.2. Crecimiento de los ingresos potenciales en una comunidad exitosa de viajes.

Para ilustrar este supuesto, podemos decir que el potencial de ingresos en el décimo año es de aproximadamente 8 veces los 78 millones de dólares de ingresos generados por *Travel & Leisure,* una de las más importantes revistas especializadas en viajes, y de más de 200 veces los ingresos de una agencia de viajes media en los Estados Unidos. La conclusión que se puede extraer de todo esto es la siguiente: las comunidades virtuales, con su capacidad de transacción y su amplio alcance geográfico, tienen potencial suficiente para generar ingresos significativos para sus organizadores.

LA NUEVA ECONOMÍA DE LAS COMUNIDADES VIRTUALES   71

La parte correspondiente a cada fuente de ingresos cambiará significativamente, en función del enfoque distintivo de cada comunidad. Algunas comunidades, como la de un diseñador de ropa, pueden centrarse mucho más en la publicidad, mientras que otras, como las de servicios de empresa a empresa, o las comunidades basadas en transacciones, intentarán centrarse más en las comisiones por transacción.

CÓMO AUMENTAN LOS INGRESOS GRACIAS A LA DINÁMICA
DE LOS RENDIMIENTOS CRECIENTES

Ahora que ya hemos examinado las posibles fuentes de ingresos de las comunidades virtuales, podemos analizar los factores claves que influirán en la mayor rapidez de crecimiento de dichos ingresos. En particular, podemos observar una serie de círculos virtuosos, que interactúan y se refuerzan entre sí, y que, si se entienden bien, se pueden controlar de forma tal que aceleren e incrementen el crecimiento de los ingresos. El gráfico 3-3 presenta una perspectiva general de estos círculos o circuitos. Cada uno de ellos puede ser desglosado en niveles más pormenorizados, como ilustra el gráfico 3-4, aunque incluso esas representaciones siguen siendo una perspectiva demasiado simplificada de las complejas interacciones que rigen el crecimiento económico de la comunidad virtual.

El primero de estos círculos es el *círculo de la dinámica del contenido atractivo*. Refleja uno de los supuestos claves que subyacen en el

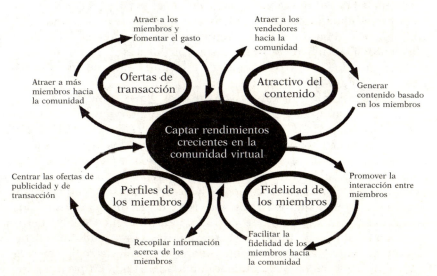

Gráfico 3.3. Perspectiva general de la dinámica de los rendimientos crecientes.

modelo de la comunidad virtual: el contenido generado por los miembros es una fuente importante para el atractivo del contenido y dicho atractivo a su vez impulsa a los miembros a unirse y a permanecer en la comunidad virtual. El gráfico 3-4 muestra cómo funciona la dinámica del atractivo del contenido. Por ejemplo, la acumulación de contenido generado por los miembros hará que la comunidad sea más atractiva y mejorará la eficacia de la inversión en marketing. Lo importante a recordar aquí es que el ritmo de acumulación proviene tanto del número de miembros como del tiempo que pasan en la comunidad, interactuando *online* con otros miembros. Por todo ello, este círculo se autorrefuerza: cuantos más miembros tiene una comunidad más probabilidades hay de acumular contenido generado por los miembros y por lo tanto más miembros atraerá.

El *círculo de la dinámica de la fidelidad de los miembros* (que también se muestra en el gráfico 3-4), subraya el papel que desempeñan las variables claves en las tasas de abandono (o *turnover*) y en los índices de utilización de los miembros. Por ejemplo, cuanto más se promueven las relaciones personales entre los miembros en el seno de una comunidad, mayor será la probabilidad de que los miembros sean fieles a dicha comunidad, mayor será la probabilidad de que participen en los foros de la comunidad, y menor será la probabilidad de que abandonen la comunidad. De forma similar, cuanto más adaptada a las necesidades de los clientes sea la interacción que ofrece la comunidad (por ejemplo, un programa informático que haya «aprendido» las preferencias de un miembro a partir de la actividad anterior), mayor es la probabilidad de que los miembros sean fieles a la comunidad. Una vez más, la naturaleza autorreforzadora del círculo es evidente: a mayor fidelidad mayor utilización, mayor participación en los foros de la comunidad, y mayor número de relaciones entre sus miembros. Esto a su vez genera mayor fidelidad.

A medida que los miembros son atraídos y que aumenta su fidelidad hacia la comunidad, otro círculo poderoso interviene: el *círculo de la dinámica del perfil de los miembros* (véase el gráfico 3-4). Dicho círculo se centra en el papel fundamental del perfil de los miembros en la generación de valor para la comunidad. Su eficacia depende de unas condiciones determinantes relacionadas con la disponibilidad y la puesta en marcha de una tecnología fiable destinada a la captación de información, algo que está bastante bien desarrollado en servicios como *America online* pero que, en 1996, todavía está en sus primeros pasos en el campo de Internet. (Este supuesto será tratado más detalladamente en el capítulo 8, donde se analizan las estrategias para la aplicación de la tecnología en la comunidad virtual.) El perfil de los miembros aumenta significativamente la capacidad para orientar la publicidad, lo que a su vez aumenta la proporción de consultas realizadas y atrae a un número todavía mayor de anunciantes. El perfil de los miembros proporciona además las bases para atraer más vendedores apropiados, que a su vez aumentarán el volumen de las transacciones. El mayor volumen de las transacciones sirve entonces para atraer a un número aún mayor de vendedores. Este perfil de los miembros no sólo atrae a un número mayor de vendedores apropiados y de anunciantes sino que ayuda a dichos vendedores y anunciantes a ser más eficaces a la hora de llegar al miembro adecuado. Esto a su vez ayuda al organizador de la comunidad a generar más ingresos provenientes de las transacciones y de la publicidad. Aquí, de nuevo, vemos cómo funciona una dinámica de autorreforzamiento: un mayor número de perfiles detallados de miembros atrae a más anunciantes y vendedores y les ayuda a encontrar su objetivo con mayor efectividad, mientras que la interacción de los miembros con los anunciantes y los vendedores genera incluso un mayor número de perfiles detallados de los miembros, con lo que el ciclo comienza de nuevo.

Finalmente, el *círculo de la dinámica de las ofertas de transacción* (señalado también en el gráfico 3-4) capta el efecto reforzador que tiene la amplitud de la gama de productos y servicios ofrecidos en la comunidad virtual. Cuanto más crece la gama de servicios y productos ofrecidos, mayor será el número de miembros susceptibles de unirse a la comunidad, mientras que los miembros que ya pertenecen a la comunidad desarrollan un mayor deseo de realizar transacciones. Este desarrollo, a su vez, incrementa el atractivo de la comunidad para los vendedores, lo que atrae a más vendedores, e incrementa el número de productos y servicios puestos a la venta. Una mayor oferta de productos y servicios lleva a un mayor volumen de transacción, lo que lleva a una mayor oferta, y el ciclo vuelve a comenzar.

Estas cuatro dinámicas son ejemplos de rendimientos crecientes conseguidos gracias a los efectos de red. La acumulación de miembros, el contenido generado por los miembros, el perfil de los miembros, y los vendedores conforman un modelo de rendimientos crecientes. Cuanto más tiene una comunidad, mayores incentivos ofrece a los demás para que se unan a ella, y así más obtendrá dicha comunidad. El valor de la «red» aumenta de forma exponencial con el crecimiento de los núcleos de la red.

Modelos estáticos frente a modelos dinámicos de ingresos

La comprensión de esos círculos es esencial para quien aspira a ser organizador de comunidad que quiere tener una idea de cuánto valdrá su inversión en la comunidad virtual dentro de diez años. Después de todo, si no se sabe lo rápido que pueden crecer los ingresos, es extremadamente difícil valorar una comunidad virtual.

De hecho, no se valorarán adecuadamente ni el brusco aumento de los ingresos en el tiempo, ni la magnitud de la generación de ingresos si se usan las técnicas de análisis financiero convencionales. El organizador que emplea dichas técnicas puede acabar subestimando ampliamente el potencial de la inversión en su comunidad virtual y por lo tanto renunciar completamente a la inversión o no invertir lo suficiente, y aumentar así el riesgo de adquisición por terceros o de quiebra de la empresa.

Las hojas de cálculo estáticas señalarán la punta del iceberg pero no el conjunto del iceberg.

La razón es que en la manera tradicional de valorar, se toman «instantáneas» de los aspectos económicos de la comunidad virtual en una hoja de cálculo para determinados períodos de tiempo (es decir, primer año, quinto año, décimo año). Estas instantáneas están configuradas por elementos relacionados con variables claves en cada período de tiempo. Al no existir un historial de los resultados de la comunidad virtual, hay que buscar equivalentes a esas variables y examinarlos para ver su grado de «plausibilidad». Porque los ejecutivos de empresas tienden a ser prudentes incluso acerca de las proyecciones de futuro en línea recta, y porque pocos son los que han experimentado los modelos de crecimiento acelerado de los rendimientos crecientes, creemos que estos elementos «plausibles» tienden a ser subestimados de forma sistemática.

Por contra, un acercamiento basado en la dinámica del negocio obliga al aspirante a organizador, de forma explícita y sistemática, a identificar y a entender la dinámica autorreforzadora que opera en los negocios de rendimientos crecientes. Como resultado de ello, partiendo de los mismos supuestos en el primer año, el modelo dinámico de la economía de la comunidad virtual dará lugar a pronósticos de ingresos mucho más elevados en los años siguientes.

Para ilustrar este punto, consideremos nuestra hipotética comunidad virtual dirigida a los consumidores de viajes en los Estados Unidos. El gráfico 3-5 contrapone la manera tradicional de prever los ingresos para dicha comunidad con una perspectiva mucho más dinámica, centrada en los efectos de los tipos de dinámica autorreforzadora que acabamos de estudiar. Desde el quinto año de la creación

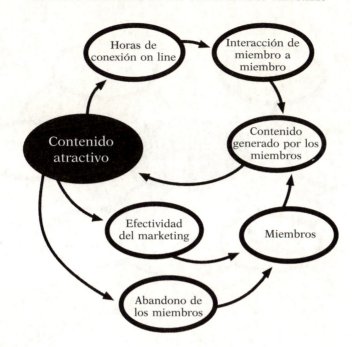

Gráfico 3.4. Un examen más atento de las cuatro dinámicas de rendimientos crecientes.

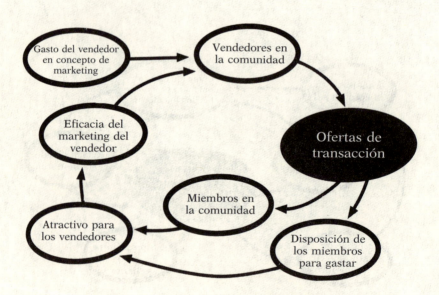

Gráfico 3.4. Continuación.

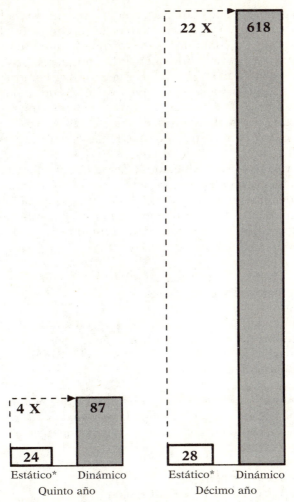

*Basado en una proyección en lineal a partir de la misma serie de supuestos internos.

Gráfico 3.5. Visión estática y visión dinámica de la previsión de ingresos (en millones de dólares).

de la comunidad virtual, el enfoque tradicional para la estimación de los ingresos ofrece una previsión de tan sólo una cuarta parte de la previsión dinámica de los ingresos, y para el décimo año, el enfoque tradicional ha subestimado el potencial de ingresos del orden de veintidós veces en relación al enfoque dinámico.

Incluso si el aspirante a organizador ha entendido los círculos dinámicos individuales que operan en el seno de una comunidad virtual, no es probable que pudiera prever el efecto acumulador de esos círculos dinámicos cuando interactúan unos con otros. Es el caso típico en el que el conjunto es mayor que la suma de las partes. Mientras que cada círculo dinámico es un motor poderoso de logros económicos por sí solo, el gráfico 3-6 muestra cómo sus efectos combinados son mucho mayores que los efectos de cualquier círculo separadamente. Los modelos informáticos de dinámica de negocios pueden captar y cuantificar los efectos reforzadores de los círculos dinámicos; mientras que las hojas de cálculo estáticas no pueden.

Ésta es una lección clave del modelo de la dinámica de los negocios: múltiples círculos dinámicos actúan de forma acumulativa unos sobre otros siguiendo caminos difíciles de prever. Por dicha razón, todos los círculos deben ser gestionados con rigor. Centrarse exclusivamente en uno o dos puede tener como resultado una pérdida de valor económico.

Implicaciones para los responsables

Una comunidad posee un determinado número de activos económicos que alimentarán su crecimiento. Entre esos activos destacan sus miembros, aunque no todos ellos tienen el mismo valor para una comunidad particular.

Objetivo: aumentar los activos. Al observar el funcionamiento de los círculos dinámicos, el organizador de la comunidad puede comenzar a identificar y a centrarse en los activos claves que rigen el crecimiento. Éstos son:

- Masa crítica de miembros
- Masa crítica de perfiles de utilización
- Masa crítica de anunciantes/vendedores
- Masa crítica de perfiles de transacción
- Masa crítica de transacciones

En las primeras etapas del desarrollo de la comunidad, el objetivo es acumular el primer activo para el crecimiento, es decir, una masa crítica de miembros. Gran parte del valor de la comunidad para sus miembros depende de su habilidad para conectar con otros miembros, y gran parte del valor económico para el organizador de la comunidad depende de la acumulación de una masa crítica de miembros que sean de interés para importantes anunciantes y vendedores. Una masa crítica de miembros desencadena una serie de oportunidades más, siendo la más importante la de añadir perfiles de utilización de los miembros, que por otra parte es el segundo activo más importante para el crecimiento de la comunidad. Tal y como ya hemos visto, una masa crítica de perfiles de utilización es esencial para impulsar el círculo dinámico del perfil de los miembros, con sus efectos reforzadores en la publicidad y en las transacciones.

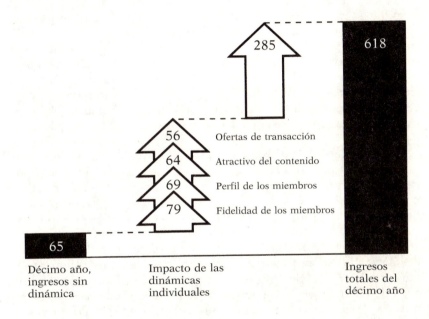

Gráfico 3.6. El efecto acumulativo de los círculos dinámicos en millones de dólares.

(Debido a la falta de tecnología adecuada para la captación de información, muchas comunidades basadas en Internet permanecen hoy estancadas en este punto.)

El tercer activo para el crecimiento implica la acumulación de anunciantes y vendedores en la comunidad. Los perfiles de utilización ayudan a atraer a dichos participantes de carácter comercial hacia la comunidad, y el aumento en el volumen de publicidad y de transacciones que se produce como consecuencia de ello no sólo ayuda a enriquecer los perfiles de utilización sino que también empieza a generar perfiles de transacción de los miembros. Ahora, el organizador de la comunidad comienza a saber qué miembros son importantes compradores *online* y cómo se reparten en cuanto a los productos y servicios que compran. Esta información conforma el cuarto activo del crecimiento, que a su vez ayuda a acumular la información necesaria para construir el quinto y último activo para el crecimiento: una masa crítica de transacciones que tienen lugar dentro de la comunidad. Cuanto más sabe un organizador de comunidad acerca de los miembros en lo que a sus transacciones se refiere, más eficaz será a la hora de la comercialización, facilitando un volumen aún mayor de transacciones. En algún punto, muchas comunidades son susceptibles de representar una parte importante de las transacciones que tienen lugar dentro de categorías particulares de transacción, no sólo en relación con otras comunidades y sitios *online* sino también en relación con transacciones en el espacio físico. Esto crea el potencial para un número de iniciativas empresariales futuras, que describiremos más adelante en este mismo capítulo en el apartado «Fuentes de creación de valor a largo plazo».

Estos activos de crecimiento no serán valorados de la misma manera en todas las comunidades, y en ciertas comunidades algunos pueden ser irrelevantes. Tal y como ya mencionamos con anterioridad, las comunidades virtuales dedicadas a las relaciones entre empresas se dedicarán a las transacciones con más fuerza que las comunidades orientadas hacia los consumidores, que probablemente se dedicarán mayoritariamente a la publicidad. De este modo, para las comunidades dedicadas sobre todo a las transacciones, la acumulación de una masa crítica de vendedores, de perfiles de transacción y de una gran actividad de transacción tendrá mucho más valor que para las comunidades dedicadas ante todo a la publicidad, donde el valor de sus activos residirá ante todo en los perfiles de utilización y la acumulación de anunciantes.

Aunque esos activos del crecimiento de la comunidad pueden alcanzar una masa crítica de modo secuencial, el organizador de la comunidad intentará desarrollarlos mucho más de forma paralela, tal y como se presenta en el gráfico 3-7. Hasta cierto punto, sobre todo cuando la publicidad va más allá de una cuota por consulta, el organizador de la comunidad tiene que ser capaz de atraer un número significativo de anunciantes simplemente mediante la acumulación de una masa crítica de miembros sin esperar a la acumulación de una masa crítica de perfiles de utilización.

Del mismo modo, una comunidad dedicada a las empresas y orientada hacia las transacciones debe ser capaz de construir una masa crítica de transacciones antes de haber acumulado perfiles detallados de utilización o de transacción de sus miembros. Dada la cantidad de tiempo requerido para el desarrollo de algunos de estos activos del crecimiento (despliegue de una tecnología de captación de datos y de acumulación de perfiles de utilización, por ejemplo), los organizadores de comunidad necesitan comenzar a construir cada activo de crecimiento tan pronto como sea económicamente factible.

Gestionar la evolución de los miembros. Ya que la construcción de una masa crítica de miembros es un umbral tan importante para el organizador de la comunidad, merece la pena dedicar un poco más de tiempo a desarrollar algunos de los aspectos económicos de los miembros de la comunidad. Aunque no aparecen en el balance, los miembros son realmente el activo económico clave de la comunidad.

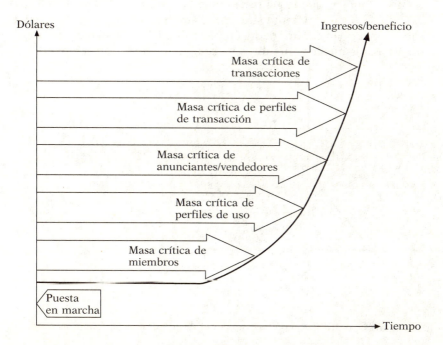

Gráfico 3.7. Hitos en el desarrollo de las comunidades virtuales.

Destacaremos tres puntos importantes. En primer lugar, los miembros de la comunidad son susceptibles de evolucionar en cuanto a su papel y a su contribución económica en la comunidad. En segundo lugar, no todos los miembros son iguales en cuanto a su potencial económico para la comunidad. Y en tercer lugar, tal y como ocurre en todas las empresas de servicios, algunas variables claves determinan de forma significativa los logros económicos globales: el coste de la adquisición de miembros, el beneficio neto generado por cada miembro durante el tiempo que lo ha sido y la tasa de abandono medio que determina el tiempo medio de permanencia de los miembros.

En el primer punto, el papel cambiante y la contribución de los miembros de la comunidad, el organizador de la comunidad debería considerar cuatro etapas en el desarrollo. (El gráfico 3-8 subraya las cuatro etapas y algunos de los pasos que las sustentan.) Tal y como ocurre con la mayor parte de los productos y servicios, el primer reto consiste en conseguir que la gente se interese por probar nuestras ofertas; si nadie lo prueba, nadie se enganchará a su uso por un período de tiempo. Una vez que la gente se une a la comunidad, el siguiente reto es conseguir que aumente su participación. Lo ideal sería que visitaran a menudo la comunidad y emplearan mucho tiempo en cada visita. A medida que los miembros incrementan su participación, el orga-

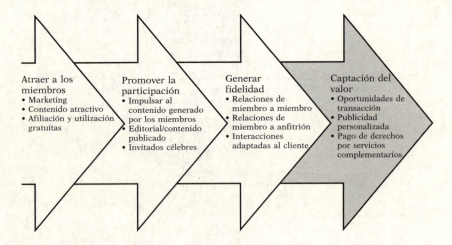

Gráfico 3.8. Las cuatro etapas del desarrollo de los miembros.

nizador de la comunidad querrá conseguir su fidelidad y asegurarse su permanencia; no se debería perder miembros porque pierdan el interés o encuentren una comunidad más atractiva que les ofrezca algo más. Finalmente el organizador de la comunidad con fines comerciales querrá recibir cierto valor de los miembros. Dependiendo del enfoque comercial de la comunidad, dicho valor puede adoptar la forma de ingresos por publicidad, de comisiones por transacción o de derechos pagados directamente por los miembros.

Esta noción de un camino «típico» para el desarrollo de los miembros subraya la importancia del punto segundo: no todos los miembros de una comunidad son iguales en cuanto a su potencial económico para la comunidad y la naturaleza de su contribución económica puede diferir de forma sustancial. Normalmente los miembros entran en una comunidad como «buscadores» y prueban el agua.

Algunos se quedarán, pero muchos no lo harán y aquellos que sí lo hacen se caracterizan generalmente por un bajo índice de utilización. Los «buscadores» tienen poco valor económico para una comunidad a no ser que pasen a una de las demás categorías. Uno de los papeles que pueden desempeñar es el de propagación de «rumores» positivos acerca de la comunidad en otros foros de la red y así ayudar a aportar más buscadores, algunos de los cuales pueden convertirse en miembros activos.

Con el tiempo los buscadores tienden a convertirse bien en «constructores» bien en «usuarios». Los constructores son aquellos miembros más apasionados por la comunidad y más activos a la hora de contribuir elaborando contenido. Pasan mucho tiempo en la comunidad y, en muchos sentidos, se convierten en el entramado que la unifica. El organizador obtendrá algún valor económico de los constructores porque éstos tienden a pasar mucho tiempo en la comunidad y pueden ser objetivos interesantes para los anunciantes. Y lo que es aún más importante, esta categoría de miembros a menudo genera un enorme valor indirecto pues aumentan el contenido generado por los miembros. Por ello, los organizadores deberían de hecho pagar a los constructores en recompensa por su contribución a la comunidad (y para animarlos aún más).

Cuando Stewart Brand creó *The Well* se dirigió y reclutó cuidadosamente a un amplio conjunto de miembros formado por piratas informáticos y por periodistas ofreciéndoles un acceso gratuito (sin tener que pagar los 15 dólares mensuales de cuota de suscripción). Creía que contribuirían activamente a los diversos foros de *The Well* y a su vez aportarían muchos miembros más. Stewart Brand no se equivocó. El éxito temprano de *The Well* se explica en gran medida por la temprana presencia de este amplio grupo de constructores.

Los «usuarios» denominados a veces merodeadores son personas que pasan más tiempo en la comunidad que los buscadores y se benefician de la información que ésta ofrece, pero que ni contribuyen de forma significativa al contenido generado por los miembros ni compran de forma activa productos o servicios. Por el tiempo que pasan en la comunidad, el organizador debe ser capaz de captar detallados perfiles de utilización y utilizar dicha información para atraer a los anunciantes adecuados. Cuando la publicidad no es un elemento determinante de la comunidad, dichos miembros tendrán un valor inferior al de otras categorías.

Finalmente, los «compradores» son aquellos miembros que compran activamente productos y servicios dentro de la comunidad. Seguramente generan sustanciales comisiones por transacción, y también pueden impulsar de manera significativa los ingresos por publicidad. Dependiendo de la importancia que tiene en la comunidad la actividad de transacción, dichos miembros pueden estar entre los más valiosos de todos.

Evidentemente, en la vida real, o por lo menos en el espacio virtual, los miembros pueden representar una compleja mezcla de elementos de las cuatro categorías descritas. El reto del organizador de la comunidad es entender detalladamente el papel de cada miembro y su valor económico, y ser creativo en la identificación de vías para ampliar dicha contribución en el tiempo. Cada categoría de miembros ofrece un valor económico muy diferente, lo que podemos ver con claridad en nuestra hipotética comunidad virtual dedicada al viaje. En este modelo los constructores son los más valiosos, al generar 305 dólares de ingresos cada uno en el décimo año, comparado con los 260 dólares de ingresos generados por los compradores o los 175 dólares aportados por los usuarios.

La proporción de estas cuatro categorías de miembros de una comunidad puede variar con el tiempo. Como se prevé que la comunidad de viaje aumente a un ritmo fuerte, los buscadores tienden a dominar al conjunto de los miembros en cualquier punto en el tiempo. Uno de los objetivos del organizador de la comunidad sería el de convertir rápidamente a los buscadores en cualquiera de las otras tres categorías que generan mayores ingresos.

Generalmente, los organizadores de comunidad querrán adquirir nuevos miembros al menor coste posible, conseguir beneficios sustanciales por cada miembro, y conservarlos el mayor tiempo posible. Uno de los mayores retos de Internet hoy es la alta tasa de abandono en torno a las páginas *web*. La gente viene y se va, pero pocas veces permanecen. Son las reglas del internauta.

Incluso servicios *online* bien establecidos como *America Online* experimentan altos índices de abandono, del orden del 30 y el 40 por ciento anual. Estas tasas de abandono son particularmente preocupantes cuando se han desembolsado cantidades sustanciales para la adquisición de nuevos miembros. En función de cómo se interpreten los datos ofrecidos por *America Online*, el servicio desembolsa en cualquier caso de 40 a 90 dólares para la adquisición de un nuevo miembro. El hecho de que el miembro medio abandona después de un período de tiempo relativamente corto es una de las razones por las cuales *America Online*, a pesar de las cuotas sustanciales de suscripción, es incapaz de conseguir una mayor rentabilidad.

La fidelidad es rentable. Nuestro modelo económico de comunidad para el consumidor de viajes muestra que el coste de la adquisición de miembros puede bajar de 25 dólares en el primer año a 9 dólares en el décimo año, debido a factores como el incremento de la fidelidad de los miembros y el atractivo de los contenidos. Incluso una comunidad de viajes agresiva puede tener menores costes de adquisición de miembros que *America Online*. Esto se debe en parte a que el marketing de una comunidad de viajes estará mucho más centrado. *America Online* se dirige a todo el mundo, la comunidad de viajes sólo se dirige a los viajeros activos. Se debe también al hecho de que *America Online* ha decidido (por lo menos hasta ahora) enviar diskets de instalación a las personas que son su objetivo potencial (lo que refleja su enfoque de propietario de la red) en lugar de admitir que los miembros obtendrán el software necesario y los servicios por parte de un proveedor especializado de acceso, tal y como lo puede hacer una comunidad en Internet. El modelo muestra que la tasa de abandono puede descender del 32 en el primer año al 13 por ciento en el décimo año. Los beneficios netos por miembro ascienden a un ritmo constante a lo largo de la vida de la comunidad, alcanzando aproximadamente los 80 dólares anuales en el décimo año.

Una vez más, las técnicas estáticas tradicionales de valoración plantearán problemas al organizador de la comunidad virtual. Al ignorar los efectos del círculo dinámico que opera en la comunidad, un modelo estático de valoración subestima de forma sistemática el valor individual de los miembros. Esto a su vez conduce al organizador a no invertir lo suficiente en la adquisición de los miembros y en las medidas que reducirían la tasa de abandono.

El modelo de valoración estático ignora un aspecto importante del valor de los miembros. Normalmente, dichos modelos toman una instantánea del beneficio medio generado por un miembro en un año y lo multiplican por el número medio de años de permanencia del miembro en la comunidad. Dicho cálculo ignora el beneficio adicional que puede ser generado por cada miembro en el futuro como consecuencia del crecimiento global de la comunidad y del efecto reforzador que esto tiene sobre la actividad individual de cada miembro en cuestión. A medida que la comunidad crece, dicho individuo tendrá más oportunidades de interactuar con otros, lo que a su vez es susceptible de incrementar el contenido generado por los miembros y de añadir más detalles al perfil de utilización de dichos individuos. Esto a su vez incrementa las oportunidades de publicidad y de transacción. El incremento de la interacción con los demás también puede estimular directamente las compras, a medida que los miembros «venden» unos a otros, en beneficio de ciertos productos.

Lo esencial es que cada miembro de una comunidad virtual es un motor clave del valor económico. En la comunidad hipotética que nos sirve de modelo, los ingresos medios generados por cada miembro pasan de 7 dólares en el primer año a 159 dólares en el décimo año. Aquellos que entienden el verdadero valor de dichos miembros y la fuente de dicho valor, estarán mejor situados para hacer crecer la comunidad y convertirla en un negocio amplio y rentable.

Cómo la dinámica de los rendimientos crecientes mejora la rentabilidad

Los rendimientos crecientes ayudan a acelerar el crecimiento de los ingresos. También ayudan a disminuir los costes unitarios con el tiempo. Estos efectos sobre los costes se combinan con un fuerte incremento de los ingresos para producir un sustancial cash flow, a partir del valor neto actual, aportando al accionista un valor considerable.

La dinámica de los costes en una comunidad virtual

Al pasar de los ingresos a los costes, hay que tener en mente tres puntos claves. Primero: la inversión necesaria para iniciar una comunidad virtual no es importante, al menos desde el punto de vista de una gran empresa. Segundo: los costes operativos primarios en una comunidad virtual tienen poco que ver con la tecnología y mucho más con la adquisición de miembros y la participación de anunciantes y vendedores. Tercero: muchos de dichos costes operativos están sujetos al mismo tipo de dinámica de rendimientos crecientes visto anteriormente y que conduce a la reducción de los costes unitarios en el tiempo.

Con dos millones de dólares puede Ud. entrar en el juego; actualmente, se entiende.

En términos de inversión, nuestro modelo de comunidad de viajes asume que el organizador comienza con 15 millones de dólares disponibles en el banco y prosigue con una estrategia de entrada muy acelerada (tal y como se expone en el capítulo 6). El organizador sigue con una campaña inicial de adquisición de miembros, construyendo con éxito una comunidad de aproximadamente 80.000 miembros en el primer año completo de operaciones y de aproximadamente 900.000 miembros en el quinto año (más o menos equivalente al número de revistas *Travel & Leisure* vendidas). A excepción de una inyección adicional de capital de 5 millones de dólares en el tercer año, la comunidad virtual se autofinancia esencialmente, a pesar de su crecimiento sustancial.

El gráfico 3-9 indica que los costes iniciales de puesta en marcha de la comunidad, que consisten sobre todo en un desembolso de capital para la plataforma inicial de la comunidad y para los esfuerzos de desarrollo de un pequeño equipo para crear el *web* inicial de la comunidad, son relativamente bajos y representan entre 1 y 2 millones de dólares. Una vez más, esto supone una estrategia inicial muy acelerada en un contexto como Internet en el que la oferta inicial de la comunidad consiste en algunos servicios de directorios básicos y algunos foros para el contenido generado por los miembros. La cantidad y la naturaleza específica de la inversión inicial variarán seguramente, dependiendo en ambos casos del enfoque característico de la comunidad virtual y de las estrategias de entrada. En la mayoría de los casos, creemos que la inversión inicial no variará más allá de los 2 millones de dólares por encima del modelo estimado si el organizador de la comunidad sigue la estrategia de entrada de apalancamiento recomendada en el capítulo 6.

Los costes operativos potenciales para la comunidad de viajes aparecen resumidos en el gráfico 3-10 para el primer y el quinto año. Los costes relacionados con la tecnología, y que comprenden el funcionamiento de las instalaciones, la recopilación de datos y los gastos de adaptación al cliente, representan en realidad una parte relativamente pequeña y en rápido descenso del total de los costes operativos (pasando del 35 por ciento de los costes en el primer año al 12 por ciento en el quinto año). Incluso esos porcentajes son exagerados, ya que una parte sustancial de los gastos en recopilación de datos son para los analistas que desarrollan los perfiles de uso y de transacción para atraer a los anunciantes y a los vendedores hacia la comunidad.

Estos costes relacionados con la tecnología se ven superados por los costes de adquisición de los miembros, los costes de adquisición de los anunciantes y los costes relacionados con el contenido, que en conjunto pasan del 61 al 66 por ciento del total de los costes operativos en un período de cinco años. En la mayoría de las comunidades, los costes de adquisición de los vendedores serían probablemente más significativos que en la comunidad de viajes, donde una inscripción con un simple sistema informático de reserva puede proporcionar toda la lista de compañías aéreas y una variedad de servicios relacionados con los viajes. Los resultados netos en dicha comunidad virtual se rigen en gran medida por las categorías de gastos de las empresas tradicionales que no utilizan la tecnología. En pocas palabras, no se trata de una cuestión de tecnología. No hay razón para pensar que las compañías tecnológicas tendrán algún tipo de ventaja a la hora de gestionar estos gastos.

	Coste estimado (millones de dólares)	Porcentaje del total
Contenido inicial • Editorial • Publicado	de 300.000 a 600.000 $	30%
Tecnología • Servidores • Líneas • Desarrollo del *web* • Ordenadores • Operadores de sistema	de 400.000 a 800.000 $	40
Recopilación de datos/ interacción adaptada al cliente • Hardware/software • Organización de la base de datos • Analistas	de 200.000 a 400.000 $	20
Personal y gastos generales • Gestión • Servicio al cliente • Administración • Ventas de publicidad • Marketing del cliente/del vendedor • Oficina/equipamiento	de 100.000 a 200.000 $	10
Total	de 1 a 2 millones de dólares	100%

Gráfico 3.9. Costes iniciales para una comunidad de viajes.

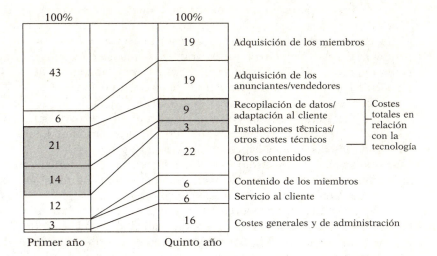

Gráfico 3.10. Estructura de los costes de una comunidad de viajes.

Los costes que no están relacionados con la tecnología se benefician en su conjunto de la reducción de costes por unidad en el tiempo, regidos por la misma dinámica descrita anteriormente. Hasta que la saturación del mercado se convierte en un problema, los costes de adquisición de miembros son susceptibles de bajar con el tiempo para las comunidades virtuales más importantes, a medida que toman la delantera sobre sus competidores en cuanto a la gama de sus miembros, del contenido y de los vendedores que ofrece. Nuestro modelo de comunidad de viajes muestra que el coste de adquisición de un nuevo miembro puede descender hasta aproximadamente el 65 por ciento a lo largo de los diez años, si la gestión de la comunidad es la adecuada. El descenso de la tasa de abandono aumenta aún más el valor económico de dicho efecto, ya que el organizador tiene que realizar un desembolso menor para guardar más tiempo a sus miembros.

De forma similar, contamos con que en este modelo el marketing tendrá mayor efectividad para atraer a nuevos anunciantes. La comunidad será capaz de atraer más fácilmente a los anunciantes cuando disponga de una importante cantidad de miembros y de sus perfiles de utilización, así como una mayor experiencia en el terreno de la publicidad personalizada. Esto a su vez conduce a menores costes de adquisición de cada nuevo anunciante.

La adquisición de contenido también saldría beneficiada. Una comunidad importante, con un amplio conjunto de miembros ya establecido y un conocimiento pormenorizado de dichos miembros, sería capaz de movilizar una gama mucho más amplia de contenidos publicados en su seno, a un coste muy inferior al de una comunidad más pequeña. En este negocio el que es grande no sólo se hace más grande sino que también se hace más rentable, siguiendo una curva que desciende de forma constante para los costes más importantes.

Evidentemente, las estructuras de los costes específicos que evolucionan con el tiempo en una comunidad virtual reflejarán la estrategia y las decisiones operativas del organizador de la comunidad. La repercusión de las decisiones específicas en cuanto a mayores o menores desembolsos en ciertos programas especiales como la adquisición de anunciantes, sobre los ingresos y los beneficios de la comunidad virtual puede demostrarse con el modelo económico. El gráfico 3-11 ilustra el análisis de dichas repercusiones para una comunidad de viajes en cuanto a los cambios en la inversión realizados en el segundo año de operaciones (1998). Así, por ejemplo, una inversión adicional en la adquisición de vendedores realizada en el segundo año producirá finalmente unos ingresos 20 veces superiores en el décimo año, mientras que la misma inversión adicional realizada en la adquisición de

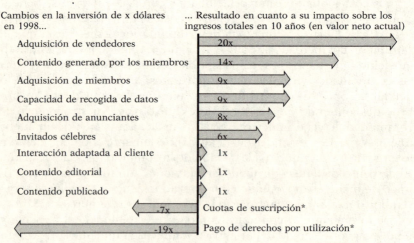

* Calculado en proporción a la pérdida de otros ingresos frente al incremento de los ingresos por derechos.

Gráfico 3.11. Impacto sobre los ingresos de las decisiones sobre inversiones.

miembros producirá unos rendimientos en cuanto a ingresos nueve veces superiores. Una de las lecciones que hay que sacar de este modelo es que el impacto de un mayor o menor desembolso varía no sólo en función del capítulo en el que se realiza el gasto sino también en función del año y de las suposiciones en cuanto a las perspectivas futuras (por ejemplo, fuerte crecimiento, menor inversión). Un recorte en la inversión relacionada con la recopilación de datos realizado en los primeros años tendrá efectos mucho mayores sobre el crecimiento y la rentabilidad potencial de la comunidad que los de un recorte similar realizado varios años después.

Liquidez en el tiempo

Impulsadas por la aceleración del crecimiento de los ingresos y el descenso de los costes por unidad en sus categorías principales, las iniciativas de las comunidades virtuales son susceptibles de generar ingresos brutos sustanciales con el tiempo. El gráfico 3-12 resume el perfil del cash flow bruto anual de la comunidad de viajes. Después de tres años de resultados negativos, la comunidad obtiene resultados positivos y en el décimo año genera más de 300 millones de dólares anuales de cash flow. El gráfico 3-12 muestra también el perfil del cash flow de explotación acumulado de la misma comunidad. La comunidad obtiene resultados negativos, llegando a acumular la cantidad de 20 mi-

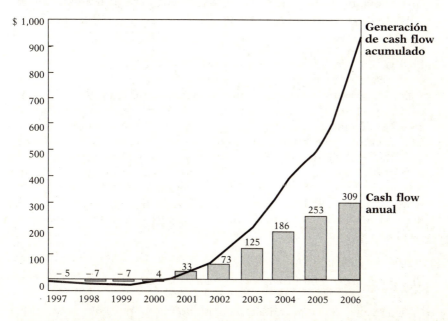

Gráfico 3.12. Cash flow bruto de explotación (en millones de dólares).

llones de dólares en el tercer año, pero pasa a obtener resultados positivos sobre una base acumulativa en el quinto año y generará 930 millones de dólares de cash flow acumulado al final del período de diez años. El valor neto actual de dicho cash flow acumulado puede ser sustancial: con una tasa de descuento del 10%, el valor neto actual del cash flow bruto de explotación acumulado en diez años puede ser de 425 millones de dólares para la comunidad de viajes. Esto es seguramente un buen incentivo, incluso para las grandes empresas, para querer organizar su propia comunidad virtual. También constituye una fortuna que espera al pequeño empresario.

El valor del accionista

La combinación de crecimiento acelerado y de mejora de la rentabilidad podría tener un impacto amplificador sobre el valor potencial del accionista creado por una comunidad virtual. Basado en una alta rentabilidad y en una tasa de crecimiento futuro previsto del 20 %, es probable que una comunidad así obtenga unos ingresos 30 veces superiores en el décimo año. Esto indica que el valor del accionista de la comunidad de viajes en el décimo año será de más de 4.000 millones. Con semejante oportunidad de creación de valor, una amplia gama de participantes abarrotará el negocio.

FUENTES DE CREACIÓN DE VALOR A LARGO PLAZO

Algunos lectores pueden pensar que nuestra afirmación de que una comunidad virtual puede conseguir unos ingresos multiplicados por 30 en el décimo año es demasiado optimista. Como respuesta a esto, señalaremos que el análisis previo de la economía de las comunidades virtuales excluye una serie de elementos que podrían representar una importante alteración por encima de los resultados financieros que acabamos de ver. Puesto que dichos elementos son más especulativos, hemos dudado a la hora de cuantificarlos, pero pueden ser identificados y comprendidos como parte del esfuerzo para valorar la entrada en el negocio de la comunidad virtual.

Cuota de transacción: una oportunidad a largo plazo

Una vez que la comunidad ha captado un cuota significativa de las transacciones que tienen lugar en cada categoría de transacción (el quinto activo para el crecimiento descrito más arriba), pueden existir oportunidades sustanciales para el organizador de la comunidad de reorganizar ciertas estructuras más amplias del negocio. Por ejemplo, si la comunidad empieza a representar una cuota importante de la actividad de transacción en unas categorías dadas, el organizador tiene capacidad y poder de negociación suficientes para desplazar a los intermediarios tradicionales y para conectar a los productores de bienes y servicios directamente con los miembros.

La naturaleza y el tamaño de dicha oportunidad dependerá de muchos factores, incluyendo el número de productores y de intermediarios tradicionales, la cuota de transacciones *online*, los beneficios obtenidos por los intermediarios tradicionales y el papel específico que dichos intermediarios desempeñan. (Por ejemplo, ¿cuánto valor se obtiene al agrupar a muchos vendedores para el cliente o al ofrecer operaciones de logística escalonadas o al asesorar en la configuración de sistemas complejos para satisfacer las necesidades individuales de los clientes?)

En nuestro ejemplo de comunidad de viajes, ésta podría desplazar a las agencias de viajes convencionales para cualquier asunto relacionado con los viajes e incluso desarrollar un sistema propio de reservas por ordenador. Hoy en día, las agencias de viajes en Estados Unidos están experimentando un descenso en sus márgenes de explotación. No están muy concentradas (aunque la tendencia hacia la concentración está en aumento), y los productores de servicios que no sean el propio transporte (como, por ejemplo, los hoteles y los tour operadores) están muy fragmentados. La comunidad virtual de viajes debería captar por lo tanto una cuota significativa del margen de explotación de las agencias de viajes si elige eludir a los intermediarios. Puesto que la realización de transacciones relativas a los viajes no requieren el manejo de bienes físicos voluminosos, la comunidad de viajes podría asumir todas las funciones de un intermediario tradicional en el negocio de los viajes, sin tener que desarrollar habilidades ni equipamientos complementarios.

Más allá de la desintermediación, la comunidad de viajes con una cuota significativa de actividad de transacción puede aumentar su tamaño en nombre de sus miembros. Por ejemplo, la comunidad podría comprar grandes cantidades de billetes de avión o de barco con un descuento sustancial y transmitir dicho ahorro a los miembros mediante la reventa de dichos billetes.

De forma más importante, la comunidad de viajes podría convertirse en catalizador para el desarrollo de las estructuras de fijación de precios de mercados invertidos de muy diversa índole. ¿Cómo será un mercado invertido en el sector de los viajes? En dicho sector el viajero notificará a los vendedores sus planes de viaje y buscará ofertas para elementos específicos del viaje. Por ejemplo, un viajero que quiera pasar sus vacaciones en Japón podría pedir a las compañías aéreas que pujen entre sí para ofrecer el pasaje aéreo, a los hoteles de Kioto que pujen por el alojamiento y a las distintas compañías que organizan tours que pujen por ofrecer las excursiones adecuadas.

¿Cómo poner precio a esas transacciones? Como en el mercado virtual de *Nets, Inc.*, los vendedores deberían pagar unos derechos de registro importantes sólo por disfrutar del privilegio de participar en dicho mercado. Los miembros pagarían un derecho de subasta al organizador de la comunidad por organizar el proceso de puja con el fin de asegurarse que la gama más amplia de vendedores adecuados ha sido movilizada para pujar, y por tanto el vencedor debería pagar una comisión por transacción basada en el valor de dicha transacción. Las estructuras de fijación de los precios para los mercados invertidos son altamente especulativas pero, al menos en algunas ocasiones, podrían representar un plus atractivo para las comunidades virtuales, frente al enfoque más tradicional de fijación de los precios que se realiza en la actualidad.

Plataforma para el crecimiento: opciones para la futura creación de valor

Más allá de los flujos de ingresos identificados en el modelo económico anterior, una comunidad de viajes podría estar en disposición de responder a una amplia gama de otras oportunidades de negocio. Dentro de la propia comunidad de viajes, puede haber ingresos adicionales disponibles con el tiempo. Por ejemplo, no hemos planteado el supuesto en que el organizador de la comunidad haga pagar a sus miembros cualquier cosa; por ello todos los ingresos provienen de los anunciantes y/o de los vendedores. A medida que la comunidad se hace más madura, el organizador puede estar en mejor posición para cobrar cuotas de suscripción o primas por la entrega de contenidos específicos (por ejemplo, cobrar por descargar un mapa que muestre los mejores restaurantes de Kioto). El organizador de la comunidad también puede captar y vender a sus miembros reseñas acerca de la actividad de los vendedores, para ayudar a los miembros a realizar la mejor elección (por ejemplo, indicando qué hoteles del Caribe han recibido de forma repetida el mayor número de reservas por parte de los miembros de la comunidad de viajes).

El organizador de la comunidad también puede atraer a una base más amplia de anunciantes para llegar a sus miembros de la que hemos planteado en nuestro modelo. En dicho modelo, suponemos que la reserva importante de ingresos por publicidad es la cantidad desembolsada en publicidad relativa a viajes, hoy en día, en los Estados Unidos. No obstante, los miembros de una comunidad de viajes *online* son susceptibles de tener un perfil demográfico atractivo (ingresos más elevados, hogares formados por personas más jóvenes) lo que podría atraer a una amplia gama de anunciantes, además de los proveedores de productos y servicios relacionados con los viajes.

También hemos limitado la definición del mercado de los viajes en varias dimensiones. Asumimos que la comunidad virtual se dirige en gran medida al consumidor de viajes en los Estados Unidos (suponemos que la comunidad podría incluso dirigirse a una porción, alrededor del 10 %, del mercado de los viajes de negocio, donde la decisión de compra está estrechamente relacionada con los viajes de placer). Una vez que se ha desarrollado dicho mercado, ¿existirían oportunidades naturales de ampliar el campo de la comunidad para incluir una gama mucho más amplia de viajes de negocio? No es difícil imaginar cómo las pequeñas empresas utilizarían dicho servicio sobre todo para viajes de negocio, particularmente si la comunidad puede proporcionar servicios a un coste menor que las fuentes tradicionales.

De la misma forma, ¿por qué limitar el alcance en el tiempo a los viajes originados en los Estados Unidos? Uno de los poderes de las redes electrónicas es su capacidad de llegar a la gente con independencia de su procedencia geografía. Un miembro podría conectar desde Australia tan fácilmente como desde Dallas. ¿Por qué no satisfacer las demandas en cuanto a viajes de todas las personas de habla inglesa en todo el mundo? A medida que mejoran los medios de traducción, uno puede imaginar una comunidad de viajes de alcance mundial, sin tener problemas de idioma. *Netscape* permite ya a los usuarios de su buscador seleccionar el idioma para visualizar las páginas *web* (aunque esto supone que el que ha desarrollado el *web* haya traducido su contenido al idioma seleccionado). Al proporcionar una comunidad de viajes de alcance mundial se abre la posibilidad de conseguir oportunidades de arbitraje muy interesantes, gracias a la disponibilidad de pasajes en algunos países. Por ejemplo, un australiano buscando una reserva para un vuelo nacional en los Estados Unidos puede que pague menos si lo compra en Estados Unidos, o en la comunidad virtual, que si lo compra en Australia. (Esto, evidentemente plantea soluciones interesantes para las políticas de regulación.)

Finalmente, dentro del sector de los viajes, hemos supuesto que los miembros a los que se dirige la comunidad virtual son sólo aquellos que están conectados *online* y han demostrado un gran interés por los viajes, bien mediante la lectura de revistas especializadas, bien realizando frecuentes viajes de placer. Con el tiempo, sería razonable esperar que se unieran más viajeros ocasionales atraídos por la comunidad, tanto por disponer de una rica variedad de recursos relativos a los viajes como por la posibilidad de ofrecer precios ventajosos debido al tamaño de la comunidad en su conjunto. Aunque dichos viajeros no se conviertan en miembros activos que contribuyan a la comunidad, e incluso no efectúen visitas de forma regular, las comisiones obtenidas por sus reservas podrían ser significativas.

La capacidad para llegar a una amplia audiencia interesada por los viajes podría aumentar pensando en una expansión dinámica de la franquicia de la comunidad virtual en el mundo físico. Al igual que los hermanos Gardner, fundadores de *Motley Fool*, han escrito un libro con gran éxito de ventas sobre inversiones financieras, es fácil imaginar una comunidad de viajes que amplíe su alcance con la publicación de una revista (impresa) o con el lanzamiento de una campaña de marketing utilizando el correo tradicional para llegar a clientes potenciales que aún no están conectados a Internet.

Incluso, de forma más especulativa, una comunidad de viajes podría estar en una posición ventajosa para diversificarse con iniciativas de comunidades virtuales relacionadas, a medida que desarrolla una masa crítica de miembros que comiencen a mostrar otros intereses o necesidades más allá de los viajes. Por ejemplo, podemos imaginar cómo un número significativo de estudiantes universitarios se unirían a la comunidad de viajes. A medida que dicho grupo creciera, podría crear una subcomunidad de viajes que respondiera a sus demandas e intereses específicos (a través de un proceso de construcción «de profundidad fractal» descrito más detalladamente en el capítulo 5). En el seno de dicha subcomunidad dirigida a los estudiantes universitarios, podría ocurrir que los miembros valoraran una amplia gama de servicios adaptados a sus necesidades como estudiantes universitarios (por ejemplo clasificación de las universidades, tablones de anuncios electrónicos para la búsqueda de empleo). Esta subcomunidad podría convertirse en una base de lanzamiento para el establecimiento de una comunidad que responda de forma más amplia a las necesidades de los miembros más allá de los simples viajes (a través de un proceso de construcción «de amplitud fractal», que también se describe más detalladamente en el capítulo 5).

Lo esencial es que una comunidad virtual dirigida a los consumidores de viajes constituye una sólida plataforma de crecimiento. Genera una amplia gama de opciones para el crecimiento, muchas de las cuales incluso no se pueden imaginar, ni mucho menos cuantificar desde el principio. El reto del organizador de la comunidad es reflejar el valor de dichas opciones potenciales de crecimiento en la toma inicial de decisiones de inversión, y seguir con esas opciones, con dinamismo, a medida que aparecen.

Retos económicos a corto plazo

A pesar del importante potencial de creación de valor a largo plazo en las comunidades virtuales, sus organizadores deberán hacer frente a importantes retos económicos a corto plazo, tanto en materia de ingresos como de costes. Serán impulsados por dos tipos de fuerzas: la dinámica competitiva y la evolución tecnológica. La resolución de estos retos a corto plazo por parte del organizador de la comunidad determinará de forma significativa las estrategias de entrada exploradas en el capítulo 6. Pero el mensaje económico es claro: aquellos que entren en el negocio de la comunidad virtual, esperando rendimientos rápidos de su inversión, se sentirán muy decepcionados.

Presiones relativas a los ingresos

En resumen, el dilema al que se enfrenta el organizador de la comunidad es el siguiente: las fuentes de ingresos más accesibles a corto plazo son también las menos atractivas desde el punto de vista del crecimiento. Por otra parte, las fuentes de ingresos más atractivas, probablemente no estarán al alcance del organizador de la comunidad virtual en los primeros años de formación de dicha comunidad. El resultado será una generación limitada de ingresos por parte de la comunidad a corto plazo.

Tal y como ya hemos estudiado anteriormente, una de las fuentes de ingresos inmediatamente disponibles para el organizador de la comunidad son los derechos que pagan los miembros (sobre todo las cuotas de suscripción y los pagos por utilización), que pueden cobrarse desde el primer día. Sin embargo, el cobrar unos derechos a los miembros puede frenar el crecimiento del número de dichos miembros de forma sustancial. Esto a su vez podría retrasar la posibilidad de acceder a otras fuentes de ingresos atractivas como las comisiones por publicidad y por transacciones. Podría incluso exponer al organizador a amenazas por parte de competidores más agresivos que sigan estrategias de adquisición temprana de miembros y ofrezcan, por tanto, un acceso gratuito a su comunidad.

Por el contrario, mientras que al organizador de la comunidad le gustaría obtener ingresos de la publicidad y de las transacciones desde el principio, éstos tardarán en materializarse. El problema radica en el hecho de que es muy difícil vender publicidad para una comunidad con pocos miembros (si es que tiene alguno), de los cuales, además, se sabe poco. Los gastos de publicidad en Internet han tendido a concentrarse en los *webs* más visitados. En 1995, por ejemplo, los 10 *webs* más visitados captaron el 35 por ciento de todo el gasto en publicidad y los 50 primeros, el 70 por ciento. El organizador de comunidad debe ofrecer o bien un tráfico importante, o bien un entendimiento profundo de un número más limitado de miembros, y ambas cosas requieren su tiempo.

¿Por qué los ingresos que uno puede obtener no son los que uno quiere?

Las comisiones por transacción dependen tanto del número de miembros como del numero de vendedores que participan activamente en la comunidad (si el miembro pulsa el icono de un vendedor y es «transportado» inmediatamente al *web* de dicho vendedor, será mucho más difícil captar una comisión por transacción que si los productos o servicios del vendedor se ponen a la venta realmente en el entorno de la comunidad virtual). Conseguir la participación de los vendedores no será fácil, sobre todo al principio. Debido a la existencia de un número limitado de consumidores potenciales (muchos de los cuales no son bien conocidos por el organizador de la comunidad), junto con la preocupación por la llegada de un nuevo intermediario entre el vendedor y sus clientes, muchos vendedores se mantendrán al margen, al menos en un principio, hasta que una masa crítica de miembros y de perfiles de utilización haya sido acumulada.

A estos retos hay que añadir también algunos condicionantes de tipo técnico, a corto plazo. Tal y como se muestra en el capítulo 8, Internet (en 1996) no constituye aún un entorno propicio para el comercio. La tecnología clave para estas áreas —como la que permite la captación de la información, los sistemas de pago y de autentificación— no ha sido del todo desarrollada, aunque se están invirtiendo cantidades sustanciales para resolver este problema. Así, gran parte de las comisiones potenciales por publicidad y por transacciones permanecen fuera del alcance de la comunidad virtual en Internet. Las comunidades virtuales que salen a la luz ofreciendo servicios *online* como *America Online* tienen una posición más ventajosa en estos campos, a corto plazo, pero tal y como indicamos en el capítulo 8, la participación en servicios *online* plantea sus propias dificultades.

Conclusión: la generación de ingresos de una comunidad virtual a corto plazo probablemente será bastante limitada.

Presiones relativas a los costes

La generación limitada de ingresos no tiene por qué ser tan mala en sí misma, pero va aparejada con sustanciales presiones a corto plazo sobre los ingresos. El resultado serán unos márgenes a corto plazo estrechos, lo cual es una situación difícil, cuando no fatal para quien aspira a ser organizador de una comunidad virtual.

Tal y como sostenemos en el capítulo 6, los organizadores de comunidad virtual necesitarán seguir estrategias de fuerte apalancamiento, movilizando con dinamismo los recursos de otras personas para satisfacer sus necesidades. Sin embargo, incluso con esas estrategias de apalancamiento, el organizador de la comunidad tendrá que soportar presiones considerables para invertir de forma agresiva en la adquisición de miembros, especialmente en los primeros años. Dichas presiones serán tanto de tipo económico —impulsadas por el deseo de acumular una masa crítica de miembros y poner en marcha las dinámicas descritas anteriormente—, como de tipo competitivo —debido a la preocupación por anticiparse a los competidores y, si fuera posible, desanimarlos del todo para que no entren en el negocio. Estas presiones de tipo competitivo son muy reales, y aquellos que inviertan fuertemente en la adquisición de miembros obtendrán probablemente ventajas significativas a largo plazo.

La consecuencia para el organizador de la comunidad es clara: respira hondo, centra la inversión en la adquisición inicial de miembros y fija expectativas realistas para los períodos en que sólo puedas cubrir gastos y aquellos en que puedas recuperar la inversión. (Asegúrate también de que las reservas en efectivo son acordes con dichas expectativas.) Los primeros años de la formación de la comunidad virtual convierten en realidad las palabras de una memorable maldición china: «Que vivas tiempos interesantes.»

Los primeros en llegar serán los dueños del terreno

Las mismas fuerzas que hacen de las comunidades virtuales atractivas oportunidades económicas a largo plazo obligan a actuar rápidamente. Los que aspiren a desempeñar el papel de organizador o de dueño de una comunidad virtual deberán moverse con rapidez y dinamismo para aumentar la posibilidad de convertirse en los primeros en agrupar a una masa crítica de miembros en una área determinada. Aquellos que alberguen la falsa esperanza de que las incógnitas se «despejarán» o de que podrán adquirir a los que entraron temprano y consiguieron el éxito pueden toparse con la cruda realidad. Los ingresos crecientes indican que un inicio tardío será con toda seguridad la opción más cara y puede volverse tan onerosa que sería prohibitiva o, por lo menos, carente de atractivo, debido a la cuantiosa inversión inicial necesaria y a la dificultad para obtener un rendimiento adecuado de dicha inversión.

Los requisitos de inversión aumentan

Aquí está la trampa: una pequeña barrera de entrada en el negocio se convierte casi con toda seguridad en una barrera infranqueable para los próximos cinco años. Dichas barreras de entrada pueden adoptar múltiples formas: que los activos únicos sean acumulados por los primeros participantes; que se trasladen las barreras a los miembros; que se incrementen los costes de producción; que se produzcan economías de escala y de enfoque. El resultado será el incremento del precio de entrada hasta situarlo fuera del alcance de la mayoría, cuando no de la totalidad de los participantes potenciales.

Acumulación de los activos únicos. Hoy en día, las comunidades virtuales arrancan en un terreno de juego relativamente llano. La tecnología está ampliamente al alcance de todos, los contenidos publicados y los vendedores pueden ser accesibles a todo el mundo, los foros de comunicación se encuentran todavía en un estadio relativamente inicial de desarrollo, aún no se han desarrollado del todo los perfiles de utilización y de transacción, y el número de miembros agrupados en comunidades disponibles es bajo. Nadie ha acumulado activos únicos que permitan diferenciar una comunidad de otra de forma apremiante y que deban ser reproducidos para tener éxito por alguien que quiera entrar en el negocio.

Avancemos algunos años. En ese momento las comunidades virtuales están en pleno apogeo en todas las categorías previsibles. Las estrategias agresivas de adquisición de miembros han dado los resultados esperados: una masa crítica de miembros participan en las comunidades punteras, tablones de anuncios electrónicos densamente poblados y activos y áreas de conversación o *chats* acumulan perfiles de utilización, y como resultado de todo ello las comunidades están aprendiendo cada vez más cosas acerca de cómo son sus miembros.

Los participantes ya establecidos han acumulado a estas alturas algunos activos únicos que diferencian de forma significativa a sus comunidades. El primero y más importante: disponen de miembros, un activo clave frente a aquellos que entran más tarde en el negocio. Nuestro modelo económico de comunidad de viajes muestra cómo un organizador dinámico podría conseguir 400.000 al final del tercer año de operaciones. Más aún, las comunidades establecidas poseen miembros específicos con distintas identidades que no son susceptibles de ser activos en múltiples comunidades dentro de la misma categoría. Así, por ejemplo, si quiero contactar con otro viajero apasionado y bien informado que he conocido previamente en una comunidad de viajes (llamémosle Alan Fairgate), sólo lo encontraré en el tablón de anuncios electrónico o en las tertulias de la comunidad específica a la que se haya unido. Alguien que entre en el negocio no puede clonar a Alan Fairgate.

El segundo activo es que el número de constructores y compradores es mayor que en el caso de un recién llegado al negocio. Convencer a los buscadores lleva su tiempo.

El tercer activo es que los organizadores ya establecidos han acumulado cantidades significativas de contenido generado por los miembros en sus tablones de anuncios y en sus tertulias electrónicas, que resultan únicos para sus comunidades. Si quiero acceder a dichos contenidos deberé participar en dicha comunidad. Como además los participantes establecidos han acumulado un gran número de miembros, es probable que el contenido generado por los miembros sea más profundo y específico. En nuestro ejemplo de comunidad de viajes, habría un archivo detallado de contribuciones acerca de destinos de vacaciones donde poder practicar el submarinismo y otro archivo acerca de viajes para catar vinos. Esto va mucho más allá de la guías de viajes normales que se publican acerca de estos temas. ¿Qué «publicación» puede igualar la riqueza y la especificidad de estos archivos? ¿Qué puede ofrecer alguien que se inicie en el negocio para compensar esas carencias de información? ¿Cuánta inversión y cuánto tiempo se requieren para poder hacer dicha oferta?

Observe *Motley Fool* en *America Online* y explore la variedad de tablones de anuncios electrónicos ya disponibles, organizados en función del tipo de empresa, de compañías específicas y del tipo de estrategia de inversión. Deje que el proceso de acumulación avance un par de años más e imagine entonces que usted desea organizar una comunidad y que tantea el terreno para responder a las demandas de inversores privados. ¿Qué haría para igualar la riqueza de un material único que ya está disponible?

El cuarto activo es que los organizadores ya establecidos habrán acumulado perfiles de utilización detallados y quizás perfiles de transacción de sus miembros. Sabrán cuánto tiempo pasan en la comunidad, con quién interactúan, cuáles son sus intereses y en muchos casos, qué tipo de productos o servicios han comprado. Una vez más, dicha información será única y pertenecerá sólo a la comunidad que los ha captado. Si un anunciante o un vendedor quiere dirigirse a miembros con un determinado perfil, deberá negociar con el organizador de la comunidad para sacar provecho del valor de dicha información. ¿Cómo podría un recién llegado con pocos miembros y aún menos información sobre ellos competir para conseguir el dinero de los anunciantes o el tiempo y la atención de los vendedores?

Dentro de tres años, las comunidades virtuales ya no serán principiantes sin diferenciación. Los líderes serán empresas comerciales bien desarrolladas, con una gama de activos únicos que los diferenciará poderosamente, tanto desde la perspectiva de los nuevos miembros potenciales como la de anunciantes y vendedores. Superar dicha diferenciación requerirá tiempo y una inversión significativa y, a pesar de ello, puede que no sea posible.

Mayores barreras para las nuevas lealtades. No sólo los que estén bien establecidos poseen la ventaja de una fuerte diferenciación para atraer a nuevos miembros que tantean el terreno, sino que además probablemente levantarán barreras sustanciales para que los miembros no transfieran su lealtad a otra comunidad. Si esto ocurre, los nuevos participantes podrían verse fuera de gran parte del mercado disponible.

Quizás la más significativa, y sin embargo la más imperceptible, de las barreras contra el cambio, de una comunidad a otra, sean las relaciones que, en su seno, se establecen entre los miembros. Aquellos que se convierten en participantes activos en los foros de comunicación de una comunidad comienzan a conocer y a confiar en las aportaciones de otros miembros. El profesor Alan Fairgate me hubiera sido de gran utilidad a la hora de planificar mis últimas vacaciones dedicadas a la arqueología, no sólo porque comparte mi pasión por dicha ciencia, sino también porque ha visitado la mayoría de los yacimientos en los que estoy interesado y parece compartir mis gustos en cuanto a comida y a alojamiento. Ahora le consulto cada vez que planifico mis vacaciones. ¿Qué deseo podría tener de cambiarme a una nueva comunidad de viajes si Alan se queda en la comunidad en la que estamos ahora los dos? Alan se ha convertido para mí en una importante barrera contra el cambio, y hay diez personas más como él en la comunidad, en las que confío y con las que cuento para planificar mis vacaciones. O nos cambiamos todos o ninguno.

Una de las razones por las cuales hay una tasa tan alta de cambio, hoy, en el seno de las ofertas *online* es el hecho de que existan pocas iniciativas centradas en el desarrollo de foros de comunicación moderados, en los cuales se puedan dar este tipo de relaciones personales. Los pocos que han desarrollado este tipo de foros, lo han hecho tan recientemente en general que no han tenido tiempo suficiente para que se den estas relaciones.

Aún más sutilmente, los miembros son susceptibles de establecer relaciones de confianza significativas con el organizador de la comunidad virtual. Volviendo a nuestra comunidad de viajes, he llegado a confiar en su organizador porque asegura un nivel de calidad, tanto con respecto a los miembros con los que interactúo como con respecto a los recursos (contenido, vendedores, etc.) que me son presentados. Sé que los recursos que esa comunidad me ofrece siempre tendrán un alto nivel de calidad y eso me ahorra una enorme cantidad de tiempo y posibles confusiones. Además, las comunidades estarán en disposición de captar información detallada acerca de los miembros, y éstos deberán ser capaces de confiar en que su organizador no abusará de dicha información.

Los organizadores de nuevas comunidades, que carecen de un historial reconocido de datos, serán cantidad desconocida. Incluso aquellos que dispongan de marcas reconocidas pueden encontrar dificultades a la hora de transferir esa imagen de marca a un entorno virtual y al establecimiento de una comunidad virtual. Una vez que los miembros han confiado en las comunidades virtuales a la hora de satisfacer sus demandas, y que han desarrollado el convencimiento de que éstas les entienden y respetan su intimidad, les será difícil cambiar.

Existen otros factores que también son susceptibles de desempeñar un papel en la construcción de barreras para impedir el cambio. En un sentido, el mero hecho de estar familiarizado con «la imagen y las vibraciones» específicas de una comunidad en concreto basta para que algunos miembros sean reticentes al cambio. A medida que las comunidades desarrollen la capacidad de adaptar sus ofertas a los miembros en particular, se crearán nuevas barreras contra el cambio. Una nueva comunidad que carece del perfil de utilización del visitante no podrá adaptar sus ofertas (por ejemplo, mediante la visualización de cierta secuencia de pantallas basadas en la observación de cómo la persona ha navegado por la comunidad anteriormente) aunque la tecnología puede estar al alcance de todos los organizadores. La tecnología introduce otra barrera potencial contra el cambio: habitualmente los agentes deben aprender las preferencias de los miembros a lo largo del tiempo; una vez que los miembros han invertido mucho tiempo y esfuerzo, se lo pensarán dos veces antes de cambiarse a otra comunidad y enfrentarse a una nueva serie de agentes que desconocen sus preferencias. La experiencia no se puede sustituir fácilmente.

Por todas estas razones, la tasa de abandono en el seno de las comunidades virtuales probablemente disminuirá con el tiempo. El círculo de la fidelidad de los miembros analizado anteriormente creará lazos cada vez más fuertes con una determinada comunidad, con el paso del tiempo. Cuanto más espere un nuevo participante, más difícil (y costoso) será que los miembros salgan de las comunidades ya existentes.

Incremento de los costes de producción. Algunas de las habilidades claves necesarias para construir hoy una comunidad virtual pueden encarecerse mucho con el paso del tiempo. Los ejemplos más notables son los anfitriones de tablones de anuncios y de tertulias que ayudan a la realización de foros de comunicación vibrantes y adaptados. Hablaremos más en profundidad de este tema en el capítulo 7. Hoy en día esta habilidad no está muy desarrollada, y cuando está disponible tiende a ser proporcionada por particulares apasionados por la comunicación *online*, que ofrecen su tiempo a cambio de nada o de una cantidad simbólica (por ejemplo acceso gratuito a la red). Pronosticamos que con el tiempo dicha habilidad será mucho más valiosa y que aportará una prima sustancial, al igual que lo hace en la industria discográfica o cinematográfica. Aquellos que entren tarde en el negocio de las comunidades virtuales verán cómo gran parte de las habilidades disponibles en el área ya han sido utilizadas por organizadores ya existentes y tendrán que pagar mucho más para atraer a esas personas hacia una nueva comunidad carente de miembros.

También la formación en marketing y en el análisis de datos serán esenciales para el éxito de las comunidades, y, una vez más, la gente que tenga esas habilidades y que pueda demostrar un historial de datos en entorno virtual podrán conseguir una prima sustancial. El capítulo 7 también abordará esos puntos con mayor detalle.

El resultado de estos mercados emergentes para habilidades poco corrientes será el aumento del precio de estos costes de producción, que representan una porción sustancial de los costes operativos en los primeros años. Lo que hoy se puede conseguir prácticamente gratis, por parte de personas con buena voluntad, es probable que, con el tiempo, se convierta en algo difícil y caro de conseguir. A medida que estos costes de producción se incrementan, la inversión necesaria para entrar en el negocio se incrementará en consonancia.

La concentración limita las oportunidades de entrada. Las empresas basadas en los rendimientos crecientes tienden hacia la concentración con el paso del tiempo. El próximo capítulo desarrolla este tema de forma más detallada. Por ahora, pensemos en empresas de software de sistemas operativos, Microsoft y Novell. Pensemos en empresas de reparto de paquetes pequeños como Federal Express y UPS o en el negocio de las tarjetas de crédito como Visa, MasterCard y American Express. Todos ellos están impulsados por una dinámica de rendimientos crecientes sustanciales, y están muy concentrados.

Dicha tendencia no es sorprendente, dado el efecto reforzador de los círculos dinámicos que intervienen. Dichos círculos actúan en el tiempo tanto para acelerar el crecimiento de los ingresos (el grande se hace más grande) como para disminuir los costes unitarios (el grande se hace más rico). Los pequeños participantes no tienen otra alternativa que la de esforzarse el doble para crecer, arriesgarse a ser engullidos por un participante mayor o verse empujados a la quiebra.

El grande se hace más grande y más rentable.

La consecuencia es que aquellos que esperen poco para entrar en este negocio estarán por encima de los grandes, en cualquier tipo de comunidad. La atmósfera fragmentada que caracteriza hoy al mundo virtual probablemente prevalecerá sólo a corto plazo, mientras los participantes tratan de posicionarse. Los futuros participantes de gran envergadura disfrutarán de ventajas de escala y de enfoque. Tal y como indicamos antes, los elementos principales de la estructura de costes se beneficiarán de la dinámica de los rendimientos crecientes. Por ejemplo, una comunidad de gran tamaño tendrá posiblemente costes de adquisición por miembro más bajos que una nueva comunidad. Estas ventajas sobre los costes en función del tamaño pueden ser importantes y tener un alcance generalizado.

La economía de enfoque también desempeña su papel. Tal y como explicamos más detalladamente en el capítulo 7, el organizador de la comunidad será capaz de compartir funciones específicas dentro de una comunidad que cubra áreas muy amplias y diversas. En la comunidad de viajes citada anteriormente, por ejemplo, la función de ayuda a los miembros puede ser compartida por toda la comunidad de viajes, lo que significa una ventaja sustancial con respecto a una comunidad emergente que tenga como objetivo un segmento más reducido del mercado de los viajes, como la comunidad de viajes de Hawaii.

El resultado es que los nuevos participantes se encontrarán con un negocio concentrado, impulsado por organizadores de comunidades de gran tamaño, que disfrutan de ventajas sustanciales en cuanto a los costes operativos, de activos únicos claramente diferenciadores, y de fuertes barreras para prevenir el cambio de sus miembros. Así, los nuevos participantes deberán hacer un mayor desembolso que sus predecesores, e incluso disponiendo de mejores bazas, puede que no sean capaces de conseguirlo y pueden perder su inversión. Aquellos que esperen necesitarán una buena cartera y una gran capacidad de aguante ante el riesgo.

La adquisición se vuelve muy cara

La otra alternativa para aquellos que elijan esperar es comprar su entrada mediante la adquisición de un participante que ha comenzado antes y ya ha conseguido poner en marcha la curva del crecimiento acelerado de los ingresos. Ésta será una alternativa muy cara.

Las primas de adquisición para empresas relacionadas con el mundo de las redes electrónicas tienen un precio mucho más elevado que el de sus acciones, lo cual refleja unas valoraciones muy altas (a menudo exorbitantes, ya que esas empresas carecen de cualquier tipo de ganancias). Esta alternativa no es para los timoratos. Incluso dejando de lado el actual boato por este tipo de negocios, existe una razón objetiva para esas valoraciones tan altas, sobre todo cuando ya se ha desencadenado el proceso de aceleración de los ingresos. Llegado a este punto, la dinámica de los rendimientos crecientes está funcionando plenamente y la perspectiva de crecimiento, combinada con un incremento de la rentabilidad, serán suficientes para que cualquier inversor lo note. Y ésa es la cuestión. Estas iniciativas de comunidad virtual difícilmente serán oportunidades «escondidas» de inversión, que hayan pasado desapercibidas para un mercado más amplio. Debido a la atención del público, el valor de dichas iniciativas se verá reflejado del todo —quizás demasiado—, en el precio de las acciones.

A medida que pasa el tiempo, existe la posibilidad de conseguir una prima adicional en el precio de adquisición de una comunidad virtual. Se trata del valor de la comunidad virtual para algunos de los negocios tradicionales susceptibles de verse amenazados por el crecimiento de estas nuevas entidades. Dichos negocios estarán probablemente dispuestos a pagar primas sustanciales para tener la oportunidad de poseer y controlar una comunidad virtual, una vez que el potencial comercial y competitivo del negocio se haya manifestado con claridad. Ya que dichos negocios son susceptibles de cobrar valores de sinergia, de la adquisición de alguna comunidad virtual relacionada con ellos (como una compañía aérea que adquiera una comunidad de viajes), presumiblemente estarán dispuestos a pagar más que un comprador por un negocio sin relación alguna con el suyo.

Este capítulo se ha centrado en el potencial económico del negocio de las comunidades virtuales. La dinámica de los rendimientos crecientes ayudará a que las comunidades virtuales se conviertan en motores poderosos de creación de valor a largo plazo, en manos de un organizador astuto y dinámico; motores que son alimentados por una combinación de crecimiento acelerado de los ingresos y de descenso de los costes unitarios. El reto estará en superar las presiones sobre los beneficios a corto plazo mientras que al mismo tiempo se sigue una estrategia de crecimiento dinámica. Será difícil detener a aquellos que consigan reunir una masa crítica de miembros en cualquier tipo de comunidad. Los últimos en llegar encontrarán un entorno cada vez más hostil que hará que su entrada sea cara y arriesgada.

4
LO QUE ESTÁ POR VENIR

Las comunidades virtuales son un blanco en movimiento. Los organizadores que tengan una visión cerrada de la estructura del sector pueden verse sorprendidos cuando el terreno virtual en el que se mueven cambie de forma inesperada. Aquellos que sigan centrando su atención (y su inversión) en la adquisición de miembros, la captación de información y las nuevas oportunidades de crecimiento podrán sacar más partido de estos cambios.

Si usted planea crear una comunidad virtual, y si quiere que ésta crezca y siga siendo rentable, necesita saber cómo puede evolucionar el sector. Con el término de «sector» nos referimos a la estructura del negocio de la comunidad (por ejemplo, ¿hay varias comunidades fragmentadas o unas pocas de gran tamaño?) y a las cambiantes relaciones entre las comunidades en la red (¿son completamente independientes o desarrollan lazos «comerciales» y/o de propiedad? y si esto ocurre, ¿dichas relaciones se forjan entre comunidades iguales o entre grandes y pequeñas?). El potencial de crecimiento puede ser, en realidad, bastante limitado si las comunidades virtuales siguen siendo negocios restringidos y muy fragmentados. Del mismo modo, la rentabilidad puede verse reducida de forma inesperada si el organizador depende de otros participantes para la adquisición de miembros o si tiene que compartir la propiedad de los perfiles de utilización y de transacción de los miembros.

En este capítulo, describiremos una de las posibles formas de evolución del sector y las correspondientes fases de desarrollo que esperamos para las comunidades virtuales. Nos centraremos en los supuestos claves que definen a cada una de estas cuatro fases, especificando al mismo tiempo cuáles son los supuestos contrarios que, de producirse, detendrían dicha evolución en la etapa correspondiente. Estas fases del desarrollo y sus supuestos subyacentes han sido resumidos en el cuadro que viene a continuación.

Fases de la evolución	Descripción	Supuestos claves
Aldeas virtuales	Las comunidades están muy fragmentadas pero son negocios rentables, cada una contiene múltiples subcomunidades más pequeñas	• Menores barreras de entrada • Muchos nuevos participantes • Los vendedores participan en múltiples comunidades • Los usuarios de la red van probando en múltiples comunidades
Constelaciones concentradas	Concentración de comunidades amplias, y desarrollo de relaciones de afiliación con comunidades restringidas	• Los rendimientos crecientes conducen hacia la concentración en torno a temas «amplios», como los viajes • Las comunidades restringidas se benefician al afiliarse con comunidades amplias
Coaliciones cósmicas	Las comunidades amplias se agrupan	• Para los miembros, la formación de coaliciones es valiosa, por ejemplo para el servicio al cliente y la facturación • Los organizadores de la coalición obtienen beneficios económicos de la integración de programas de marketing y del perfil de los miembros/vendedores en áreas temáticas
Intermediarios de información integrados	Las comunidades y las coaliciones se convierten en agentes para los miembros, gestionando sus perfiles integrados con el fin de obtener el máximo provecho para los miembros	• Los propios miembros representan la fuente más eficiente para la captación de perfiles • Los miembros reivindican la propiedad de sus perfiles • Intermediarios de información especializados organizan y maximizan el valor del perfil de los miembros

Creemos que las comunidades virtuales pasarán de ser grupos de negocios muy fragmentados a ser un sector mucho más concentrado. Esto, con toda seguridad, significará que el potencial de creación de valor evolucionará también con el paso del tiempo. En las primeras fases de la evolución de la comunidad, la creación de valor y su captación pasa de los anunciantes y los vendedores —donde residía gran parte del valor antes de la aparición de las comunidades virtuales— al organizador de la comunidad virtual. A este nivel, el potencial para la captación de valor será mayor para los organizadores de comunidades «amplias» que movilizan y se instalan en constelaciones de comunidades más especializadas y de mayor tamaño. En la siguiente fase de la evolución, la captación de valor pasará a los organizadores de coaliciones de comunidades complementarias todavía más amplias. Dichas coaliciones serán capaces de responder a las necesidades de los miembros. Finalmente, los ganadores a largo plazo comenzarán a emerger de aquellas comunidades que han evolucionado del suministro de servicios a los miembros, al suministro de herramientas que permiten a los miembros sacar el máximo provecho de sus perfiles y del de los vendedores, para acceder y comprar recursos disponibles en la red. De este modo, las comunidades virtuales pasarán finalmente de ofrecer recursos de la red a ofrecer perfiles de los miembros y de los vendedores. Actuarán de forma explícita como agentes de sus miembros, ayudándoles a sacar el máximo provecho de su propio valor como clientes.

Del caos a la organización: el camino inevitable hacia la concentración.

La realidad será mucho menos clara que la evolución secuencial que se explica en este capítulo. Ya podemos ver elementos de etapas posteriores de ese desarrollo que emergen hoy en la red. Por ejemplo, sitios como *Amazon.com* están desarrollando ya programas de «afiliación» que están empezando a crear las «constelaciones» de las que hemos hablado antes. De un modo similar, *America Online* puede ser un aspirante para el papel de «organizador de coalición» descrito en la última fase, tomando posiciones incluso antes de que muchas de las comunidades que la constituyen hayan aparecido.

Fases de la evolución de una comunidad

En este capítulo, nuestra opinión sobre la probable evolución del negocio de las comunidades virtuales se fundamenta en dos componentes claves de la creación de valor en las comunidades virtuales: hay que centrarse en la captación de la información y hay que explotar las opciones de crecimiento con determinación. Los organizadores de comunidad que se mantengan centrados en estos dos imperativos ampliarán probablemente el alcance de su negocio (por ejemplo, de organizar una comunidad individual a organizar una constelación de comunidades, y finalmente a organizar una coalición más amplia de comunidades) y crearán a lo largo del proceso un valor sustancial.

Aldeas virtuales

En esta primera fase del desarrollo, las comunidades virtuales siguen siendo pequeñas (contienen unos miles de miembros que participan en una variedad de pequeñas subcomunidades) y muy fragmentadas: son aldeas virtuales, donde la gente utiliza buscadores para identificar a aquellas que tienen mayor interés para ellos. Como hay tantas comunidades de este tipo —cuyo objetivo es una gama muy amplia de necesidades—, muchos particulares podrían pertenecer a un gran número de comunidades y pasar un tiempo relativamente corto en cada una de ellas.

En esta fase, los vencedores —en lo que se refiere a creación y captación de valor— serán probablemente los vendedores. Los vendedores, especialmente aquellos que tienen una fuerte imagen de marca, tendrán una posición fuerte para negociar, en comparación con los organizadores dispersos de comunidades, que luchan por atraer y mantener una masa crítica de miembros.

Supuestos claves que determinan esta fase del desarrollo. La fragmentación que define esta etapa del desarrollo depende de una serie de supuestos claves. En primer lugar, parte de la base que los organizadores se encontrarán con barreras de entrada relativamente bajas, al menos al principio. Tal y como hemos mostrado en el capítulo 3, la inversión necesaria para crear una comunidad virtual, hoy, es relativamente baja, sobre todo si lo comparamos con su potencial de crecimiento y de rentabilidad.

En segundo lugar, parte de la base de que muchos participantes verán el potencial económico y decidirán entrar en el negocio. En tercer lugar, la mayoría de los vendedores principales invertirán sus recursos en varias comunidades rivales. Los vendedores querrán maximizar su acceso a la clientela, o al menos a ciertos segmentos de ella, y evitar el riesgo de encerrarse en una relación exclusiva con una sola comunidad que puede o no tener éxito. Si esto fuera así, las oportunidades de diferenciación entre las comunidades virtuales, en un principio, serían limitadas, lo que incrementaría el potencial de fragmentación.

Finalmente, la fragmentación esperada implica que, dado que las primeras comunidades virtuales son susceptibles de tener recursos limitados y un potencial de diferenciación clara aún más limitado, los usuarios de las redes electrónicas, al principio, preferirán buscar entre una variedad de comunidades rivales antes de integrarse como miembros en una comunidad de una área temática determinada.

Supuestos claves que paralizarían el desarrollo de la siguiente fase. Para que se produzca la paralización de la evolución en esta etapa, la dinámica de los rendimientos crecientes descrita anteriormente en el presente libro debería ser frenada por alguna fuerza compensatoria. Por ejemplo, sería difícil ampliar la experiencia significativa de una comunidad más allá de unos pocos miles de miembros. Gran parte del valor de participar en este tipo de comunidades proviene de las relaciones de confianza que se dan entre los miembros y de la buena voluntad de éstos para contribuir a la acumulación de información en la comunidad. A medida que la comunidad crece, este tipo de relaciones basadas en la confianza pueden erosionarse si los miembros ven cada vez más difícil el mantenimiento de su privacidad. En vez de esto, enfrentados a hordas de «novatos» cada vez que entren, muchos miembros veteranos pueden perder el interés por contribuir con su experiencia y pueden pasar más tiempo al margen, esperando que sean otros los que contribuyan. A medida que disminuyan estos lazos personales, los miembros veteranos estarán más tentados de pasar de las comunidades mayores a otras más pequeñas y más personales, hasta que el crecimiento repita de nuevo el ciclo de alienación y de dispersión. Tal y como veremos en el capítulo 7, el desarrollo de las comunidades «vinculadas» podría ayudar a resolver dicho problema.

Una segunda fuerza compensatoria la pueden constituir los incentivos económicos para miembros con éxito y talento que se «escindan» de las comunidades actuales y construyan las suyas propias. Este fenómeno puede ser similar al que se ha visto en empresas de servicios profesionales y de medios de comunicación donde productores con éxito descubrieron que podían ganar más abandonando la empresa y creando la suya propia. Los organizadores de la primera hornada de comunidades virtuales deberán crear una estructura compensatoria para que sus principales talentos sigan estando dignamente recompensados. Si no, esos talentos, cuando hayan demostrado que tienen éxito a la hora de atraer a los miembros, podrían irse a otra comunidad, donde reciben más valor. Las deserciones repetidas impedirán que la comunidad crezca más allá de un tamaño determinado. El capítulo 7, que trata de la organización de la comunidad, sugiere algunas acciones que pueden ser emprendidas para contrarrestar dicha tendencia a la fragmentación.

Una tercera fuerza compensatoria puede provenir del esfuerzo de los vendedores para proteger sus intereses. Las comunidades virtuales tienen un potencial significativo para socavar el poder de los principales vendedores. Crean un entorno en el cual los clientes puedan ser agrupados por un tercero, recibir la información que les ayude a elegir de forma más efectiva entre vendedores rivales, y conseguir los medios para pasar fácilmente de un vendedor a otro. Así, los vendedores más importantes pueden buscar diversas maneras de manejar el modelo de negocio de las comunidades virtuales para que sirva a sus propios fines.

Una opción sería que los vendedores individuales organizasen comunidades «cautivas». Dichas comunidades ofrecerían muchos de los servicios y de las capacidades que se asocian con las comunidades virtuales, pero mantendrían fuera a los vendedores de la competencia. Por ejemplo, *Caterpillar* podría organizar un comunidad dedicada a las empresas para contratistas del sector de la construcción, pero excluiría a otros fabricantes de equipamientos para la construcción. Al mismo tiempo, *Caterpillar* podría negarse a participar en otras comunidades para contratistas patrocinadas de forma independiente. Si la comunidad de *Caterpillar* dedicada a los contratistas de la construcción demuestra tener éxito, otros vendedores de equipamientos para la construcción pueden querer organizar su propia comunidad virtual, lo que llevaría a una fragmentación aún mayor.

En un esfuerzo por debilitar las comunidades virtuales, los vendedores podrían alentar la formación de comunidades rivales. Podrían hacerlo financiando activamente nuevas comunidades, en mercados en los que una o varias comunidades parecen estar ganando una cuota desproporcionada o distribuyendo de forma selectiva productos a través de múltiples comunidades para incrementar su potencial diferenciador.

Los vendedores pueden intentar asimilar una comunidad, apropiársela o dividirla, pero sus esfuerzos serán vanos.

Sospechamos que los esfuerzos de los vendedores por asimilar una comunidad virtual, apropiársela o dividirla fracasarán cuando se enfrenten a dos fuerzas más poderosas. La primera y la más importante: no es probable que los miembros permitan que eso ocurra. Un fuerza clave del desarrollo de las comunidades virtuales puede ser la convicción que tienen los miembros de la capacidad de este nuevo modelo de negocio para satisfacer sus necesidades y aumentar su poder con relación a los vendedores. ¿Cuál puede ser la reacción de los miembros frente a vendedores que quieran limitar su acceso a otros vendedores de la competencia? Muy probablemente, la mayoría preferirá confiar en los organizadores de comunidades que comprendan su deseo de poder elegir, y en los vendedores que lo apoyen. Además, la dinámica de los rendimientos crecientes descrita en el capítulo 3, acerca de la creación de valor, puede frustrar los esfuerzos de los vendedores por mantener la división de las comunidades virtuales. Probablemente, se necesitarán ayudas masivas para contrarrestar la fuerza de esta dinámica.

La división de las comunidades virtuales también puede deberse a políticas de regulación. Una manera indirecta de frenar la fuerza de los rendimientos crecientes que impulsa hacia la concentración consistiría en restringir la libertad de captar información de los miembros. La captación y la utilización de la información generada por las transacciones pueden convertirse en un motor importante del crecimiento económico, proporcionando un aliciente para la concentración, de tal forma que se pueda captar unos perfiles cada día más detallados de las transacciones de los miembros. Al eliminar dicho activo, los órganos reguladores disminuirían el valor de la concentración. De forma más directa, los órganos reguladores pueden elegir desplegar algún tipo de doctrina contraria a los monopolios o que restrinja el comercio, con el fin de mantener un control directo sobre el tamaño y el comportamiento de los organizadores de comunidades. Quizás sea ésta la tendencia compensatoria más importante. Su probabilidad estará muy influida por el grado en el que los organizadores de comunidad sean capaces de construir relaciones basadas en la confianza con los miembros. Tal y como ya hemos sugerido, esta confianza es un requisito previo para la realización completa del potencial comercial de las comunidades virtuales. Si éste se construye y se preserva, los órganos reguladores no sentirán ninguna necesidad de intervenir.

Implicaciones para la captación de valor. Si las comunidades virtuales están muy fragmentadas, las implicaciones para la creación de valor están claras. Como en el caso de las revistas especializadas y en las empresas de servicios de información, estas iniciativas son susceptibles de convertirse en negocios restringidos rentables, con un tamaño limitado, pero generando rendimientos atractivos para su organizador. Partiendo del hecho de que son capaces de llegar al menos a un nivel suficiente para generar una audiencia y una interesante base de clientes para los anunciantes y para los vendedores de bienes y servicios, las comunidades virtuales serán capaces de alimentarse de los ingresos por publicidad y por transacciones. El contenido generado por los miembros y las relaciones entre los miembros pasa a ser el activo único que diferencia a las comunidades y proporciona las bases para una rentabilidad sostenible.

Los vendedores pueden considerar que las comunidades virtuales son marcos útiles para llegar a su público o a sus clientes, pero seguirán guardando un gran poder de negociación. Aunque existen muchos organizadores de comunidades fragmentadas que quieren hacer negocios con vendedores más grandes y bien asentados, es razonable esperar que los vendedores estarán en una buena posición negociadora para minimizar el coste de las comisiones por ventas y para mitigar las condiciones y los plazos que deberán aceptar para estar representados en la comunidad. Evitarán así el riesgo de ver reducidos sus beneficios por los organizadores de comunidad concentrada, especialmente si negocian derechos de acceso a información relevante, generada por la utilización y las transacciones de los miembros de la comunidad.

Aunque, en este escenario, ninguna comunidad virtual será capaz de alcanzar un tamaño suficiente para representar una cuota significativa respecto del total de transacciones de un mercado, cualquier impacto en la estructura de los negocios tradicionales, como la banca o los bienes de consumo, sería probablemente gradual. Todavía existiría alguna posibilidad de eliminar intermediarios tradicionales como minoristas y distribuidores o mayoristas, pero el proceso tardaría más en producirse. Los servicios de hospedaje —la puesta en marcha de una plataforma *online* «llave en mano», para negocios que carecen del saber hacer tecnológico adecuado—, y los servicios especializados de ayuda técnica conseguirían mejores resultados ya que responderían a las necesidades de una base amplia y fragmentada de clientes, con incentivos y capacidades limitados para desarrollar grandes habilidades técnicas u operativas.

Implicaciones para las estrategias de entrada. La temprana fragmentación del negocio de las comunidades virtuales incrementa la necesidad de plantear expectativas realistas en cuanto a su crecimiento y a su potencial de rentabilidad, en las primeras etapas. Al mismo tiempo, los organizadores de comunidad deberían hacer todo lo posible para acelerar el proceso de agregar una masa crítica de miembros y así dar rienda suelta a la dinámica de los rendimientos crecientes que puede llevar a la concentración. En esta fase, los organizadores de comunidad deberían evitar, en general, negociar relaciones a largo plazo con los vendedores, puesto que su poder de negociación es débil y corren el riesgo de verse atrapados por cláusulas que podrían ser poco ventajosas.

Si la evolución se detiene en dicha fase, se insistirá aún más en apalancar la inversión, ya que el potencial de crecimiento ha quedado mermado. La urgencia de la inversión se vería reducida, ya que la fuerzas que provoca la fragmentación crearía una serie de oportunidades, tanto para entrar en la comunidad como para adquirirla. Los vendedores a gran escala de productos o servicios tendrían razón en mantener una postura de «esperar y ver», entrando más tarde en el negocio, mediante la adquisición de comunidades ya existentes, si fuera necesario. Aunque el coste de adquisición de una comunidad sería elevado, a causa de su potencial de rentabilidad, no lo sería tanto como si la comunidad creciera rápidamente durante algún tiempo. Además, el riesgo de «quedarse fuera» sería muy reducido para los vendedores de bienes y servicios. El riesgo más importante sería el coste de la oportunidad, junto a la posibilidad de crear una comunidad patrocinada por un vendedor para profundizar las relaciones con una base de clientes.

Constelaciones concentradas

En la segunda fase de la evolución, las comunidades «amplias» en áreas temáticas importantes —los viajes, los intereses de los adolescentes o las personas que tienen una profesión relacionada con el mundo del derecho, por ejemplo—, tenderán a concentrarse, dando paso a la aparición de dos o tres comunidades muy «amplias», en cada categoría temática principal. Cada una de dichas comunidades «amplias» concentradas atraería a una «constelación» de comunidades restringidas (viajar a la costa italiana de Amalfi, por lo que se refiere a viajes; el monopatín, en lo que se refiere a adolescentes; las patentes, en lo referido a abogados). Véase figura 4-1.

Aunque esas comunidades restringidas se mantuvieran aparentemente independientes, con el tiempo pasarían a depender de la comunidad «amplia» en lo que se refiere a la generación de tráfico, a la acumulación de vendedores y a la captación de información. Esto estrecharía cada vez más los lazos entre los afiliados de las comunidades restringidas y los de las comunidades «amplias» específicas, incluyendo quizás funciones administrativas compartidas, tales como la gestión de los miembros, la facturación y el seguimiento.

En esta fase del desarrollo, los principales vencedores serían los organizadores de la comunidad amplia, que habrían reunido una masa crítica de miembros y habrían empezado a movilizar un mayor constelación de comunidades más centradas. Tendrían un poder de negociación significativo, tanto en lo que respecta a la participación de los vendedores en sus comunidades amplias como a los organizadores de comunidades restringidas en sus constelaciones. Los grandes perdedores en esta fase serían probablemente los intermediarios tradicionales (minoristas, mayoristas, y similares) cuyo principal valor añadido es la acumulación de información, y los vendedores que carecen de una fuerte imagen de marca o que no pueden acceder a los perfiles de los miembros recogidos por los organizadores de las comunidades amplias.

> *No bastará con organizar una comunidad.*

Supuestos claves que determinan esta fase del desarrollo. Esta fase del desarrollo está impulsada, en gran medida, por la dinámica de los rendimientos crecientes descrita en el capítulo 3. Un supuesto clave es que esos rendimientos crecientes son, al menos en cierta medida, propios de un tema. Por ejemplo, una masa crítica de miembros, en una comunidad de viajes, ofrecería pocas ventajas a la hora de construir una comunidad virtual dedicada a la salud.

Si estos rendimientos crecientes son propios de un tema, las comunidades amplias podrían desarrollar, con el tiempo, subcomunidades dentro de la gran área temática. Por ejemplo, no hay razón alguna, en principio, para que una comunidad de viajes amplia y bien desarrollada no pueda identificar y agrupar a los miembros que comparten una pasión o un interés por viajar a la costa de Amalfi. Se podría crear así un paquete diferente de ofertas y de entornos para que esos miembros puedan disfrutar de ellos, dentro de la oferta de la comunidad amplia.

Esto funcionaría mejor si no existiera ninguna comunidad dirigida a aquellos que estén interesados en viajar a la costa de Amalfi. ¿Qué ocurriría si existiera ya una próspera comunidad que respondiera a esta demanda y que reuniera a una importante cantidad de miembros (al menos importante en cuanto al grado de interés por el tema)? El organizador de la comunidad amplia de mayor tamaño debería ser capaz, por sí solo, de adquirir dicha comunidad o de crear una subcomunidad rival.

Sin embargo, cualquiera de estas opciones puede resultar cara debido a la dinámica de los rendimientos crecientes que el organizador de la comunidad restringida ha puesto en marcha. Para alcanzar la fase de desarrollo de las constelaciones concentradas, a las comunida-

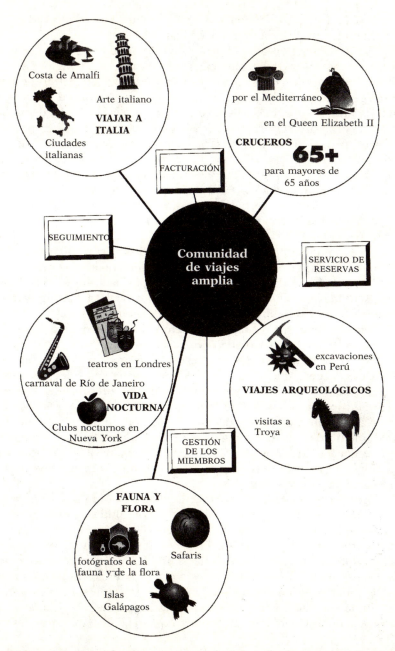

Figura 4.1. Constelaciones concentradas: ejemplo de una constelación dedicada a los viajes.

des amplias les resulta demasiado caro adquirir o competir directamente con las comunidades restringidas.

¿Cómo puede el organizador de la comunidad amplia captar gran parte del valor del propietario de las comunidades restringidas sin tener que adquirirlas? Una opción sería desarrollar algún tipo de programa de comunidades «afiliadas» para animar a los organizadores de comunidades restringidas a establecer lazos con la comunidad amplia.

Dicho programa podría ofrecer a los afiliados una gran variedad de servicios, pero el más atractivo sería seguramente la generación de tráfico para la comunidad restringida, aprovechando los programas de marketing de la comunidad amplia y la acumulación de miembros de esas mismas comunidades. Esos miembros, al menos, pueden tener algún interés por las ofertas de la comunidad restringida e incluso pueden convertirse, con el tiempo, en miembros activos de la comunidad restringida.

La comunidad amplia también podría ayudar a sus afiliados a ofrecer una mayor gama de vendedores y de anunciantes a sus miembros. La comunidad amplia, gracias a su tamaño, puede forjar relaciones bien asentadas (y algún tipo de influencia) con un grupo importante de vendedores y de anunciantes relacionados con los viajes. Las comunidades afiliadas, cuyo objetivo sea todo lo relacionado con los viajes, pueden estar interesadas en ofrecer a los miembros servicios genéricos, como alquiler de coches, reservas en líneas aéreas, y seguros de viajes. La comunidad amplia podría utilizar sus relaciones más amplias con dichos vendedores para negociar ofertas mejor adaptadas, en condiciones muy interesantes. ¿Qué condiciones podría ofrecer un proveedor de seguros de viaje a una comunidad restringida de 5.000 miembros? ¿Esas condiciones no serían mucho más ventajosas si fueran negociadas por una comunidad amplia, para dos millones de miembros, representando una mezcla de los miembros de una comunidad amplia y de sus afiliados?

De manera genérica, los organizadores de comunidades restringidas pueden considerar que su afiliación a comunidades amplias es la mejor manera de preservar su independencia, al mismo tiempo que les permite disfrutar de los beneficios de escala. Los productores discográficos que crean sellos discográficos afiliados a compañías discográficas más grandes, y los productores cinematográficos independientes que se afilian a estudios cinematográficos importantes realizan acuerdos similares, que conjugan la independencia que parece adaptarse mejor a la creatividad, con la economía que favorece a las grandes escalas.

A cambio de estos servicios, la comunidad amplia podría intentar acceder al perfil de los vendedores y al de los compradores de sus comunidades afiliadas, lo que sería probablemente su activo más importante. Un afiliado podría compartir los perfiles a cambio de servicios de marketing y de información acerca de lo que sus propios miembros hacen cuando pasan su tiempo en la comunidad amplia. La comunidad amplia será mucho más efectiva en el desarrollo de programas de adquisición de miembros para sus comunidades afiliadas si puede analizar los perfiles de sus miembros. Del mismo modo, podrá negociar mejores acuerdos para sus comunidades afiliadas, con los anunciantes y los vendedores, si conoce bien el perfil de sus miembros.

Las comunidades amplias también podrían sacar provecho de todo ello ofreciendo una gama de recursos más diversificada a sus propios miembros. Al integrar las ofertas y el contenido generado por los miembros de las comunidades afiliadas en sus propios directorios y en sus motores de búsqueda, las comunidades amplias podrían legítimamente dar la impresión de una gama mucho más extensa de ofertas y dar la oportunidad de crear un red más ancha de relaciones personales, ya que al reducir los incentivos, los miembros podrían cambiarse a comunidades competidoras.

Los tablones de anuncios electrónicos y los moderadores de tertulias que se apasionan por la costa de Amalfi y que se sentirían marginados en una comunidad de viajes más diversificada, todavía pueden estar al alcance del organizador de la comunidad amplia, sin ser incorporados directamente a esa comunidad. Esto permitiría a los moderadores mantener un cierto grado de independencia y una identidad que les distinga. De este modo, la comunidad amplia puede captar gran parte del valor que representan las comunidades restringidas sin tener realmente que comprarlas.

Supuestos claves que detendrían la evolución hacia la siguiente fase. Para que la evolución se detenga en esta fase, tendría que haber una economía de enfoque muy limitada en áreas temáticas. Desde la perspectiva de un miembro, esto ocurrirá más fácilmente si los «intereses» y las «diversiones» relacionadas con el tema siguen siendo las necesidades dominantes ofrecidas por las comunidades y si se añade poco valor (o ninguno) a los perfiles de utilización y de transacción de los miembros, mediante la ampliación de su enfoque a través de comunidades del tipo constelación (por ejemplo, sobre temas como «los viajes» y «la salud»).

Si se atiende de forma predominante a la necesidad de relaciones, probablemente será valioso para los miembros poder relacionarse con otros miembros, no sólo dentro de los límites de una constelación, sino en tipos de comunidades sin relación alguna. Del mismo modo, si se responde a las necesidades de transacción, los miembros pueden encontrar valor en el mayor poder adquisitivo que se generaría gracias a la acumulación de posibilidades de transacción a través de diferentes constelaciones. Por ejemplo, las hipotecas podrían provenir de una comunidad dedicada a las finanzas personales, de otra dedicada a la vivienda y la mejora del hogar, de una comunidad geográfica o de una dedicada a las jóvenes parejas. Un organizador de constelaciones interesado en reunir miembros a través de todas estas comunidades podría ser capaz de obtener un hipoteca más ventajosa para ellos que un organizador de comunidad individual.

Desde el punto de vista del organizador, una cuestión clave puede ser el valor potencial de los perfiles integrados de utilización y de transacción de los miembros, en diferentes ámbitos temáticos. Si las transacciones en las categorías de un solo producto o servicio tienden a concentrarse en comunidades relacionadas con un tema específico, y si los anunciantes y vendedores perciben poco valor en la integración de los perfiles de los miembros en categorías múltiples, habrá que eliminar todo incentivo importante para agrupar o concentrar perfiles más allá del nivel temático específico.

Implicaciones para la captación de valor. Esta fase de la evolución es quizás la más favorable para los organizadores de la comunidad virtual, sobre todo de las comunidades amplias que forman el núcleo de una constelación aún más amplia de comunidades afiliadas. La concentración de comunidades amplias en categorías temáticas específicas aporta la posibilidad de un tamaño y una rentabilidad importantes. Al mismo tiempo, la posibilidad de desarrollar una constelación más amplia de comunidades afiliadas aumenta el tamaño y la capacidad de rentabilidad de la comunidad amplia.

Los organizadores de comunidades restringidas están en una posición más ambigua. Por una parte, también se beneficiarán de la dinámica de los rendimientos crecientes en su área temática específica. Después de todo ¿cuántas comunidades restringidas sobre la costa de Amalfi podremos encontrar con los años? Los programas de afiliación en las comunidades amplias ofrecen la posibilidad de aprovechar el marketing y las relaciones con los vendedores y con los anunciantes. Pero los programas de afiliación también podrían reducir la rentabilidad, cada vez más, a medida que las comunidades afiliadas se vuelven más dependientes de la comunidad amplia para generar fuentes de ingresos. Por ejemplo, si la comunidad amplia acaba generando el 85 por ciento de los nuevos miembros de una comunidad afiliada, la comunidad amplia podría comenzar a cobrar una cantidad importante por cada nuevo miembro que genere. El reto para las comunidades afiliadas sería construir y mantener suficientes activos distintivos (de ellos, el más importante es el conjunto de miembros activos y fieles) para reforzar su posición negociadora con las comunidades amplias.

Los vendedores de productos y servicios pueden, de alguna manera, disponer de elementos desiguales para la creación de valor, en esa etapa de la evolución. Por una parte, las comunidades virtuales grandes y concentradas son vehículos poderosos para adaptarse y llegar hasta los consumidores. Por otra parte, la concentración entre comunidades amplias y la dependencia creciente de las comunidades restringidas frente a estas últimas plantea una situación negociadora poco atractiva para los vendedores. Particularmente, el tamaño creciente de la comunidad amplia puede facilitar a los organizadores de dichas comunidades la negociación de comisiones de transacción más elevadas por las compras realizadas por los miembros en el seno de la comunidad. El éxito de esos vendedores dependerá probablemente de su capacidad para desarrollar y mantener una fuerte imagen de marca de la comunidad virtual y para compartir al menos la información acerca de las transacciones de los miembros de la comunidad.

Los minoristas y demás intermediarios tradicionales pueden verse más amenazados en esta fase de la evolución. La concentración de comunidades virtuales ofrece la posibilidad de eliminar a los intermediarios tradicionales y establecer una relación directa con los vendedores de productos y servicios. Una vez que hayan acumulado una masa crítica de transacciones en un mercado importante, las comunidades virtuales podrían intentar captar parte del margen de los intermediarios, y lanzar un reto al valor añadido de esos intermediarios. Por ejemplo, los distribuidores y los minoristas de software de entretenimiento podrían considerar que una comunidad virtual dirigida a los jugadores de vídeojuegos ha alcanzado una envergadura suficiente como para tratar directamente con los productores de programas y ofrecerles la oportunidad de vender directamente a los miembros de la comunidad, a cambio de una comisión adecuada, evidentemente. La capacidad de los intermediarios para defenderse frente a este desafío dependerá de habilidades operativas en áreas como la logística o el seguimiento, así como de su tamaño en relación a las comunidades virtuales. Probablemente les vaya mejor a los intermediarios muy concentrados que a los muy fragmentados.

Implicaciones para las estrategias de entrada. Dada la importante capacidad de concentración que puede producir la dinámica de los rendimientos crecientes, esta etapa de la evolución subraya la necesidad de entrar temprano y de invertir fuertemente para crear una masa crítica de miembros. La elección de un enfoque apropiado de la comunidad se convierte en un elemento importante, a la vista de la posición ventajosa de las comunidades amplias en relación con las comunidades restringidas.

Los vendedores de productos y servicios (así como los intermediarios tradicionales) deberían conocer las ventajas de ser pioneros en la organización de una comunidad importante, y los riesgos de que disminuya la rentabilidad, si surgen comunidades concentradas entre ellos y sus clientes. La estrategia de «esperar y ver» puede ser muy arriesgada en estas circunstancias, debido, por una parte, al coste creciente de reproducir las capacidades de las comunidades más maduras, y al precio elevado que tendría la adquisición de una comunidad en rápido crecimiento y bien asentada. En el mejor de los casos, podría ser una opción muy costosa. En el peor de los casos, podría exponer a los vendedores a una posición negociadora cada vez menos atractiva, en relación con las comunidades que han tenido éxito en la acumulación de clientes.

Coaliciones cósmicas

En la tercera etapa del desarrollo, las comunidades amplias se agrupan en torno a áreas temáticas gracias a los organizadores de coaliciones (servicios *online* como *America Online* o su equivalente en Internet). Por ejemplo, una coalición enfocada al consumidor podría agrupar a comunidades virtuales geográficas para aprovecharse de una extensión y de unos servicios a nivel nacional, al mismo tiempo que los conjuga con una fuerte identidad local y un alto nivel de servicio. De forma alternativa, tal y como se ilustra en la figura 4-2, una coalición de consumidores podría incorporar una amplia base de constelaciones centradas en intereses tales como los viajes, los servicios financieros personales, los propietarios de viviendas, los deportes y la música. Además de ofrecer los servicios compartidos por las comunidades, dentro de una constelación (como sería el caso de un servicio de reservas dentro de una constelación de viajes), una coalición podría permitir ciertas funciones, como el aumento de la captación de miembros y de sus perfiles, para ser compartidos por todas las constelaciones de la coalición.

Tomemos otro ejemplo: podría surgir una coalición entre comunidades virtuales orientadas hacia los negocios centrados en mercados verticales específicos, como empresas siderúrgicas, petroquímicas y, sobre todo, empresas químicas. Cada comunidad virtual aportaría un enfoque muy específico y un gran saber hacer, pero el hecho de participar en una coalición más amplia facilitaría el poder proporcionar a los miembros una serie de servicios empresariales «horizontales» (como gestión de recursos humanos, relaciones con el gobierno, etc.). Estos mercados verticales representan todos a empresas donde se da un proceso de fabricación y que tienden a compartir ciertas necesidades comunes. Los servicios horizontales podrían adaptarse a dichas necesidades; la gestión de los recursos humanos podría centrarse en soluciones para el desarrollo de la plantilla, por ejemplo, mientras que un foro de relaciones con el gobierno podría facilitar información sobre la legislación en trámite, que afecta a las empresas que tienen un proceso de fabricación.

En esta etapa del desarrollo, los vencedores son aquellos que son capaces de organizar la coalición más amplia de comunidades virtuales, captando así el primer momento de la relación entre los clientes y estableciendo un control del perfil de los miembros que va más allá de

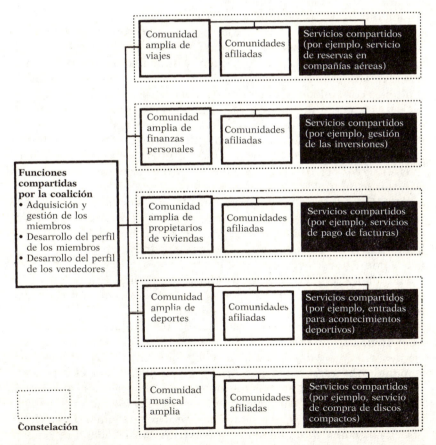

Figura 4.2. Coaliciones cósmicas: un ejemplo centrado en el consumidor.

las comunidades individuales. Los organizadores de comunidad, los vendedores y los intermediarios tradicionales son vulnerables en la medida en que un tercero, con un poder de negociación significativo, consigue colocarse entre ellos y sus clientes.

Supuestos claves que determinan esta fase del desarrollo. Para que se produzca esta fase del desarrollo, el valor debe ser lo suficientemente determinante tanto para los miembros de la comunidad como para los organizadores de la coalición, integrando la propiedad a través de comunidades amplias. El valor para los miembros de la comunidad puede provenir de diversas fuentes: la comodidad de disponer de interfaces comunes (por ejemplo, los procedimientos utilizados para localizar recursos disponibles o las órdenes utilizadas para realizar una transacción); el aseguramiento de una calidad uniforme a través de múltiples comunidades, que proviene del desarrollo de una imagen de marca excelente y de una serie de principios rectores de la comunicación entre los miembros; la comodidad de un servicio de facturación y de seguimiento integrado para múltiples comunidades; la confianza en un estupendo organizador de coalición para gestionar de manera más eficaz los perfiles de utilización y de transacción de los miembros a través de múltiples comunidades.

Las mejores coaliciones pensarán en sus miembros globalmente.

Desde el punto de vista del organizador de la coalición, el valor de integrar comunidades amplias puede residir en dos áreas: la integración de los perfiles de utilización y de transacción de los miembros y la reducción de los gastos en los programas de adquisición de miembros. Al integrar los perfiles de utilización y de transacción a través de comunidades amplias, el organizador de la coalición puede estar en posición de elaborar un perfil mucho más rico de los miembros, mejor que cualquier organizador de comunidad.

Un supuesto clave que rige esta fase del desarrollo es que un mayor número de perfiles integrados sería mucho más valioso para los anunciantes y los vendedores de bienes y servicios que unos perfiles relativamente más fragmentados, a nivel de comunidad. Por ejemplo, podrían indicar más claramente los intentos de compra de los miembros. Un miembro de una comunidad de finanzas personales que buscara una hipoteca puede estar a punto de adquirir una gama de servicios ofrecidos en una comunidad de propietarios de viviendas y de mantenimiento de hogares. Incluso en una sola categoría de transacción, la gente podría repartir sus transacciones a través de múltiples comunidades. Un buceador inquieto podría reservar billetes de avión para viajes de buceo, en una comunidad de buceo, y reservar billetes de avión para otro tipo de viajes de placer, en una comunidad de viajes.

En contrapartida, puede ser valioso agrupar perfiles de vendedores a través de las comunidades, en beneficio de los miembros. Puede ser de ayuda para los miembros conocer que el precio de un producto determinado o de un servicio puesto a la venta en la comunidad es el mejor precio ofrecido por ese vendedor en un conjunto de comunidades. Las comunidades podrían ofrecer también foros de retroinformación, para que los miembros puedan enviar su reacción, tanto positiva como negativa, ante los productos y servicios ofrecidos. Al agrupar estos foros de retroinformación a través de comunidades complementarias, el organizador de la coalición podría ofrecer una información más significativa a los miembros de cada una de las comunidades.

Otro supuesto es que esos perfiles no pudieran ser agrupados con facilidad o con eficacia, a través de las comunidades, por integradores independientes de información. Este supuesto depende del grado de «liquidez» de la información sobre la utilización y las transacciones de los miembros. ¿Desean los organizadores de comunidad que sus perfiles de utilización y de transacción estén disponibles para terceras personas, con el fin de que puedan ser añadidos a perfiles de otras comunidades? ¿Son capaces de hacerlo? Si no es así, y si esa información integrada posee un valor elevado, existiría un incentivo económico significativo para los organizadores de coalición, para empezar a realizar dicha integración de la información, en el seno de una sola coalición de comunidades «propias».

Otro incentivo que impulsa la formación de las coaliciones podría ser la oportunidad de aprovechar los gastos de adquisición de los miembros. Ya hemos señalado que éste puede ser el capítulo de gastos más importante a la hora de formar la comunidad. Se puede sacar partido a este coste a través de múltiples comunidades complementarias, atrayendo miembros en la coalición y luego comercializando los servicios de las comunidades complementarias que forman parte de la comunidad. Esto puede, a su vez, proporcionar al organizador de comunidad independiente una ventaja significativa. Aceptando que la formación de coaliciones genera un valor, tanto para los miembros como para los organizadores, es posible que esas coaliciones puedan evolucionar de forma natural (a través de un proceso de crecimiento de comunidad «fractal», que será descrito en el capítulo siguiente) en lugar de hacerlo mediante la adquisición de comunidades existentes.

Supuestos claves que detendrían la evolución hacia la siguiente fase. Es evidente que uno de los activos más poderosos acumulados por los organizadores de comunidad es el conjunto de perfiles integrados de los miembros y de los vendedores de la coalición. Mientras mantengan la propiedad de dicho activo y la autoridad continuada para añadir datos con el tiempo, los organizadores de coalición permanecerán en una posición ventajosa. Si conservan dicha posición, la evolución de las comunidades virtuales podría detenerse en esta fase del desarrollo.

La evolución podría también estancarse en esta fase del desarrollo si la tecnología empleada por las comunidades para organizar y presentar recursos guarda su primacía sobre la tecnología centrada en los usuarios, que ayuda a los miembros a localizar y a acceder a los recursos de la red. Por ejemplo, ¿podría alguien emplear un directorio con fines generales, como *Yahoo!* o una tecnología agente para localizar rápida y convenientemente toda la información que podría necesitar sobre los avances más recientes de las tecnologías de la imagen con fines médicos? ¿Podría un organizador de comunidad desempeñar un trabajo mejor de filtración, organización y presentación de esta información en una comunidad dirigida a profesionales de la salud? Si las tecnologías utilizadas por las comunidades superan a las tecnologías disponibles para los usuarios de las redes electrónicas, estos usuarios seguirán confiando en empresas especializadas para acumular y organizar los recursos que necesitan en la red. Las comunidades virtuales o las coaliciones de comunidades virtuales seguirían siendo empresas de servicios con miembros «cautivos».

Implicaciones para la captación de valor. En esta etapa, la captación de valor pasará probablemente de los organizadores de comunidad y de constelación a los organizadores de coalición. Por ejemplo, con el acceso único a los perfiles acumulados de utilización y de transacción, los organizadores de coalición podrían atraer más ingresos por publicidad y por transacción que los organizadores de comunidad. Mejor aún: al centrar el marketing ante todo a nivel de la coalición, la relación primaria con los clientes podría mantenerse en el nivel de la coalición, en lugar de hacerlo en el de la comunidad. Al igual que un miembro se une a *America Online* y no a una de sus comunidades individuales, un miembro se uniría a una coalición en vez de unirse a una comunidad individual. Esto permitiría al organizador de la coalición sacar mayor provecho de las pautas de utilización y de transacción de los miembros, gracias a la manera en que decide comercializar las diferentes partes de la coalición.

Como en el desarrollo de la constelación concentrada señalado más arriba, esta fase tiene ventajas e inconvenientes para los vendedores de productos y servicios. Unos perfiles de utilización y de transacción mucho más ricos ayudarán al vendedor a dirigirse a compradores potenciales de forma más eficaz, pero ese beneficio debe estar compensado con un mayor poder de negociación de los organizadores de coalición, al cobrar por acceder a dichos perfiles. Imaginemos a un vendedor de equipos telefónicos profesionales que sea capaz de analizar las compras de equipos telefónicos (todas las compras relacionadas con estos productos, no sólo las de los suyos) que realiza una determinada empresa, durante cierto tiempo, para descubrir clientes con un fuerte potencial de crecimiento. Imaginemos entonces que ese vendedor es capaz de anticipar nuevas decisiones de compra de equipos para esos clientes, al saber que han ampliado el espacio de la oficina. Consideremos lo que un organizador de coalición podría cobrar por poder acceder a una gama tan amplia y única de información. Una vez más, el principal argumento de los vendedores de productos y servicios es la construcción de una fuerte identidad de marca basada en el valor de productos excelentes, y en compartir la propiedad de los perfiles de utilización y de transacción de las coaliciones.

Los intermediarios tradicionales, tales como los minoristas y los mayoristas, se ven aún más amenazados en esta fase del desarrollo. Los organizadores de coaliciones a gran escala serán capaces de generar mayores volúmenes de transacción que los organizadores de comunidades amplias y tendrán una posición más ventajosa para construir relaciones directas con los vendedores de productos y servicios. Los intermediarios tradicionales se verán cada vez más limitados en cuanto a márgenes y correrán el riesgo de quedarse todos fuera, a no ser que puedan aprovechar sus habilidades operativas y un tamaño suficiente en logística y seguimiento que les permita forjarse un papel sostenible que genere cierto valor añadido.

Implicaciones para las estrategias de entrada. Esta tercera fase del desarrollo subraya la urgencia que sentirían los organizadores de comunidades amplias en centrarse en estrategias de entrada rápidas y enérgicas. Ahora, no obstante, deben centrarse también en la posible dinámica y en las consecuencias de la formación de la coalición. La estrategia de entrada ideal sería centrarse en la formación de una comunidad amplia que pudiera proporcionar una plataforma de crecimiento para una evolución natural dentro de una coalición de comunidades que, con el tiempo, lleguen a ser complementarias. Si los organizadores de comunidad virtual pueden captar un valor creciente a medida que pasa el tiempo, el organizador de comunidad enérgico querrá convertirse, de forma natural pero rápidamente, en organizador de coalición, sin tener que desarrollar un programa de adquisición oneroso para rellenar la cartera de comunidades de la coalición.

Una opción del organizador de comunidad sería un desarrollo lateral (un proceso en el cual las comunidades relacionadas se sumarían mediante un crecimiento «fractal», que explicamos en el capítulo siguiente). Otra opción para los organizadores de comunidad sería formar una coalición entre comunidades complementarias. El objetivo sería crear una especie de cooperativa que pondría en común los perfiles de utilización y de transacción, emprendería iniciativas de marketing conjuntas y proporcionaría algunas de las ventajas que podían buscar los usuarios en una relación con una coalición frente a una comunidad (por ejemplo: facturación integrada y una manera común de indexar). Al crear una cooperativa, estos organizadores de comunidad podrían disfrutar de los beneficios de participar en una coalición sin correr el riesgo correspondiente de una reducción de beneficios por el organizador/propietario de la coalición.

Desde el punto de vista de un aspirante a organizador de coalición, las estrategias de entrada deberán ser tan enérgicas, o más, que para los organizadores de comunidad. Esperar a que las comunidades surjan y se concentren, antes de organizar una coalición, puede ser costoso y difícil. Tal y como hemos visto, comprar comunidades en rápido crecimiento puede ser muy caro. Convencerlas de que se unan a una coalición ya organizada por un tercero puede ser difícil, al menos si el organizador de coalición pretende captar una parte significativa del valor creado a lo largo del tiempo.

La mejor opción para el organizador de coalición sería entrar rápidamente en el mercado, adquirir miembros de forma enérgica, y ofrecer un conjunto valioso de servicios que convencerían a los organizadores de comunidad para construir sus comunidades en el entorno electrónico creado por él. *America Online* es un ejemplo de participante no basado en Internet que se ha posicionado astutamente como un poderoso organizador de coalición. Ha realizado una fuerte inversión en la adquisición previa de miembros y ha creado un fuerte entorno operativo y de desarrollo para los organizadores de comunidad (cuyo ejemplo sería *Rainman*, el conjunto de herramientas de desarrollo que ofrece *America Online)*, convirtiéndose así en el semillero más activo para la formación de comunidades.

En el propio Internet, el papel de organizador de coalición podría ser desempeñado por una serie de participantes, incluyendo los proveedores de acceso a Internet, los proveedores de directorios y los servicios de facturación y de pago. Cada una de estas categorías de participantes tiene potencial suficiente para acumular tráfico rápidamente, que podría ser dirigido hacia las comunidades afiliadas, para elaborar perfiles integrados de utilización y de transacción de dicho tráfico, y para proporcionar servicios de valor añadido a los organizadores de comunidad. Otro tipo de participante que podría aspirar al papel de organizador de la coalición sería el servicio de hospedaje, que proporciona a los organizadores de comunidad un entorno operativo llave en mano, con capacidad para el desarrollo, incluyendo la tecnología necesaria para captar y almacenar perfiles de utilización y de transacción. Ofrecer la integración de estos perfiles a través de las comunidades afiliadas sería una prolongación natural para este anfitrión.

En todos estos casos, el reto para el aspirante a organizador de coalición sería negociar los derechos de propiedad —o al menos de gestión—, de los perfiles de utilización y de transacción acumulados por las comunidades afiliadas. Estos perfiles proporcionan al organizador de coalición la capacidad de ser un medio más efectivo para la obtención de ingresos por publicidad y por transacción, así como la información necesaria para desarrollar programas de adquisición de miembros a nivel de coalición. En muchos aspectos, el equilibrio entre los derechos de propiedad y los perfiles de utilización y de transacción entre organizadores de coalición y organizadores de comunidad influirá en el equilibrio de la posibilidad de creación de valor de ambos.

Intermediarios de información integrados

En esta cuarta etapa del desarrollo, las comunidades virtuales (o las coaliciones) se convierten en intermediarios de información especializados y de confianza, que ayudan a los miembros a captar perfiles integrados de su propia actividad *online* y luego a gestionar dicha información en nombre de todos.

Los miembros podrán ser los propios dueños de su información.

Las fases previas de la evolución comienzan todas con el supuesto de que el reto clave para el organizador de la comunidad y los vendedores que participan en ella es captar más información pormenorizada acerca de una amplia gama de miembros. Esta fase del desarrollo invierte este supuesto y supone que, al final, los miembros elegirán captar la información sobre sí mismos, a fin de poder sacar el máximo provecho de dicha información. Si esto ocurre, los organizadores de comunidad o de coalición podrían estar bien posicionados para desempeñar un papel de intermediarios en la tarea de ayudar a los miembros a recopilar y a gestionar dicha información. La diferencia clave es que la propiedad de la información seguiría perteneciendo a los miembros y no al organizador de la comunidad o de la coalición.

Muchos de los papeles que desempeñaría un intermediario de información están bastante en consonancia —y de hecho son extensiones naturales suyas— con los servicios ofrecidos por la comunidad, tal y como ya hemos visto anteriormente. Un intermediario de información podría utilizar los datos sobre la utilización y las transacciones de los miembros para filtrar los anuncios recibidos. Un intermediario de información puede también actuar como agente, buscando en la red información susceptible de ser de utilidad para los miembros, a partir de unas pautas específicas de utilización y de transacción. Por ejemplo, si un miembro acaba de comprar una casa en una nueva zona, el intermediario de información, que sabe que el miembro pertenece a un gimnasio cercano a su casa anterior, comenzaría a recopilar información acerca de los gimnasios locales. Un intermediario de información podría incluso ayudar al miembro a organizar los datos de utilización y de transacción para aplicarlos en la elaboración de presupuestos, la planificación de impuestos y de bienes inmobiliarios. Los intermediarios de información podrían proporcionar a vendedores seleccionados un acceso limitado a la información de los miembros, para ayudarlos a adaptar más eficazmente sus productos y servicios a las necesidades de los miembros. Finalmente, el intermediario de información ayudaría a los miembros a sacar el máximo provecho económico de dicha información, subastando el derecho de acceso controlado a esa información, de acuerdo con los deseos de sus miembros en lo que a privacidad se refiere.

Hasta que los organizadores de comunidad o de coalición alcancen este papel, su enfoque puede ir más allá de la organización de un entorno de contenido y de comunicación distintivo para que los miembros puedan gestionar la información (que podría ir más allá del perfil de actividad en una sola comunidad o coalición para abarcar toda la gama de actividades *online* —y quizás también *offline*— de sus miembros). De hecho, para hacer esto de forma eficaz y creíble, los organizadores de comunidad o de coalición pueden tener que rechazar las ofertas de su comunidad o coalición inicial para evitar que parezca que quieren favorecerlas. De este modo, el negocio de la comunidad virtual puede evolucionar hacia una comunidad basada exclusivamente en la gestión de la información para sus miembros.

De hecho, si la tecnología utilizada para la acumulación de usuarios evoluciona con suficiente rapidez, el negocio de la comunidad podría pasar de ser una empresa de servicios a ser una herramienta. En otras palabras, la fuente primaria de valor añadido podría ser el desarrollo y la venta de herramientas informáticas que ayudarían a los usuarios a sumar recursos por sí mismos y a sacar el máximo provecho de la información sobre la utilización y las transacciones que ellos mismos han captado.

Los ganadores en esta fase del desarrollo serán los organizadores de comunidad y de coalición que se hayan convertido con éxito en intermediarios de información. Todo el que haya elaborado un modelo de negocio asumiendo la propiedad permanente y exclusiva de la información sobre los clientes claves será vulnerable. De forma más general, aquellos que carezcan de la habilidad para extraer el máximo valor de la información acerca de los clientes serán también vulnerables, puesto que no son apropiados para el papel de intermediarios de información. También se verán cada vez más apartados del acceso a la información sobre clientes claves porque son incapaces de proporcionar suficiente valor a cambio de dicho acceso.

Supuestos claves que determinan esta fase del desarrollo. Esta fase del desarrollo se basa en tres supuestos claves. El primero es que el ordenador puede convertirse en un medio eficaz y adecuado para la captación de perfiles de utilización y transacción verdaderamente exhaustivos, de todo aquél que accede a redes electrónicas como Internet (o sea, los usuarios de las redes electrónicas). La tecnología de que disponen ya los buscadores más conocidos de Internet indica que los usuarios de las redes electrónicas pueden captar de forma transparente perfiles muy detallados sobre toda la gama de sus actividades *online*, con el software instalado en su ordenador. Esta tecnología que se denomina *cookie* fue introducida por primera vez por *Netscape* como característica de su buscador y capta la información sobre las actividades específicas de los usuarios en *webs* individuales y la almacena en el ordenador del usuario.

El segundo supuesto clave es que el respeto a la privacidad hará cada vez más difícil para los vendedores (o para los organizadores de comunidad o de coalición) el poder captar una serie tan detallada y tan exhaustiva de informaciones como la que pueden captar los propios usuarios desde sus ordenadores. La paradoja es que cuanto mejor sea la tecnología, en lo que se refiere a la captación de la información, más se preocupará la gente por su privacidad. La única manera de resolver esta paradoja puede ser reconocer que los propios usuarios son los propietarios de pleno derecho de sus propios perfiles de utilización y de transacción. Un vez que se ha dado ese salto, se puede equipar a los usuarios con medios robustos para la captación de información y permitirles que determinen si quieren —y en qué condiciones lo desean— poner a disposición de terceros la información proveniente de la utilización y las transacciones. La privacidad deja de ser un problema porque es el usuario quien autoriza la divulgación de la información.

El tercer supuesto es que los usuarios buscarán los servicios de intermediarios especializados y de confianza —los intermediarios de información—, para que se encarguen de organizar dicha información y de extraer de ella el máximo valor que se pueda. Tal y como vimos antes, el valor para el usuario puede adoptar diversas formas, y en la mayoría de los casos, gran parte de ese valor puede tener la forma de servicios no monetarios y de un acceso a productos y servicios más adaptados.

Con el tiempo, puede ser que los propios usuarios desempeñen los papeles de intermediarios de información con un poderoso paquete de herramientas tecnológicas que consisten en filtros inteligentes, en tecnología agente, en sistemas expertos y en programas de puja. En el futuro inmediato, sin embargo, el supuesto es que existirá un papel valioso para un agente físico —es decir humano— que ayude a los usuarios a recopilar y a gestionar los datos de utilización y transacción. Esto es especialmente cierto si los intermediarios de información acumulan también los perfiles de los vendedores en beneficio de los miembros y añaden valor desarrollando medios para contrastar dicha información con los perfiles de los miembros. Por ejemplo, a partir de la situación en la que un vendedor de equipos de oficina es más susceptible de realizar descuentos, un organizador de comunidad que se dirige a responsables de oficinas podría trabajar con los miembros para estructurar sus compras de tal forma que aumentaría la probabilidad y el importe de los descuentos.

Si surgen estos intermediarios de información especializados, es probable que los organizadores de comunidad o de coalición sean candidatos naturales a desempeñar dicho papel. Habrán desarrollado una relación de confianza con sus miembros, basada en la reputación de calidad y fiabilidad que puede aumentar en las comunidades con éxito. Y lo que es más importante aún, las comunidades y las coaliciones se posicionarán como defensoras del interés de los miembros, en sus relaciones con la gran variedad de vendedores de productos o de servicios que son importantes para la comunidad. Además, los organizadores de comunidad y de coalición tendrán un sólido saber hacer en el campo de la tecnología y de la gestión aplicables a la captación de información *online* y a su aplicación para generar rentabilidad económica.

Implicaciones para la captación de valor. En esta fase de su desarrollo, las comunidades virtuales probablemente no poseerán uno de los activos claves que rigen la creación de valor en las primeras fases del desarrollo: perfiles detallados de utilización y de transacción de los miembros. Éstos no pertenecerán ni a la comunidad ni a la coalición sino a los propios miembros. En esta situación, la captación de valor a largo plazo por parte de las comunidades virtuales o de las coaliciones dependerá de su habilidad para transformarse en guardianes de confianza de dicha información y de cobrar los derechos adecuados por los servicios prestados. Las comunidades y las coaliciones que no realicen dicha transición pueden ver cómo su inversión en la construcción de la comunidad y en la captación de la información relacionada con la utilización y las transacciones no genera los rendimientos adecuados.

En la medida en que surjan las coaliciones de comunidades, los propietarios de dichas coaliciones pueden tener ventaja con respecto a los organizadores de comunidades individuales. Los organizadores de coaliciones pueden estar en mejor posición para realizar la transición hacia el papel de intermediarios de información especializados, gracias a la amplitud de su relación con los miembros y la profunda experiencia que desarrollan al gestionar una amplia gama de información sobre los miembros.

La creación de valor para los vendedores de productos y servicios en esta fase del desarrollo dependerá de su capacidad para realizar un cambio similar en su enfoque. El potencial para obtener rendimientos por encima de la media en esta fase del desarrollo dependerá en menor medida del acceso privilegiado a la información sobre los clientes y en mayor medida de las habilidades necesarias para extraer esa información y devolver un valor tangible a los clientes, mientras que al mismo tiempo se saca el máximo valor para el vendedor. Estas habilidades incluyen la capacidad para centrarse en categorías de información sobre el cliente que tengan el mayor potencial comercial, para identificar las oportunidades comerciales específicas que residen en la información del cliente y para responder a dichas oportunidades comerciales rápidamente. Los vendedores de bienes y servicios que tienen una mayor habilidad en este terreno estarán en mejor posición para realizar la puja más alta por el derecho a acceder a la información proporcionada por los perfiles de utilización y transacción, acumulados por los usuarios de las redes electrónicas. Contrariamente a la situación actual, en que la información es captada como producto derivado de la interacción con los clientes, éstos podrán, en este nuevo contexto, denegar el acceso a la información, a menos que el vendedor esté dispuesto a pagar por ella más que cualquier otro.

Una vez más, los intermediarios tradicionales estarán en una posición de relativa desventaja en esta fase del desarrollo. Gran parte de la creación de valor de minoristas y mayoristas, a lo largo de las pasadas décadas, ha sido el resultado de un mayor acceso a la información sobre los clientes. Si los clientes comienzan a reivindicar la propiedad sobre esta información y el derecho a ponerla a disposición de quien haga la puja más elevada (o no ponerla a disposición de nadie), este acceso privilegiado de los minoristas y de los mayoristas se reducirá. La capacidad para seguir creando valor dependerá de los servicios con valor añadido que *no* estén basados en esa información.

Implicaciones para las estrategias de entrada. Esta fase del desarrollo subraya una necesidad aún más temprana de desarrollar profundas habilidades para la extracción de valor comercial a partir de los perfiles de utilización y transacción de los miembros. Los organizadores de comunidad con mayores habilidades en este terreno tendrán más credibilidad en su esfuerzo por convertirse en guardianes de dicha información.

Esta fase del desarrollo incrementa también la importancia de desarrollar una posición explícita como defensores del interés de los miembros, en lugar de como representantes de los vendedores que quieren llegar hasta los miembros. De forma más específica, esto significa que deben tomar medidas enérgicas para equipar a los miembros con las herramientas necesarias para sacar el máximo provecho de su capacidad para captar valor relacionado con los vendedores de la comunidad. Al adoptar esta postura, el organizador de la comunidad será capaz de presentarse como el guardián de confianza de los perfiles de utilización y transacción de los miembros, en lugar de un agente favorable a los vendedores que quieren llegar hasta los miembros.

Reflexión acerca de los posibles resultados

Esta perspectiva general de la evolución potencial del negocio de la comunidad virtual pone de relieve una serie de puntos. En primer lugar, sugiere que se trata de una batalla con apuestas importantes. Lo que realmente está en juego es determinar quién será el propietario de los clientes, al menos en las redes electrónicas y quizás de forma más general. En segundo lugar, la mejor manera de conseguir «la propiedad» de los clientes puede ser, en realidad, defenderlos, proporcionándoles las herramientas necesarias para que incrementen su poder de negociación frente a los vendedores. Esto proporciona una base

> Los «propietarios» del cliente serán los «defensores» del cliente.

para la fidelidad y la confianza que será profunda y duradera. En tercer lugar, el enfoque de muchas comunidades virtuales es susceptible de pasar, con el tiempo, de proveer información y servicios de comunicación a los miembros, a proveer un entorno para la transacción que aproveche plenamente el poder de los miembros como clientes. En cuarto lugar, el potencial para la creación de valor en cualquier momento del tiempo dependerá de una cuestión clave: ¿quién detenta la propiedad de los perfiles acumulados de utilización y transacción de los miembros de las comunidades virtuales? Finalmente, las comunidades virtuales son poderosas plataformas para el crecimiento, y los organizadores que exploten de forma enérgica dicho potencial, respondiendo a una gama cada vez más amplia de necesidades, de una gama cada vez más amplia de miembros, pueden llegar a ser los vencedores.

SEGUNDA PARTE

CREAR UNA COMUNIDAD VIRTUAL

5
ELEGIR LA MANERA DE ENTRAR

Decidir dónde se *desea* competir en el negocio de las comunidades virtuales requiere un mínimo de conocimiento de dónde se *puede* competir. ¿Qué tipo de comunidades pueden surgir de entre todas las posibles? ¿Cuáles son los indicadores a corto y a largo plazo de su rentabilidad y crecimiento futuros? ¿Qué sabemos de los activos o de las habilidades de una empresa, que puedan informarnos sobre sus posibilidades de éxito futuro en la red? Este capítulo proporciona algunos de los parámetros que puede usar mientras elige el lugar donde quiere crear una comunidad virtual.

En los capítulos anteriores hemos explicado por qué motivos el negocio de las comunidades virtuales se presenta como una pugna donde hay mucho en juego. Hemos hecho un análisis detallado de la economía de estas comunidades para darle una idea de cómo pueden proporcionarle ganancias reales. Y hemos examinado las formas hacia las cuales podría evolucionar el sector de las comunidades virtuales en su conjunto, a medida que éste madure.

Lo que todavía no hemos hecho es abordar la cuestión más pragmática: ¿cómo puede su empresa empezar a plantearse entrar en el negocio de las comunidades virtuales? ¿Cuáles son los diferentes puntos de entrada? ¿Cómo evaluarlos? ¿Qué criterios seguir para elegir dónde competir en el campo de las comunidades virtuales?

En este capítulo, empezaremos a contestar a estas preguntas, procurando ayudarle a entender cuáles de sus activos y habilidades puede utilizar para sacar ventaja del potencial que detentan las comunidades virtuales. En capítulos posteriores, se especificará qué estrategias de entrada específicas puede utilizar, cómo organizarse una vez que ha entrado, y cómo prepararse ante los desafíos tecnológicos con los que probablemente se encontrará.

La decisión de dónde competir debe tomarse a tres niveles. Los dos primeros tienen que ver con qué tipos de comunidad (en los contextos del consumidor y de empresa a empresa) tienen mayor posibilidad de crear valor a corto y largo plazo. El tercero analiza si algunas empresas están mejor situadas que otras para organizar cierto tipo de comunidades; en otras palabras, ¿existe algo así como un «propietario natural» en el campo de las comunidades virtuales?

Indicadores de potencial económico a corto plazo

La mayoría de los participantes en la red se han limitado a organizar un tipo determinado de sitio, en gran parte debido a ciertos intereses previos, o movidos por el deseo de expandir un negocio existente directamente en la red. Un menor número de ellos han estudiado sistemáticamente todas las posibilidades, han segmentado el mercado, y se han centrado en un área, debido a sus ventajas económicas. Esto es comprensible dado que el sector es muy reciente. Pero los participantes deben empezar ahora a estudiar deliberadamente el tipo de comunidad que quieren organizar *antes* de adentrarse en este campo. Existen varios factores que, con bastante seguridad, podemos prever que tendrán un impacto en el valor de las comunidades. Como explicaremos más adelante, algunos tipos de comunidades se beneficiarán más de estos factores que otros y los pasos a seguir para organizar cierto tipo de comunidades pueden no ser obvios a primera vista. Por ejemplo: ¿un banco que concede préstamos para la adquisición de automóviles debería enfocar su comunidad en las personas interesadas en coches, en los padres con niños pequeños o en los propietarios de viviendas situadas en las afueras de la ciudad?

La vía de entrada al negocio de las comunidades virtuales puede no ser obvia.

Como ya hemos hecho nosotros mismos este ejercicio, en numerosas ocasiones, creemos que si se reflexiona y se analizan los pros y los contras suficientemente, podemos justificar la existencia de una comunidad virtual en cualquier terreno que se mencione. Pero las comunidades se distinguen por su diferente capacidad para crear valor. Diversos factores influyen en esta capacidad.

Tamaño de la comunidad potencial

Estimar el tamaño potencial máximo de un tipo de comunidad determinado implica llegar a una respuesta, gracias a la evaluación de distintos factores.

Las estadísticas demográficas pueden ser útiles. Para una comunidad de padres, el punto de partida es el número de padres. Si la comunidad tiene un enfoque especial, el grupo se puede subdividir. Puede que quiera crear una comunidad para padres hispanohablantes, por ejemplo. Si está montando una comunidad dedicada a una ciudad como Londres, ¿cuál sería la medida más relevante de la comunidad? ¿El número de personas que viven en la ciudad, las que trabajan en la ciudad, el total de visitantes anuales o alguna combinación de esas tres? Dependerá del enfoque que le quiera dar a la comunidad.

La información sobre el dinero gastado es un indicador todavía más importante del tamaño de su grupo objetivo. En el caso de los viajes, el número de gente que se ha gastado dinero en viajes, en los últimos doce meses, debería ser un indicador del tamaño potencial total de la comunidad. A veces —y los viajes son un buen ejemplo de ello—, es importante definir cuidadosamente el enfoque de la comunidad: ¿es una comunidad para todos los viajeros o sólo para los que viajan por placer o por negocios? Otra medida es el número de personas que compra información sobre el tema en cuestión. ¿Cuántas personas están abonadas a revistas o periódicos? ¿Cuántas personas han recurrido a servicios de información electrónica relacionados con el tema?

La pertenencia a asociaciones o grupos es otro indicador importante, ya que el hecho de pertenecer a estas asociaciones a menudo demuestra un interés más que fortuito en el tema en cuestión. Estas asociaciones o grupos podrían incluir asociaciones empresariales, grupos que comparten una afición, o grupos representativos como la Asociación Americana de Personas Jubiladas.

Todos estos factores deben tenerse en cuenta para conseguir la mejor estimación del tamaño potencial de la comunidad. Dada la naturaleza del medio, también es importante no olvidar incluir a personas de otras áreas geográficas: las comunidades de personas de habla inglesa pueden atraer a miembros de muchos otros países, además de los Estados Unidos y del Reino Unido.

El valor relativo de estar presente en la red

Una cosa es que haya, pongamos por caso, 15 millones de personas potencialmente interesadas en viajar. ¿Pero cuántas de ellas acabarán navegando en la red? La respuesta depende en parte del número de personas que poseen el equipo físico para navegar por las redes electrónicas. ¿Cuántas de ellas poseen o tienen acceso a ordenadores personales equipados con módems? ¿Qué dificultad o qué precio tiene conectarse a la red? Luego hay una serie de elementos más subjetivos: ¿cuánto valor suplementario aporta el medio electrónico respecto a las alternativas no electrónicas? ¿Un servicio electrónico sería significativamente más barato o más eficiente? ¿Podría un servicio electrónico proporcionar posibilidades únicas, tales como encontrarse y conectarse con personas o empresas que de otra forma serían difíciles de encontrar?

En el caso del deporte, las comunidades conectan a los hinchas de una forma que las revistas o incluso los acontecimientos deportivos no lo pueden hacer: en una comunidad, los hinchas pueden intercambiar historias, darse consejos e incluso competir entre ellos en equipos simulados. Otros tipos de comunidades pueden ayudar a los clientes a comparar productos: aquellos que quieran adquirir una vivienda mediante un préstamo hipotecario pueden comparar más fácilmente docenas de alternativas a través de la red que llamando a cada banco por separado y negociando con el servicio al cliente. Los bancos podrían incluso incentivar este tipo de servicio para ahorrarse los honorarios de los agentes de hipotecas. Las pequeñas empresas de exportación valorarían el tiempo que ahorrarían con una comunidad que les ofreciera un «sitio multi-compras» donde adquirir desde material de oficina y papelería hasta información sobre tarifas y servicios financieros. En los mercados fragmentados o allí donde existen barreras geográficas, los medios electrónicos pueden marcar una diferencia sustancial, pues ayudan a los suministradores a identificar a los clientes, y viceversa. Los jardineros que busquen plantas raras pueden encontrar los viveros que las venden. Los compradores de equipo especializado de segunda mano pueden encontrar a quienes estén dispuestos a venderlo.

El valor de pertenecer a una comunidad

Hemos descrito anteriormente cómo las comunidades satisfacen nuestra necesidad de interactuar para conseguir relaciones, interés, transacción y fantasía. Partiendo de esto, otra medida del potencial de una comunidad es el grado de necesidad de sus miembros potenciales. Los padres, por ejemplo, están ansiosos por obtener información sobre infinitos aspectos de la educación de los niños. Sufren altibajos emocionales durante el proceso y muchos de ellos desearían compartirlos con otros padres. También necesitan hacer una amplia gama de compras (como servicios sanitarios, cochecitos, alimentos para bebés) que ellos podrían hacer de forma más eficiente y efectiva gracias a los consejos de compradores anteriores. Así pues, una comunidad de padres podría, con toda probabilidad, aportar mucho valor a sus miembros. En el mundo de los negocios, las comunidades basadas en mercados donde los productos son complejos y difíciles de evaluar (como, por ejemplo, programas informáticos o equipos de alta precisión) pueden ser muy valiosas para sus miembros, que querrán comparar sus experiencias con otros compradores de los mismos productos.

La probable intensidad del comercio

Puede ser útil entender el volumen de transacciones llevadas a cabo por la comunidad objetivo, el tamaño medio de cada transacción y la cantidad de publicidad empleada normalmente para llegar a ellos. Pero también se puede correr el riesgo de centrarse demasiado en este factor. Después de todo, sólo es uno entre tantos. Como hemos dicho anteriormente, la comunidad debe pasar antes que el comercio. Aun así, vale la pena entender este factor rápidamente, especialmente si, más tarde, puede afectar a la economía de una comunidad. Una comunidad para artistas nunca tendrá el mismo potencial económico que una comunidad de padres, por muchas obras que vendan y por muy ricos que sean los patrocinadores de la comunidad.

La profundidad fractal

La «profundidad fractal» de una comunidad es el nivel hasta el cual se la puede segmentar. El espíritu de comunidad, como lo refleja la importancia de las relaciones y los papeles de los miembros comunitarios, es lo que hace de una comunidad virtual un modelo de negocio tan poderoso. Si este espíritu tiende a ser mayor en los grupos pequeños —donde es posible que la gente tenga más cosas en común—, entonces nos interesa dividirla en el mayor número posible de subcomunidades más pequeñas. Esto es lo que denominamos la «profundidad fractal» de una comunidad.

Utilice la «profundidad fractal» para crear interés y reforzar las relaciones entre miembros.

Utilicemos un ejemplo para lustrar este concepto. Una comunidad de viaje se puede segmentar según diferentes líneas: por geografía, por tipos de viajes (viajes en avión, cruceros, viajes en tren) y por la razón del viaje (cultura, historia, afición, deporte). Si tomamos por ejemplo la división geográfica, se la puede subdividir a su vez por continentes, dentro de los continentes por países, y dentro de los países por ciudades. (Véase el gráfico 5-1.) Con el tiempo, puede desarrollar una amplia gama de subsegmentos. Es imposible predecir con precisión lo que aparecerá, porque todo depende de las preferencias de sus miembros. Quizá se creen pequeñas comunidades para los habitantes de Venecia, los incondicionales del Orient Express o los que practican el trekking en el Himalaya. Nadie lo puede saber hasta que la comunidad se desarrolle y exista por sí misma. Pero sí es posible analizar lo que puede aparecer y de esta forma evaluar la profundidad potencial de una comunidad.

La profundidad fractal puede ser un indicador útil del valor que la comunidad tendrá para los anunciantes y los vendedores. Cuantas más veces se subdivida una comunidad, mayor posibilidad tendrá de crear subcomunidades pequeñas y especializadas a las que los miembros se dediquen más (y en las que pasen más tiempo) que si se tratara de una comunidad con cientos de miles de usuarios. En este sentido, la complejidad es saludable. Además, cuanto más centrada esté una comunidad, mayor será probablemente el interés de los miembros y por lo tanto, con toda probabilidad, más dispuestos y deseosos estarán de recibir publicidad relevante y de efectuar transacciones.

En el capítulo 4 hemos comentado cómo podría evolucionar el sector de las comunidades virtuales con el tiempo. Hemos hablado de la aparición posible de «constelaciones» de comunidades, en las cuales las comunidades que comparten ciertas características podrían asociarse entre ellas. Los organizadores de las comunidades más fuertes tendrían la posibilidad de ganar poder dentro de estas constelaciones. Una forma de determinar cuál es la «más fuerte» sería ver la profundidad que una comunidad ha sido capaz de alcanzar en una área determinada; esto la colocaría en una buena posición para convertirse en una comunidad «amplia». La profundidad fractal permitiría por lo tanto a una comunidad alcanzar una etapa más de crecimiento.

Tipos de comunidades

Para evaluar el potencial de crecimiento de diferentes comunidades siguiendo los criterios descritos, ¿por dónde se empieza? Existen infinitas posibilidades.

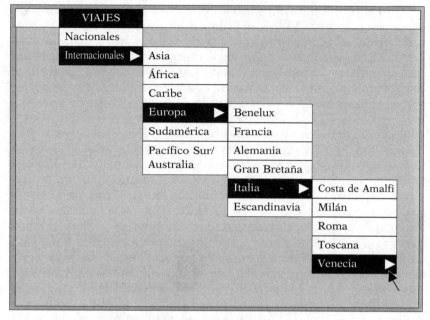

Gráfico 5.1. Comunidades «fractales».

¿Cómo debemos proceder para no perder de vista ninguna oportunidad clara? Será de gran ayuda pensar en términos de los principales tipos de comunidades comerciales que pueden aparecer en los próximos años.

Las comunidades centradas en los consumidores

En el mundo del consumidor, el desarrollo de comunidades puede tener lugar en una de estas tres direcciones: geográfica, demográfica o temática. Dividir el mundo de las posibles comunidades en función de estas tres líneas puede ayudarle a asegurarse que, al menos en un nivel amplio, no está dejando pasar ninguna oportunidad.

Comunidades geográficas. Las comunidades geográficas se forman en torno a un lugar físico, en el cual los participantes de la comunidad tienen un interés común, por lo general porque están físicamente ubicados allí. Los sitios electrónicos que se centran en cualquier parte del mundo ya han empezado a brotar. Nueva York, sede de muchas jóvenes empresas en Internet, tiene varios. Uno de los más conocidos y desarrollados es *Total New York* («donde Nueva York alcanza la red»), que ofrece editoriales relevantes sobre la cultura en Nueva York («PULSE - el latido de la cultura») así como información sobre lo que está pasando en Manhattan («URBAN ACCESS - la guía completa de la ciudad de Nueva York»). Ostenta una lista de más de 30.000 restaurantes, museos, tiendas y otros establecimientos; revistas de arte, danza y teatro; foros en los que participan escritores de renombre, y tertulias para comentar planes del fin de semana, entre otras cosas. Otra comunidad, *Metrobeat*, se centra en la información sobre los espectáculos neoyorquinos y proporciona mapas para situarlos. Los sitios se multiplican en lugares tan diversos como Amsterdam (*Amsterdam Channel*), Rusia (*Russia Alive!*) y Sudáfrica (donde el *Electronic Mail & Guardian* ofrece noticias, una sección de empleo para publicar curricula y un calendario de apuestas deportivas conocido como el primer casino *online* de Sudáfrica).

Los miembros valoran estos sitios por la información que les proporciona sobre lo que tiene lugar en su comunidad física. Este tipo de comunidades también puede estimular la interacción política y social a nivel local. Un periódico local americano, el *South Bend Tribune* en Indiana, por ejemplo, colocó en la red un resumen del presupuesto del condado. Los lectores pudieron descargar el presupuesto en forma de hoja de cálculo, analizarlo, mandarse comentarios entre sí, a través de un tablón de anuncios, y formular preguntas al asistente del auditor del condado en un foro electrónico. Los resultados aparecieron publicados en el periódico.

Si nos basamos en lo que crea valor, las comunidades geográficas pueden parecer atractivas sobre todo a corto plazo si se centran en zonas amplias o en ciudades que tienen subcomunidades muy fuertes. Pero su eficacia como vehículos de transacción, tales como encargar comida para llevar o reservar billetes, puede resultar relativamente limitada.

Comunidades demográficas. Las comunidades demográficas se centran en el sexo, la edad o el origen étnico de sus miembros. Algunos ejemplos pueden ser comunidades para adolescentes, padres o madres solteros/as, padres cuyos hijos se han independizado, y personas mayores. Este tipo de comunidades sólo está empezando a surgir pero los primeros indicios sugieren que pueden ser muy atractivas para sus participantes. Hemos mencionado anteriormente *Parents Place*. *Parent Soup* es otro sitio para padres, que ofrece una mezcla de tablón de anuncios y de tertulias sobre «ingredientes» tales como «Bebé», «Dinero», «Deportes», «Viajes« y «Personales». Los «Tablones de anuncios de padre a padre» cubren temas tan variados como la adopción, las familias multilingües, los padres de hijos únicos, «la selección de los padres» (que ofrece productos y servicios recomendados por otros padres) y anuncios personales: «¡Padres solteros: vengan y encuentren, en la red, un compañero para el verano!» es un ejemplo de este último. Uno de los múltiples sitios étnicos es *Phoenix TeaHouse*. Forma parte de una comunidad para americanos de origen asiático, ofrece artículos, cartas y otro tipo de información sobre temas que incluyen negocios («*Tea Trader*»), salud y forma física y oportunidades de empleo. También proporciona tablones de anuncios y foros de tertulia. La propuesta de valor de todos los sitios mencionados anteriormente es que permiten a las personas «encontrarse» unas a otras, más allá de las fronteras geográficas. Una comunidad de personas mayores puede ayudar a las personas a encontrar un compañero para cruceros o viajes largos, mientras que una comunidad para niños puede ayudar a un joven con un interés particular, ya sea construir modelos reducidos de aviones o vivir con cierto tipo de enfermedad, a encontrar otros niños con el mismo interés. Las comunidades demográficas con toda probabilidad darán buenos resultados en cuanto a tamaño; en general cubrirán mejor las necesidades generacionales que las comunidades geográficas; y, en algunos casos (como los de las familias jóvenes, que suelen coincidir casi siempre con los compradores de casas), estimularán transacciones importantes.

Comunidades temáticas. Las comunidades temáticas se centran en temas de interés (excluyendo la geografía, el sexo o la etapa vital de la persona) e incluyen comunidades dedicadas a aficiones y pasatiempos, como la pintura, la música o la jardinería, así como a asuntos de interés, como la política o las creencias religiosas. Muchos sitios en la actualidad están centrados en un tema, y unos cuantos de éstos pueden calificarse de comunidades emergentes. En el campo de las inversiones personales, ya hemos mencionado *Motley Fool* de *America Online*. Otra comunidad emergente en este sector es *Silicon Investor*, un sitio con más de 48.000 usuarios que ofrece contenido publicado, tales como perfiles de empresas y artículos preparados por los escritores del sitio; proporciona asimismo instrumentos analíticos que permiten al inversor comparar los resultados bursátiles de distintas empresas dentro de un sector industrial y crear gráficos que plasmen esos resultados; también dispone de una tertulia para comentar valores tecnológicos. Como buen ejemplo de integración de la comunicación con el contenido, aquí los comentarios de los usuarios inscritos se mandan junto a los gráficos de los respectivos resultados bursátiles.

Una comunidad de viajes emergente es *Travelocity*, que pertenece a *AMR*, la casa matriz de *American Airlines*. Ofrece una guía de espectáculos y actividades en todo el mundo; artículos de escritores especializados en viajes; tablones de anuncios; foros de tertulia donde se pueden comentar, con escritores especializados en viajes, temas como viajar con niños o animales; ofrece también la posibilidad de comprar billetes, equipaje, guías de viaje y otros productos. El valor de las comunidades temáticas reside en su capacidad de facilitar a personas con intereses parecidos el acceso de unos a otros, así como a información especializada. Las comunidades temáticas tenderán a variar mucho en cuanto a tamaño potencial pero darán buenos resultados en cuanto a transacciones y profundidad fractal, por la intensidad y dedicación que con toda probabilidad encontrarán entre sus miembros.

Comunidades de empresa a empresa

También es probable que aparezcan muchas comunidades centradas en el negocio, en contraposición a las que se centran en los consumidores. Éstas deben considerarse desde un punto de vista diferente.

Comunidades de empresas verticales. La comunidad de empresas verticales será probablemente una de las formas más extendidas entre las primeras comunidades de negocios. Quizás el mayor número de ejemplos emergentes se encuentre en la industria de alta tecnología, concretamente la de programas informáticos, donde los promotores están formando grupos de usuarios para dar y recibir consejos a la hora de seleccionar material informático y apoyarse mutuamente, más allá de lo que pueda ofrecer el servicio de atención al cliente de las principales empresas de software. En algunos casos, estos grupos están cambiando las cosas y proporcionando información al proveedor de software.

Hay otros muchos ejemplos de comunidades verticales emergentes, tales como *Physicians Online, Agriculture Online, Biospace* (que ofrece sus servicios a la industria biotecnológica) y *Virtual Garment Center* (que ofrece sus servicios al sector de la confección y está cuidadosamente enfocada a emparejar proveedores y compradores). Estos sitios proporcionan información y permiten a las personas de un mismo sector conectar entre ellas de forma eficaz. Muchos de ellos sólo están empezando a facilitar e incentivar la interacción entre sus miembros. *Agriculture Online*, por ejemplo, ofrece un servicio de noticias sobre agricultura, artículos de la revista *Successful Farming* (publicada por el organizador del sitio) y tablones de anuncios, que al parecer son bastante utilizados. El más activo de éstos es *Farming Weather*.

Counsel Connect Web, un servicio *online* para abogados, ofrece tablones de anuncios sobre artículos periodísticos jurídicos, acceso a *Experts On Call*, un servicio de conserjería electrónica que busca recursos en Internet, una base de datos de abogados y anuncios por palabras de varias revistas jurídicas de Estados Unidos. Este tipo de comunidades probablemente variará en tamaño, en función del tamaño del sector en cuestión, así como de la posibilidad de acceder a éste por vía electrónica. Cuanto más penetre la tecnología informática en un sector determinado, más posibilidades hay de que se creen comunidades y se cree valor.

Comunidades funcionales. Este tipo de comunidad cubrirá las necesidades de los usuarios que representen una función comercial específica como marketing o compras. Los sitios varían desde *IBEX* (información sobre compras) hasta un sitio patrocinado por el Consejo de Gestión Logística. En la actualidad, las necesidades de los ejecutivos operativos de estar informados e interconectados se cubren sobre todo a través de revistas especializadas, asociaciones profesionales, ferias de muestras y conferencias. Las comunidades virtuales podrían aportar algo significativo a este conjunto de opciones. Facilitarán la intercomunicación de una generación emergente de ejecutivos que se encuentran a gusto cuando interactúan por vía electrónica, aunque estas interacciones nunca podrán sustituir completamente las ferias comerciales y las conferencias del sector. Como lo han demostrado ya las comunidades virtuales no comerciales existentes, la gente seguirá necesitando a menudo contactos cara a cara.

Las comunidades funcionales también ayudarán a los ejecutivos a procesar la información de forma más eficiente. Los participantes tendrán la posibilidad de acceder a más información que nunca y además de forma selectiva. Por ejemplo, una empresa llamada *Individual, Inc.*, puede insertar cada día en el buzón electrónico de un ejecutivo un conjunto de artículos periodísticos sobre ciertas empresas preseleccionadas por el ejecutivo. El atractivo de las comunidades funcionales dependerá probablemente de los mismos factores que las comunidades de empresas verticales, es decir, dependerá de si la función en cuestión es amplia y relativamente competente en cuanto a tecnología electrónica. Por ello, las comunidades tenderán a surgir en primer lugar entre los profesionales de las tecnologías de la información, de investigación y desarrollo y de análisis de mercados y a partir de ahí a expandirse al marketing y posiblemente a las ventas, las finanzas, los recursos humanos y la administración.

Comunidades geográficas. Hemos hablado de las comunidades geográficas en el apartado dedicado a las comunidades orientadas hacia el consumidor y pensamos que también tienen la posibilidad de aparecer en las comunidades comerciales. Puede tratarse de ramificaciones de comunidades de consumidores locales, en las que los negocios que atienden las necesidades de los consumidores en un lugar específico sienten la necesidad de empezar a comunicarse entre sí. Una comunidad de Cincinnati puede tener en su interior, por ejemplo, un sitio que sirva de punto de encuentro para comerciantes de Cincinnati o un sitio del Rotary Club. Las pequeñas empresas o los propietarios de franquicias de la zona pueden valorar un medio que les permita hablar de sus necesidades e inquietudes particulares y que les dé acceso a servicios que harían sus negocios más eficientes y sus vidas más fáciles.

Comunidades de negocios peculiares. La comunidad de negocios peculiares estaría destinada a satisfacer las necesidades de cierto tipo de empresas, como pequeñas empresas (la Asociación Mundial de Pequeñas Empresas, por ejemplo, tiene un sitio *online*) o franquicias. También se incluirían en esta categoría las comunidades de exportadores, que en la actualidad pueden contactarse a través de instituciones comerciales gubernamentales. Estos grupos no pertenecen a ningún sector empresarial, a ninguna área geográfica o funcional, pero comparten un conjunto de necesidades de información y se beneficiarían de un contacto regular con otros negocios similares. Como, generalmente, estos grupos no poseen buenos servicios de intercomunicación e información —sobre todo porque no pueden dedicarles el gasto ni el tiempo que requieren—, pueden crear comunidades virtuales muy atractivas desde el punto de vista de la creación de valor. Si la comunidad satisface las necesidades de los miembros, probablemente éstos deseen recompensar generosamente a los organizadores de la comunidad.

INDICADORES DE EXPANSIÓN A LARGO PLAZO

Hemos hablado de «profundidad fractal» (el nivel hasta el que se puede segmentar una comunidad) como generador de valor económico a corto plazo. Considerando un mayor plazo, la «amplitud fractal» será probablemente un factor importante para determinar las posibilidades de crecimiento y creación de valor de una comunidad.

El concepto de amplitud fractal

La amplitud fractal se define como la capacidad de expandirse a campos que no mantienen ninguna relación con el enfoque original de la comunidad. El hecho de que el organizador de una comunidad logre ampliarla a áreas temáticas ajenas, puede animar a los organizadores de comunidades más pequeñas de esas nuevas áreas a asociarse con el organizador más fuerte, con el fin de prevenir futuras entradas en su espacio, sobre todo si no tienen todavía muy claro cómo agregar miembros y generar fidelidad.

Si una comunidad acepta desarrollarse más allá de su núcleo original, su organizador se coloca en una buena posición para convertirse en un organizador de coalición. En este sentido, las vías por las que se puede expandir conducen a los mismos tipos de comunidades que hemos descrito anteriormente.

> La «amplitud fractal» es el trampolín del crecimiento.

Tipos de comunidades como vectores de crecimiento

Llegados a este punto puede ser útil considerar los tipos de comunidades orientadas a los consumidores —geográficas, demográficas y temáticas— como vías o vectores a través de los cuales los organizadores pueden entrar en el negocio de organizar comunidades. Siguiendo este razonamiento, cada vector se convierte en un eje desde el cual los organizadores se expanden a áreas situadas en otros ejes.

Una comunidad temática —por ejemplo, de viajes— podría desarrollar una subcomunidad centrada en las necesidades de viaje de los padres con niños pequeños. Desde ahí podría expandirse a una comunidad demográfica cuyo objetivo fuera satisfacer todas las necesidades de los padres con niños jóvenes y, quizás, de forma más general, de los padres en su conjunto. (Véase el gráfico 5-2.) La comunidad de viajes podría desarrollar también subcomunidades centradas en ciertos destinos como Venecia. Con el tiempo, ese tipo de subcomunidad podría llegar a incluir no sólo los que viajan a Venecia sino también los que residen allí (quizás, a expatriados que viven allí) y de esta forma convertirse en una auténtica comunidad geográfica. Desde ahí podría expandirse a otras ciudades italianas o a ciudades con amplias comunidades de expatriados. Finalmente, tomando un rumbo diferente, una comunidad de viajes, que de por sí ya es una comunidad temática, podría expandirse a otras comunidades temáticas. Podría surgir, por ejemplo, una subcomunidad de viajes centrada en las vacaciones en yate. Ésta podría expandirse a una comunidad separada dirigida a los propietarios de yates.

Como estamos al principio del ciclo de vida de las comunidades virtuales, todavía no existe un auténtico ejemplo de este tipo de amplitud fractal. Pero suponemos que las comunidades geográficas y demográficas se expandirán más allá de sus ejes, de una forma muy parecida a la comunidad temática de viajes que acabamos de describir. Una comunidad geográfica centrada en Atlanta puede empezar a generar subcomunidades de miembros que comparten su pasión por áreas de interés como los deportes o los viajes. También puede que produzca subcomunidades organizadas en torno a grupos demográficos como adolescentes o personas mayores. A la inversa, una comunidad de personas mayores puede dar a luz a subcomunidades geográficas (digamos en Atlanta) y a subcomunidades centradas en ciertos temas de interés (por ejemplo en torno a la música), al aumentar el número de sus miembros. Una vez formadas, estas subcomunidades pueden convertirse en el núcleo de auténticas comunidades más amplias que se extiendan más allá del enfoque inicial de las comunidades que las han patrocinado.

Se puede aplicar el mismo concepto en el terreno de los negocios. El organizador de una comunidad de empresas verticales como el sector de la confección, podría, con el tiempo, ver su comunidad expandirse a comunidades funcionales. Quizás empezaría con los compradores de prendas en las tiendas al por menor y pasaría de ahí al sector de compras. Dado el gran número de empresas familiares en el sector de la confección, la misma comunidad podría expandirse a una comunidad de negocios para pequeñas empresas. (Véase el gráfico 5-3.)

Buenas perspectivas a largo plazo

Desde un punto de vista estratégico, es posible que uno de estos vectores resulte ser un vehículo de crecimiento naturalmente más efectivo a largo plazo que los demás. Si esto es así, ¿cuál de ellos?

Si, como sugeríamos en el capítulo 4, reunir una masa crítica de miembros en una comunidad le da mayores posibilidades de dividirse en subcomunidades, entonces las comunidades demográficas y geográficas tenderán a ser los mayores vectores de entrada de consumidores. Tenderán a atraer al mayor número de personas y a tener la mayor posibilidad de expandirse a comunidades temáticas. De la misma forma, si el grado de satisfacción que aporta una comunidad a la necesidad de relaciones constituye un indicador de la fidelidad futura,

ELEGIR LA MANERA DE ENTRAR

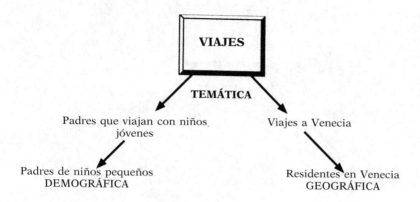

Gráfico 5.2. Posibles vectores de entrada para una comunidad de consumidores.

entonces las comunidades demográficas en particular, y las comunidades geográficas en menor medida, tendrán más tendencia a crear valor a largo plazo. Las comunidades temáticas pueden ser el vector de entrada más difícil para el crecimiento a largo plazo. Aunque pueden despertar gran entusiasmo entre sus miembros, probablemente no cubran su necesidad de relacionarse de la misma manera y pueden ser una base demasiado pequeña desde la cual expandirse a otras comunidades demográficas y geográficas. Puede que haya unos cuantos propietarios de yates ricos en Londres pero resulta difícil imaginar que pueda surgir una comunidad de yates desde una comunidad dedicada a Londres.

Las comunidades temáticas pueden ser un terreno menos fértil para el crecimiento a largo plazo.

Este análisis del crecimiento a corto y a largo plazo será rápidamente inútil si, en tanto que organizador de comunidad, usted intenta evaluar todas las posibles comunidades con el fin de encontrar la mejor vía para entrar en este negocio. Obtendrá mejores resultados si tiene cierto objetivo en mente e intenta idear el mejor camino para alcanzarlo. Para llegar a ese punto debe previamente evaluar las competencias y los activos que ya posee.

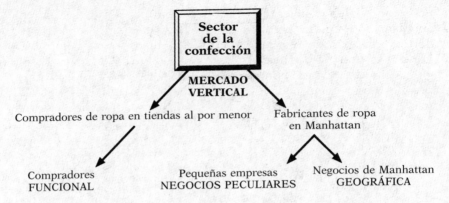

Gráfico 5.3. Posibles vectores de entrada para una comunidad de servicios de empresa a empresa.

Cómo evaluar su capacidad de poseer una comunidad

Para muchos aspirantes a organizadores de comunidades, la decisión de qué tipo de comunidad quiere intentar organizar no vendrá tanto en función del potencial económico de la comunidad a largo plazo, sino más bien en función de las habilidades y activos que su propia empresa posee. Sin embargo, los organizadores deberán considerar este enfoque con precaución. Los activos que son valiosos en otros contextos también pueden ser valiosos aquí, pero se necesitarán nuevas capacidades para gestionarlos.

Los recursos necesarios

Todavía no hemos hablado de las habilidades que se requieren para dirigir una comunidad de forma efectiva (lo haremos en el capítulo 7), pero hay ciertos activos que beneficiarán al organizador de la comunidad. Como la creación de una base de miembros es el primer imperativo, los activos más valiosos serán los que, al menos al principio, ayuden al organizador a conseguirlo.

Marcas. Una marca fuerte trasladada al mundo virtual puede ser un instrumento muy efectivo para atraer navegantes a un sitio. Esto resultará más de aplicación que nunca en los primeros años, cuando el sector esté saturado con docenas de participantes intentando establecer el mismo tipo de comunidad y cuando las comunidades todavía no hayan podido establecer su credibilidad. Muchos sitios en la red anuncian con orgullo premios como «Clasificado entre los mejores de todos los sitios de Internet» o «Premio al mejor sitio de compras». Las empresas de bienes de consumo hacían lo mismo a finales del siglo diecinueve, cuando ponían en las etiquetas de sus productos los premios que habían recibido en las ferias internacionales. (Algunas marcas de licor todavía lo hacen.) Hasta que las comunidades hayan establecido el reconocimiento de su propia marca, las marcas conocidas, utilizadas de forma adecuada, serán una buena ayuda en la carrera hacia la creación de una masa crítica de miembros. *ESPNET*, un sitio de deportes que aplica los principios comunitarios en mayor medida que la mayoría, aprovecha el nombre de la marca establecida del canal de televisión por cable *ESPN*. Las empresas con marcas conocidas deberán tomar la precaución de comprobar, no obstante, si les conviene verse asociadas al contexto en el que aparecerán en la red.

Relaciones entre miembros. Las relaciones establecidas entre miembros son activos valiosos de los que una empresa u organización puede sacar provecho en los primeros años de creación de su comunidad. Las relaciones entre clientes se diferencian de las marcas en que implican una profunda comprensión de lo que incentiva a los clientes, y la habilidad para proporcionar lo que el cliente necesita. También implican una interacción continuada con los clientes, que podría conducir a una oportunidad de introducirlos en una comunidad virtual creada recientemente. Las relaciones previas entre clientes deben ser gestionadas activamente, si tienen que servir de ayuda al establecimiento de un sitio *online*. Describiremos en el capítulo 6 cómo se pueden aprovechar de forma efectiva estas relaciones previas. Por ahora, baste con decir que pueden poner en marcha el crecimiento de una comunidad si se aprovechan correctamente. *ESPNET* puede vender a su base de abonados al cable un producto *online* que les ofrezca características que no pueden obtener viendo la televisión. Esto incluye acceso a ciertas estadísticas sobre pedido, así como un foro donde los miembros pueden crear un equipo de fútbol y jugar una liga ficticia contra otros aficionados del deporte en la red electrónica.

Contenido. Hemos afirmado que el contenido publicado no sería un factor decisivo a largo plazo entre comunidades rivales. Sin embargo, a corto plazo, el acceso a contenido publicado será útil como cebo para atraer buscadores, especialmente si el contenido ha sido adaptado para hacer uso de las capacidades especiales del mundo virtual. Por ejemplo, *SportsZone* de *ESPNET*, utiliza ampliamente el equipo de célebres columnistas deportivos como Dick Vitale, Peter Gammons y Frank Deford (así como otros 60 escritores más). También aprovecha la cobertura de *ESPN* de los principales equipos deportivos estadounidenses y las estadísticas sobre más de 3.000 atletas profesionales. Éste es un atractivo poderoso para los hinchas estadounidenses.

Los activos no bastan

Algunas comunidades pueden tener «propietarios naturales» que entran en campo de juego con gran ventaja porque poseen activos como una marca, relaciones profundas entre clientes y, en algunos casos, contenido publicado de su propiedad. *Lexis-Nexis*, por ejemplo, comprende a los abogados, tiene fuertes relaciones con un porcentaje importante de todos los abogados estadounidenses y posee un servicio de información que es indispensable para los abogados que lo usan. *Disney* conoce a los niños. Tiene una marca reconocida mundialmente y una cartera de contenido única. *Lexis-Nexis* y *Disney* empezarían, probablemente, con gran ventaja en la carrera de la creación de comunidades para abogados y niños, respectivamente, si decidieran hacerlo. Pero los activos por sí solos no bastan para que una empresa esté capacitada para convertirse en organizador de comunidad.

Intuimos que las *habilidades* requeridas para organizar una comunidad serán tan importantes como cualquier ventaja inicial que una empresa tenga basada en sus *activos*. Si esto resulta ser verdad, conseguirá igualar parcialmente las oportunidades de juego y abrir el negocio de la organización de comunidades a nuevos competidores.

Los factores clave para tener éxito como organizador de comunidad, con el tiempo, serán la capacidad de agregar miembros, guardarlos e impulsarlos a hacer transacciones. Muchas empresas se considerarán las propietarias naturales de cierto tipo de comunidades. Tomemos por ejemplo la lista de «activos» que acabamos de mencionar. Hay empresas con marcas poderosas, empresas con fuertes relaciones entre los clientes, empresas con contenido atractivo. Pero ¿qué relevancia tendrán estos activos si la empresa no sabe cómo despertar el entusiasmo y hacer crecer una comunidad? No se trata de ampliar una línea de productos, ni otro *joint venture* en el que se lanza la empresa, ni otra manera de envasar el mismo contenido. Éste es precisamente el error,

> **Los activos por sí solos no harán todo el trabajo.**

comprensible dada la novedad del medio, que muchas empresas han cometido en el mundo virtual. Las empresas de revistas, por ejemplo, han creado revistas *online* o «*webzines*» que no consiguen impulsar la comunicación entre «lectores»; estas empresas han olvidado que la gente no se conecta a la red sólo para leer. Como hemos mencionado anteriormente, muchos sitios de empresas son imágenes magníficas con muy poca interactividad y, de nuevo, ningún incentivo para la interacción entre clientes o entre cliente y empresa. La falta de correo electrónico, tablones de anuncios y tertulias es un síntoma claro de no entender la esencia de lo que puede aportar una experiencia de navegar por la red.

¿Por qué son estos elementos más importantes aquí de lo que tienden a ser en el mundo físico? Porque el mundo virtual es todavía algo caótico: hay miles de sitios y por lo tanto miles de «marcas» y la gente que curiosea no encuentra la estructura que tiene en las tiendas al por menor para guiarles entre las marcas con las que se sienten más a gusto. Incluso las marcas más conocidas *offline* pueden perderse en Internet, al menos por ahora. Ocurre lo mismo con una base importante de clientes *offline*. Aunque es indudablemente un activo para empezar a trabajar en la red, una base importante de clientes *offline*, trasladada al mundo virtual sin las habilidades adecuadas de organización en la red electrónica, acabará fragmentada por el número de entradas y de destinos que tiene Internet. Ordenar estos recursos en la red exige un conjunto de habilidades diferentes de las que se necesita en el mundo físico.

Las empresas que tienen activos apetecibles deberán por lo tanto centrarse con decisión en cómo desarrollar o adquirir las competencias necesarias para desplegar estos activos cuando organicen comunidades virtuales. Deseamos insistir en que por «habilidades» no entendemos la gestión técnica de comunidades, que puede conseguirse fuera de la empresa. Lo que es crucial es el conjunto de habilidades requeridas para atraer, interesar y atender a los miembros de la comunidad. En algunos casos, esto implicará desarrollar las habilidades necesarias en el seno de la empresa (de lo que trataremos más ampliamente en el capítulo 7). En otros casos, significará asociarse a empresas o personas físicas que posean estas habilidades.

Resumiendo, decidir si quiere convertirse en un organizador de comunidad o no depende de si tiene o puede *desarrollar* las habilidades necesarias para construir una base de miembros rápidamente y convertir contenido *offline* valioso en contenido *online* que atraerá a los buscadores. Decidir entonces dónde competir tiene dos partes. La primera es pensar en el objetivo, que dependerá en gran medida de los activos que una empresa pueda aprovechar y del valor relativo de los diferentes tipos de comunidades, como su tamaño, profundidad fractal potencial y riqueza de transacción. La segunda es evaluar la amplitud fractal de las diferentes posibilidades, ya que algunas vías de entrada serán más efectivas que otras para establecer la futura posición de un organizador de comunidades como organizador de constelaciones o incluso de una coalición.

6
ECHAR LOS CIMIENTOS

Conseguir la masa crítica

Crear una comunidad virtual es cuestión de rapidez y de anticiparse. Probablemente, quienes actúan primero conseguirán una ventaja duradera. Utilizar los recursos de los demás puede contribuir a acelerar la entrada, y a compensar la urgencia con el riesgo. Las primeras tareas de una estrategia de entrada efectiva son: generar, concentrar y asegurarse rápidamente el mayor número de miembros.

Ahora que ya hemos comentado por *dónde* penetrar en el negocio de las comunidades virtuales, es el momento de examinar *cómo* hacerlo. Empezaremos recordando que los negocios de rendimientos crecientes siguen unas pautas específicas que se caracterizan por una larga fase ascendente —en la que nadie ha alcanzado la masa crítica— seguida por una punta repentina de crecimiento acelerado, que experimentarán los participantes que finalmente hayan conseguido realmente establecer una base de clientes lo suficientemente grande como para poner en marcha la dinámica de los rendimientos crecientes. Estar bien colocado para sacar ventaja de este rápido crecimiento significa ponerse en marcha lo antes posible. Los que consiguen entrar en primer lugar en los negocios de los rendimientos crecientes, a menudo son capaces de asegurarse los clientes y levantar barreras de entrada para los competidores que vienen detrás. Esta dinámica hace de los negocios de rendimientos crecientes una cuestión de velocidad y anticipación.

El gráfico 6-1 ilustra el principal desafío al que los organizadores debe-

> *La comunidad debe estar funcionando para que pueda empezar el comercio electrónico.*

rán enfrentarse cuando entren en el negocio de las comunidades virtuales: cómo reducir el período de entrada para acortar el período en el que se reduce la rentabilidad a corto plazo y alcanzar lo antes posible el punto de inflexión de la curva de crecimiento de los ingresos.

Las comunidades virtuales aportan una nueva dimensión al modelo de rendimientos crecientes. Como muestra el gráfico 6-2, crear una comunidad virtual requiere pasar a través de una serie de «umbrales» para alcanzar el punto de obtención de ingresos en la trayectoria de los rendimientos crecientes. Estos umbrales subrayan tres grandes retos en la construcción de una masa crítica de miembros: generar el tráfico (conseguir que los miembros de la comunidad objetivo viajen a su *web*), concentrar el tráfico (conseguir que pasen cada vez más tiempo en la comunidad) y asegurarse el tráfico (crear barreras que les dificulten el abandono de la comunidad una vez que ya forman parte de ella). Hasta que no se obtenga esa masa crítica, no se pueden producir los acontecimientos posteriores que dispararán los ingresos.

Esto implica que las reglas son diferentes en el entorno virtual: los proyectos tradicionales que requieren inversión en infraestructura y un lento crecimiento de la base de clientes ya no son válidos. Al contrario, el reto consiste en pasar rápidamente de ser una comunidad sin miembros a ser una comunidad con una masa crítica de miembros.

Para acelerar el proceso, los organizadores de comunidades virtua-

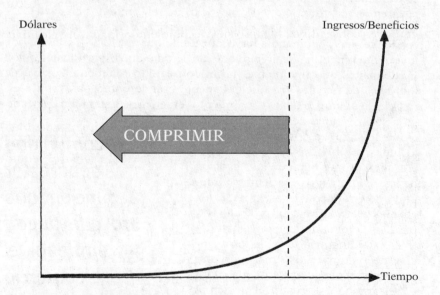

Gráfico 6.1. El desafío de la entrada: llegar antes al largo plazo.

ECHAR LOS CIMIENTOS   163

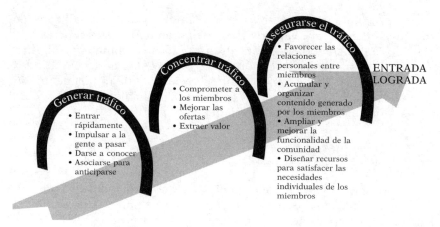

Gráfico 6.2. Las tres fases de entrada.

les deben apoyarse en estrategias de entrada basadas en el apalancamiento. Éstas permiten al organizador concentrar recursos en la adquisición de miembros sacando provecho del contenido y de la tecnología que ya está en la red. Las estrategias de apalancamiento son particularmente adecuadas para los entornos de red, y en especial para plataformas de red abierta como Internet, donde uno puede edificar sobre los esfuerzos de los demás mientras concentra sus propios recursos en conseguir el máximo aprovechamiento y la mayor velocidad.

FASE 1: GENERAR TRÁFICO

No hay nada menos atractivo para el tráfico que pasea por la red que una comunidad sin miembros. Considere las dificultades que *Apple* experimentó con la introducción de *e-World*. Elogiado por sus gráficos atractivos y sus entornos bien organizados, a *e-World* pronto se le apodó en la red «*Empty world*» (mundo vacío), refiriéndose a la frustración que experimentaron los primeros miembros que penetraron ansiosos en sus salas de tertulias y se encontraron con que estaban solos, o los que se aventuraron en sus tablones de anuncios y se dieron cuenta que les invitaban a escribir el primer mensaje.

A la inversa, hay pocas cosas más atractivas para los cibernautas que una comunidad con una masa crítica de miembros. Los miembros entran en la comunidad y se encuentran con centenares de tablones de anuncios que cubren todos los temas imaginables con numerosos mensajes recientes; entran en salas de tertulia abarrotadas y conocen personas diferentes e interesantes; examinan calendarios llenos de acontecimientos especiales en los que figuran numerosos expertos conocidos en su campo, y ven una gran cantidad de contenido suministrado por los principales editores. Los organizadores se ven llevados por la corriente de los rendimientos crecientes que rápidamente aumenta las barreras de entrada y estimula la rentabilidad. Pero, ¿cómo conseguir una masa crítica de miembros?

Entrar rápido

El consejo de entrar en el negocio de las comunidades virtuales rápidamente puede parecer evidente, pero si se cumple rigurosamente, puede tener implicaciones importantes en la estrategia. Si «La velocidad es Dios y el tiempo es el demonio» entonces cualquier cosa que requiera tiempo antes de la entrada debe ser severamente cuestionada y cualquier cosa que acelere la entrada debe ser activamente estudiada. La sabiduría tradicional de las empresas que afirma que uno debe hacer un proyecto detallado antes de emprender una iniciativa empresarial importante es un ejemplo entre tantos de las prácticas que funcionan en otros entornos empresariales pero que probablemente desembocarán en problemas importantes en los negocios de los rendimientos crecientes. Aunque hubiera certidumbre suficiente para que un proyecto detallado se pudiera llevar a cabo de modo verosímil, el tiempo empleado en una actividad de este tipo incrementaría de forma significativa el riesgo de que otros se anticiparan. En su lugar, lo que los dirigentes pueden necesitar es una serie de principios básicos para guiarles en la toma de decisiones de cada día, y unos mecanismos rigurosos de retroinformación para saber lo que funciona y lo que no.

Acelerar la entrada significa tener un concepto pragmático de las plataformas tecnológicas: la que esté inmediatamente disponible es más ventajosa que cualquier opción tecnológica que aún requiere desarrollo. Cualquier iniciativa de una comunidad que incluya una innovación tecnológica sustancial como parte del plan de acción es sospechosa: la innovación tecnológica requiere tiempo, consume recursos y aumenta la incertidumbre. Los aspectos tecnológicos del negocio de las comunidades virtuales se analizarán en el capítulo 8.

Haga que la gente pase por el sitio

En los primeros días de la comunidad, el imperativo clave es generar tráfico. En demasiadas ocasiones, los organizadores creen que deben poseer una amplia gama de recursos disponibles en su sitio antes de poder empezar a generar tráfico. Pero esto sería dejar pasar la oportunidad de aprovechar el poder de la red. También sería correr el importante riesgo de atrasar el momento de entrada mientras se desarrollan los recursos «necesarios».

El poder de la red al que pueden acceder los organizadores de comunidades es el que les permite aprovechar los esfuerzos de los demás por construir sus nuevas comunidades. Una manera obvia de hacerlo es empezando por ofrecer simplemente un directorio a otros recursos en la red que podrían ser de interés para los miembros de la comunidad creada. Este tipo de directorio puede ser especialmente valioso para los miembros de la comunidad, si ofrece evaluaciones o clasificaciones de recursos potenciales así como buenos consejos sobre cómo utilizar dichos recursos.

Para empezar, aproveche la aportación de los demás.

Considere el ejemplo de una comunidad planificada para gente que lleva sus negocios desde su domicilio. Uno puede empezar este tipo de comunidad realizando un estudio en Internet para saber qué recursos podrían ser de utilidad para los miembros objetivo: fuentes de información para el marketing que ayuden a la gente a llegar a clientes potenciales, información sobre material de oficina (fotocopiadoras, faxes, sistemas telefónicos, ordenadores personales, artículos de papelería), información sobre cómo archivar diferentes tipos de impresos de declaración de la renta, y fuentes potenciales de financiación. Como los miembros probables de esta comunidad son gente ocupada, que intenta sacar el máximo provecho de cada minuto, un directorio exhaustivo que evalúe las distintas fuentes de información tendría mucho valor para ellos. La propuesta de valor consiste en asegurarse de que los miembros obtienen tanta amplitud (todos los recursos potencialmente relevantes) como profundidad (orientación hacia los recursos específicos que probablemente les serán más útiles).

Este tipo de enfoque presenta cinco ventajas:

1. Acelera de forma significativa la entrada. Una vez que el directorio se ha desarrollado (utilizando la tecnología de buscadores que ya se puede obtener de numerosos proveedores), la iniciativa se puede poner en marcha y empezar a construir una presencia.
2. Reduce la necesidad de inversión en contenido, que al principio es importante, aprovechando las inversiones en contenido que los demás han hecho.

3. Empieza a crear una imagen de marca entre los miembros de la comunidad como la de un guía en el que pueden confiar para orientarles hacia los recursos más importantes y de mejor calidad de la red.
4. Los miembros de la comunidad se acostumbran a venir al sitio siempre que tengan una necesidad que pueda ser cubierta por la comunidad, aunque sólo sea de paso para ir a otros sitios sugeridos por el directorio.
5. Proporciona al organizador de comunidad información valiosa sobre los intereses y las necesidades de los posibles miembros de la comunidad. Indagando los temas más solicitados y las tasas de utilización reiterada, el organizador puede empezar a dar prioridad a la oferta distintiva que la comunidad deberá desarrollar con el tiempo.

En esta fase inicial de formación de la comunidad, no es preciso que los posibles miembros permanezcan en el sitio. El reto más importante es maximizar el tráfico en el sitio. Una vez que tienes a gente viniendo a tu sitio, estás en buena posición para hacer ofertas adicionales a la comunidad a medida que están disponibles.

Una extensión obvia de la primera oferta de directorio es crear tablones de anuncios donde los usuarios puedan volver a enviar sus comentarios sobre los sitios mencionados en el directorio así como sugerencias de nuevos sitios. Todo esto empieza a aprovechar las aportaciones de los miembros potenciales y a aplicar los valores principales de las comunidades virtuales: que los miembros intercambian información entre sí sobre temas de interés común.

En general, la técnica del directorio pone de relieve uno de los principios claves de las estrategias de entrada de las comunidades: minimizar la inversión inicial en contenido publicado. Los que no recurran a ello sólo conseguirán incrementar el riesgo económico, alargar el período previo a la entrada y desviarse del reto clave, que es generar tráfico en el sitio. Aprovechar el contenido publicado por los demás a través de mecanismos como los directorios y buscadores sólo es una forma de minimizar la dependencia del contenido publicado en la primera etapa del desarrollo de la comunidad. Otras técnicas pueden ser aprovechar las aportaciones de los miembros, desplegando con fuerza tablones de anuncios y tertulias; reclutar personalidades o autoridades carismáticas que puedan enriquecer la comunidad y, cuando convenga, desplegar de forma selectiva un contenido «seguro» que ya sea propiedad de los organizadores de la comunidad (por ejemplo revistas, boletines informativos o directorios de páginas amarillas con fuerte reconocimiento de marca que tengan la capacidad de «atraer», con el tiempo, tanto a miembros de la comunidad como a otros proveedores de contenido publicado).

Al centrarse en acelerar la generación de tráfico, evalúe cuidadosamente cualquier programa de inscripción o cuotas de socio. Hasta ahora, estos dos sistemas han resultado reducir significativamente el tráfico en los sitios de Internet. Los programas de inscripción son vehículos importantes a través de los cuales se puede identificar a los miembros de la comunidad, pero el valor de esa información debe ser cuidadosamente sopesado frente al impacto negativo que tiene en la generación de tráfico, especialmente en la primera etapa de la formación de la comunidad. Cuando sean necesarios, los programas de inscripción deberán ser lo más sencillo posible y fáciles de completar. El dilema con respecto a las cuotas de socio ya se ha descrito (véase capítulo 3). La tentación de hacerse con oportunidades de generación de ingresos a corto plazo debe considerarse cuidadosamente, teniendo en cuenta el fuerte efecto desalentador que tendrá en la generación de tráfico.

Darse a conocer

Como los recursos disponibles en la red se multiplican, es cada vez más difícil dar a conocer una comunidad emergente. A medida que se intensifican los esfuerzos de marketing de muchos negocios basados en la red, es más difícil darse a conocer con una inversión mínima. Aun así, hay muchas cosas que un organizador de comunidad puede hacer para alcanzar y desarrollar el conocimiento de su comunidad entre los miembros potenciales, sin derrochar el dinero en publicidad convencional.

El verdadero objetivo de los organizadores de comunidades debería ser utilizar las redes de información existentes para que impregnen la comunidad no basada en la red. Casi todas las comunidades virtuales que se pueden crear en redes electrónicas tienen alguna análoga en el espacio físico. Estas comunidades físicas existentes, a menudo poseen redes de información muy desarrolladas, ya sea en forma de comunicación verbal de persona a persona, en reuniones o a través de boletines de noticias y revistas. Los organizadores de comunidades virtuales necesitan encontrar a personas influyentes en esas redes de información existentes, personas que tengan «buenos contactos». Esas personas influyentes pueden ser el director de una asociación empresarial, el organizador de una conferencia anual o el editor de un boletín de noticias muy leído.

El objetivo debería ser desarrollar programas dirigidos a transmitir a esas personalidades el «rumor» y la impresión que se trata de un impulso extraordinario. Esto, a menudo, se consigue a través de reuniones informativas regulares que realzan los logros de la comunidad virtual. También pueden ser de utilidad unos programas de afiliación VIP, que animen a esas personalidades a conocer la comunidad de primera mano. Se pueden crear consejos asesores para implicar a estas personalidades en la configuración de la comunidad virtual y para dar una impresión de impulso decisivo a un mayor número de miembros de la comunidad. Se debería animar a los medios de comunicación convencionales (boletines de noticias, revistas y programas de televisión y radio) que se dirigen al mayor número de miembros de la comunidad a proporcionar una cobertura regular sobre la comunidad virtual. Se debería conseguir que las reuniones tradicionales de la comunidad en cuestión (reuniones de asociaciones empresariales, ferias comerciales, reuniones en los «clubs») trataran el tema de la comunidad virtual y los servicios que ofrece. En algunos casos, se pueden utilizar afiliaciones formales con asociaciones industriales o grupos de aficionados para aprovechar el reconocimiento y la credibilidad que ya han establecido estos grupos.

Los organizadores de comunidades virtuales también deben pensar en captar la atención de miembros potenciales que pueden estar ya en la red. ¿Qué sitios tienen más probabilidad de visitar estos miembros potenciales? Contactar con estos sitios y establecer lazos recíprocos con ellos puede ser una forma útil de incrementar la visibilidad y generar una impresión de movimiento. También se debe encontrar los directorios a los que accederán con mayor probabilidad los miembros potenciales y asegurarse de que la comunidad virtual aparece allí de forma predominante y adecuada.

Finalmente, los organizadores de comunidades virtuales deberían sacar provecho, con dinamismo, de cualquier programa existente de marketing o de medios de comunicación que puedan tener de antemano en negocios relacionados con la comunidad. Los organizadores de comunidades virtuales que proceden de un ámbito de publicación tradicional, por ejemplo, deberían anunciar masivamente la comunidad en los medios de comunicación y publicidad del grupo. También puede contribuir a generar ese conocimiento el elegir un nombre para la comunidad virtual que se forme a partir de nombres de marcas muy conocidas y que ya sean propiedad del organizador. Cuando sea relevante, se puede incluir la afiliación a la comunidad en paquetes de productos y servicios tradicionales que el organizador ya está ofreciendo.

Asociarse para anticiparse

Dado el valor estratégico significativo que tiene el acelerar la adquisición de miembros, los organizadores de comunidades deberían considerar cuidadosamente el papel de las asociaciones que pueden establecer con tres tipos de empresas. Estas asociaciones pueden contribuir de forma significativa a la adquisición anticipada de miembros, gracias a la adquisición de los activos descritos en el capítulo 5. Pueden revestir distintas formas, que van desde relaciones comerciales amplias, donde el organizador de la comunidad paga a sus «socios» de marketing una prima o compensación económica por cada miembro que adquiera la comunidad, hasta asociaciones mucho más formales y permanentes, con *joint ventures* que impliquen compartir el capital propio entre el organizador de la comunidad y uno o varios *partners*.

La primera categoría de empresas que se puede considerar para una asociación es la que tiene gran capacidad de distribución. Esas empresas, que se caracterizan por una marca muy conocida, unas relaciones ya existentes entre clientes y una capacidad afianzada de venta y de distribución *offline*, dirigidas a los miembros potenciales de la comunidad virtual, pueden ser capaces de alcanzar y reclutar miembros potenciales rápidamente. Aunque son atractivas desde el punto de vista del marketing, estas compañías presentan sin embargo una dificultad, ya que a menudo tienen interés personal en llegar hasta los miembros de la comunidad con sus propias condiciones y pueden estar poco dispuestas a crear un entorno donde otros vendedores pueden alcanzar al mismo público, en igualdad de condiciones. Por ejemplo, un organizador de comunidad virtual basada en criterios geográficos puede verse tentado de asociarse con un banco local, pero el banco puede ser reticente a permitir a otros bancos rivales el acceso a la comunidad.

Para evitar este problema, busque un *partner* que tenga una fuerte imagen de marca para los miembros potenciales de la comunidad, pero que opere en una categoría de productos o servicios que no esté relacionada con el objetivo de la comunidad. *Fidelity Investments*, por ejemplo, puede ser un socio interesante para el organizador de una comunidad de viajes dirigida a viajeros acomodados, mientras que *American Express* puede ser un socio interesante para el organizador de una comunidad dedicada a la inversión en bolsa de individuos. Otra posibilidad es buscar un socio que actúe como un intermediario tradicional (digamos, un vendedor al por menor o un distribuidor), que cubra áreas de productos directamente relacionados con el objetivo de la comunidad, pero que el organizador de la comunidad no podría cubrir.

La segunda categoría de empresas que se pueden considerar está bastante relacionada con la primera. Se trata de los propietarios de contenido publicado del tipo «seguro», que tiene gran poder para atraer a otros participantes a la comunidad y que es difícil de copiar. En esta categoría, el objetivo es encontrar contenido publicado que pueda servir para acelerar la adquisición de miembros y no tanto para completar simplemente la carpeta de contenido que ofrece la comunidad. Estas empresas a menudo presentan la misma dificultad que las de la primera categoría, es decir, son reticentes a permitir el acceso a la comunidad virtual a otros proveedores de contenido rivales.

En la comunidad de viajes de la que hablábamos en el capítulo 3, por ejemplo, el organizador puede desear asociarse con *American Express*, en parte porque publica *Travel & Leisure*, una de las revistas más leídas que se dedica a viajes de interés especial. Pero, ¿hasta qué punto *American Express* aceptará que en la comunidad virtual aparezca material de una revista rival como *Condé Nast Traveler*? Esta resistencia se puede superar convenciéndoles de que el hecho de ofrecer más de una revista atraería una mayor audiencia a *Travel & Leisure* que cualquier otra comunidad que se limite a una sola revista. En este ejemplo, *American Express* también tiene otros negocios relacionados con los viajes que pueden impulsarle a soportar una mayor competencia en la revista, a cambio de poder participar en ese abanico más amplio de oportunidades de negocio que le ofrece la comunidad.

Una tercera categoría de empresas incluye a los competidores potenciales. ¿Quién más puede organizar una comunidad virtual con un objetivo parecido y cuál es su capacidad relativa de alcanzar y reclutar miembros potenciales? Estos competidores pueden provenir de organizaciones existentes que ya atienden a la comunidad objetivo de alguna forma en el mundo físico, o pueden proceder de lugares inesperados, incluso de alguien que ha montado su negocio en el garaje de su casa. El reto es explorar el panorama, identificar los competidores potenciales y evaluar de forma realista su capacidad de crear comunidades comparables a la suya propia.

Una vez más, el objetivo principal debería ser fijarse en los competidores con activos muy desarrollados de adquisición de miembros y no en competidores con recursos que podrían ser interesantes para los miembros de la comunidad. Cuando estos rivales existen potencialmente, quizás tenga más sentido asociarse a ellos —incluso antes de que pongan en marcha su comunidad virtual para neutralizar la amenaza competitiva y sacar provecho de su capacidad de adquisición de miembros—, que enfrentarse a ellos.

Fase dos: concentrar el tráfico

La segunda etapa de formación de comunidades implica concentrar el tráfico en la comunidad. Llegados a este punto ya no es suficiente que los miembros objetivo se limiten a navegar por el sitio. Ahora es esencial crear incentivos para que la gente pase cada vez más tiempo allí. En realidad, esta etapa se solapa con la primera: tan pronto como la gente empiece a visitar el sitio, el organizador debe intentar que se queden allí. Este es un requisito previo para otro reto comercial relacionado con éste: generar valor económico a partir de los miembros de la comunidad.

Es importante aumentar las tasas de utilización de los miembros por varias razones. En primer lugar, ello permite al organizador de la comunidad desarrollar un perfil mucho más detallado de los miembros de la comunidad, lo que le permitirá conocer con mayor precisión lo que más valor tendría para ellos. Esto, a su vez, permite orientar de forma más precisa los mensajes de las operaciones de marketing y de publicidad. También aumenta la capacidad del organizador de la comunidad de atraer proveedores y vendedores de contenido importante, porque existe un público o mercado más regular para ellos y también porque hay más información sobre dicho público o mercado. Por último, el aumento de las tasas de utilización contribuye a crear las condiciones necesarias para la tercera fase del desarrollo de la comunidad: la colocación de barreras.

En términos generales, los tres objetivos principales de la concentración de tráfico son comprometer a los miembros, incrementar su experiencia y extraer valor económico de los servicios que se les presta.

Comprometer a los miembros

Comprometer a los miembros implica utilizar pautas de utilización y solicitar aportaciones directas de los miembros para determinar qué es lo que puede convertir su experiencia en la comunidad en algo más incitante para ellos. Cuanto más incitante sea la experiencia, más posibilidades hay de que vuelvan a menudo y pasen más tiempo allí en cada visita.

Una experiencia más incitante podría exigir que se adapte a cada caso la imagen de la comunidad que tiene cada miembro, en función de sus propios intereses. Ello conlleva analizar las pautas de utilización, con el fin de determinar en qué partes de la comunidad tiende el miembro a pasar más tiempo y de adaptar el camino de entrada de los miembros, de tal manera que esas zonas aparezcan inmediatamente o que la información más relevante para esos miembros aparezca en la parte superior de una hoja y no escondida al final de ésta.

El riesgo que conlleva emplear esta técnica es que la comunidad queda definida mucho más estrechamente para cada miembro, basándose en preferencias previas, y se pierde el placer de encontrar inesperadamente algo interesante. Se puede reducir este riesgo utilizando tecnología agente como *Firefly* (desarrollado por *Agents, Inc*.), que permite comparar los perfiles de utilización de los miembros y, basándose en esta información, sugieren otras dimensiones de la comunidad que los miembros podrían valorar porque otros miembros con perfiles de utilización comparables parecen disfrutar de ellas.

Otra forma de hacer que la comunidad sea más incitante es creando experiencias que satisfagan el mayor número posible de las cuatro necesidades que impulsan la creación de una comunidad: información, transacción, fantasía y relaciones. Las dos últimas, fantasía y relaciones, en concreto, suelen provocar niveles de utilización muy altos. Algunas comunidades, como las de juegos medievales de fantasía o comunidades de minusválidos, están destinadas naturalmente a satisfacer estas necesidades. Por otra parte, incluso tipos de comunidades muy distintas pueden ser capaces de satisfacer estas necesidades de forma muy efectiva. Por ejemplo, una comunidad para abogados puede desarrollar «juegos» de estrategia en litigios en los que los abogados pueden competir entre ellos y desarrollar sus habilidades en tácticas de juicios. Una comunidad de gente interesada por la Guerra Civil americana puede ofrecer un tablón de anuncios que ayude a quienes patrocinan las reconstituciones de batallas de la Guerra Civil a encontrar voluntarios que participen en estas reconstituciones y, durante ese proceso, lleve a la creación de relaciones personales.

Los tablones de anuncios y las tertulias son los elementos de la comunidad que comprometen a los miembros con más eficacia. A menudo se pone en marcha un círculo virtuoso, cuando los miembros empiezan a contribuir en estas áreas de la comunidad. El acto de contribuir proporciona un sentimiento de compromiso y propiedad que crea lazos más fuertes entre la comunidad y los miembros y los incentiva a contribuir de forma más activa a medida que pasa el tiempo. Conseguir que los miembros pasen de ser «mirones», que simplemente observan cómo los demás contribuyen al desarrollo de la comunidad, a ser miembros activos es

Crear una comunidad significa convertir los «mirones» en miembros activos.

una tarea importante para el organizador de la comunidad. Esto se puede conseguir parcialmente promocionando activamente la gama de oportunidades disponibles de participación de los miembros. También es posible crear incentivos a la participación, añadiendo áreas a las que sólo pueden acceder los miembros activos u ofreciendo descuentos especiales en productos y servicios a esos miembros activos.

A menudo, el proceso de comprometer a los miembros de forma más efectiva puede ser tan simple como seguir los tablones de anuncios de apoyo a los miembros para determinar qué elementos del diseño y del entorno son menos sencillos o adaptados para los miembros. Esto puede dar a los organizadores una idea valiosa de cómo pueden modificar la arquitectura general de la comunidad para hacerla más fácil y más cómoda de usar. Ello puede exigir el desarrollo de áreas diferentes en la comunidad para satisfacer tanto a los novatos como a los veteranos.

Mejorar la oferta

Los organizadores de la comunidad deben mostrarse enérgicos a la hora de ampliar la oferta disponible para los miembros de la comunidad. El reto es seguir aumentando la gama y la profundidad de la oferta para animar a los miembros a volver allí, porque hay más cosas que hacer y también porque hay un sentimiento de excitación por el hecho de que los miembros nunca saben lo que estará disponible la próxima vez que entren.

La gama de ofertas está en función tanto de las contribuciones de los propios miembros como de los esfuerzos por reclutar nuevos proveedores de contenido y vendedores que participen en la comunidad. Los organizadores de la comunidad deberían sondear de forma decidida a los miembros para que les indiquen sugerencias de contenido, productos y servicios que les serían útiles. Una función importante de los directorios es dar a los organizadores una idea de lo que los miembros de la comunidad están buscando. La frecuencia con que se realizan las solicitudes de búsqueda puede ser un indicador importante de demanda no satisfecha. De forma similar, los tablones de anuncios que piden a los miembros que identifiquen y valoren las otras comunidades en las que entran en la red pueden proporcionar información valiosa sobre los intereses y las necesidades de los miembros. Otro indicador puede ser el sitio de origen de los miembros; ¿dónde estaban inmediatamente antes de entrar en el sitio de la comunidad?

Los organizadores de la comunidad también deberían intentar que los vendedores encuentren fácil y atractivo acercarse y participar en la comunidad. Los programas destinados a darse a conocer de los que hablamos anteriormente en la primera fase cumplen una función doble: atraer a nuevos miembros y a nuevos vendedores. Tiene que haber perfiles detallados de los afiliados a la comunidad, que estén disponibles para convencer a categorías específicas de vendedores de que la comunidad ofrece un entorno atractivo, en el que pueden llegar hasta los clientes objetivo y colocar su oferta. Las herramientas para el desarrollo del contenido pueden ayudar a reducir las barreras que impidan a los proveedores publicar su contenido en la comunidad.

Entender la economía de distintos tipos de vendedores también puede ser útil para forjar las relaciones apropiadas con los vendedores y para maximizar su interés por participar en la comunidad. Los productores de CD-ROM, por ejemplo, tienen costes elevados de distribución y marketing porque disponen de un espacio limitado para exponer sus productos en las estanterías y porque los clientes potenciales vienen pocas veces para probar los productos (los productores de CD musicales cuentan con la radio y las cadenas de televisión dedicadas a la música). Sabiendo esto el organizador de la comunidad que se dirija al interés de los adolescentes por el juego puede ser capaz de hacer una buena oferta a los productores de CD-ROM por las ventajas que ofrecen las comunidades virtuales como canal de distribución.

Al atraer nuevos proveedores a la comunidad, los organizadores deben equilibrar cuidadosamente su interés por ampliar la oferta a los miembros de la comunidad con su necesidad de proteger la reputación de calidad garantizada de las fuentes que tiene la comunidad. Incrementar la oferta demasiado rápido, mermando una reputación de calidad, puede ser una estrategia imprudente. Los organizadores de comunidades deberían utilizar con mucho cuidado los criterios de admisión, los sistemas de clasificación y los niveles de participación como medios de equilibrar la necesidad de amplitud y calidad.

Al ampliar la gama de productos ofertados, los organizadores de comunidades deberían poner especial atención en el papel de los «acontecimientos especiales». Éstos pueden adoptar muchas formas. Pueden ser sesiones de tertulias con expertos o con personalidades conocidas por los miembros, programadas de antemano o incluso improvisadas. Pueden ser concursos o «desafíos» para miembros. Incluso puede tratarse de «rebajas» sobre productos o servicios ofrecidos en la comunidad. El objetivo es sorprender y complacer a los miembros con acontecimientos inesperados y darles motivos para que vuelvan a menudo, porque los acontecimientos ocurren en momentos determinados.

La otra dimensión de la mejora de la oferta consiste en profundizar en la oferta existente. Esto se basa en la naturaleza específicamente «fractal» de la evolución de la comunidad, de la que se habla en el capítulo 5, que permite e incluso exige mucha más profundidad, a medida que el número de miembros aumenta. El límite de profundidad se sitúa generalmente en los tablones de anuncios y tertulias, donde el organizador de comunidad que está alerta empezará a ver aparecer reiteradamente discusiones centradas en temas mucho más definidos, a menudo dirigidas por uno o dos miembros que tienen un interés o un conocimiento especial en esos temas. Una comunidad de submarinistas, por ejemplo, puede encontrarse con un grupo de miembros que está especialmente interesado en compartir experiencias e información sobre el buceo en cuevas, una forma muy especializada de submarinismo.

Cuando se empiecen a formar grupos, demostrando así que hay mayor interés en esos temas más definidos, los organizadores de comunidades pueden empezar a favorecer «núcleos» de nuevos tablones de anuncios o tertulias, que a menudo dirigirán los miembros que empezaron a generar ese interés en foros de discusión más amplios. Cuando estos tablones de anuncios o áreas de tertulia empiecen a tomar forma y a adquirir una masa crítica de miembros, el organizador de la comunidad puede reclutar proveedores relacionados con los intereses de los miembros, para que participen en estas subcomunidades emergentes.

Extraer valor

Por último, las comunidades virtuales comerciales deben desarrollar modelos de negocios que recompensen al organizador de la comunidad y a los proveedores de contenido, de productos y servicios a la comunidad por aportar valor a los miembros de esa comunidad. El motor que genera ese valor serán los perfiles de las actividades de los miembros. Estos perfiles proporcionan un potente mecanismo que permite adaptar los mensajes en temas valorados por los miembros de la comunidad y reclutar proveedores que estén interesados en llegar hasta personas que correspondan a ciertos perfiles. Con el tiempo, otro mecanismo potente será la acumulación de perfiles de los vendedores que podrían dirigirse a los miembros.

Los organizadores de comunidades deben asegurarse de que captan, organizan y utilizan esta información de tal forma que saquen el máximo rendimiento a su valor económico, sin violar la privacidad de los miembros. El valor que, a largo plazo, puede tener esta información para los organizadores depende de su habilidad para utilizarla de manera responsable, con el fin de aportar valor a los miembros.

El organizador de la comunidad puede, por ejemplo, servir de filtro útil para los miembros, asegurándose de que sólo los mensajes comerciales o de publicidad verdaderamente relevantes para el miembro llegarán hasta ese miembro. Mandar una gran cantidad de e-mails «basura» es la forma más segura de poner en peligro la privacidad de los miembros y de provocar una reacción violenta ante la acumulación de información. De hecho, los buenos organizadores de comunidades serán capaces de estructurar el compromiso en la comunidad, de tal forma que los miembros señalen la cantidad y el tipo de publicidad que desean recibir y de ayudar a los miembros a evaluar la cualificación de cada vendedor que se dirige a ellos. A aquellos que no deseen recibir publicidad en absoluto se les puede permitir participar en la comunidad pero haciéndoles pagar cuotas de afiliación más elevadas que a aquellos que se muestren más dispuestos a recibir publicidad adaptada a sus necesidades.

Los organizadores de comunidad también pueden empezar a desempeñar el papel de agentes para los miembros. Si analizan detenidamente los perfiles de actividad de los miembros, los organizadores pueden empezar a buscar oportunidades de solicitud de información que pueda interesar a los miembros. Un miembro de una comunidad de audiófilos, por ejemplo, que empieza a leer información en la comunidad sobre cómo evaluar los altavoces de alta calidad para automóviles puede considerar útil recibir información sobre varios tipos de altavoces de alta calidad. Si logra identificar a los vendedores que venden los altavoces adecuados y compaginar la información sobre sus productos con formas adaptadas para pedir los altavoces, el organizador de la comunidad puede ser capaz de captar los ingresos tanto de la publicidad como de la transacción, y a la vez prestarle un servicio útil al miembro de la comunidad.

Como se indicaba en el capítulo anterior, extraer valor de la comunidad implicará en último término algún tipo de combinación de cuotas de afiliación, ingresos por publicidad y comisiones por transacción. Esta combinación y el potencial general de extracción de valor, dependerá de la naturaleza de la comunidad virtual. La clave del éxito estará en utilizar los perfiles de los miembros de una forma responsable, que tome en cuenta la naturaleza de la comunidad y que ofrezca valor palpable a los miembros así como a los proveedores que desean llegar hasta esos miembros.

Fase 3: conservar el tráfico

En esta fase, el objetivo clave es crear barreras que dificulten de manera creciente, a medida que pasa el tiempo, la marcha de los miembros a otra comunidad rival.

Promover las relaciones personales entre miembros

Los tablones de anuncios y las tertulias son particularmente valiosos por su capacidad de crear relaciones personales dentro de una comunidad. Cuanto más llegue un miembro a conocer a sus compañeros de comunidad «Joe» o «Mary» y llegue a contar con sus consejos y apoyo, más difícil le resultará cambiarse a otra comunidad rival. Incluso si esa comunidad tiene tablones de anuncios y tertulias sobre los mismos temas exactamente, es poco probable que ofrezcan acceso a «Joe» o «Mary». Las relaciones personales específicas pertenecerán a una sola comunidad.

Los organizadores de comunidades no deberían limitarse a promocionar tablones de anuncios y tertulias para cubrir las necesidades de relaciones de sus miembros. Algunas comunidades, como las comunidades dedicadas a ciertas enfermedades (cáncer, diabetes), las dedicadas a alguna forma de dependencia (alcoholismo, adicción) y las comunidades centradas en traumas personales (divorcio, viudos/viudas) potenciarán inevitablemente relaciones personales profundas. Sin embargo, incluso las comunidades temáticas pueden promocionar la creación de relaciones personales. Una comunidad de deporte, por ejemplo, puede patrocinar excursiones para que sus miembros acudan a los acontecimientos deportivos locales, crear tablones de anuncios de «citas» o dar acceso a sus miembros a los perfiles de otros miembros (si éstos se lo autorizan) para ayudarles a encontrar gente que comparta los mismos intereses, aparte de los deportes. Todos estos dispositivos ayudarán a satisfacer la necesidad de los miembros de relaciones personales. Cuanto más se cubran estas necesidades en una comunidad en concreto, más difícil les resultará a los miembros abandonar la comunidad.

Los miembros se crearán sus propias razones para no abandonar la comunidad.

Acumular y organizar el contenido generado por los miembros

El contenido generado por los miembros, es decir, la acumulación de los envíos a los tablones de anuncios y las transcripciones de las tertulias, es un activo único de cada comunidad. Si los miembros abandonan esa comunidad, puede que encuentren categorías similares de contenido generado por los miembros en otras comunidades, pero no encontrarán ese mismo contenido. El organizador de la comunidad puede reforzar este activo único acumulando rápidamente este tipo de contenido, editándolo con decisión para mantener altos niveles de calidad e indizándolo para que sea más accesible cuando los miembros lo necesiten en el futuro. Este activo sirve para diferenciar a la comunidad y hará que les resulte más difícil —a los miembros que cuentan con él— abandonar la comunidad.

Mejorar la funcionalidad de la comunidad

Los organizadores de la comunidad pueden aprovechar otro activo único: los perfiles de utilización de los miembros, para satisfacer sus necesidades desde el principio. Por ejemplo, cuando observe la aparición de grupos de discusión sobre subtemas específicos en tablones de anuncios y tertulias, el organizador puede crear rápidamente nuevas ofertas de servicios. Esta profundidad fractal aumentará la reticencia de los miembros a inscribirse en otras comunidades que no han ofertado nuevos servicios de forma tan decidida.

En este caso, la colocación de barreras puede que no exija aumentar la oferta, sino simplemente sacar información de las pautas de utilización para desarrollar interfaces y diseños que resulten más agradables al usuario. El organizador de una comunidad puede, por ejemplo, percatarse de que los miembros piden información sobre un tema determinado, introduciendo una palabra clave que no se capta correctamente en el esquema de indización general de la comunidad. Llevando a cabo pequeñas mejorías como ésta, el organizador de la comunidad puede transmitir la impresión de que «las cosas son más fáciles de encontrar en esta comunidad» y eso hará que los miembros se queden en la comunidad y sean reticentes a abandonarla.

Adaptar los recursos a las necesidades individuales de los miembros

Otra forma de sacar provecho del activo único que son los perfiles de utilización de los miembros, será invirtiendo en tecnologías que permitan al organizador, o cada vez más, a los propios miembros de la comunidad, adaptar su experiencia en la comunidad a sus necesidades individuales. Así, por ejemplo, los miembros de la comunidad pueden ser capaces de personalizar su interfaz de usuario o los directorios a los que acceden para que reflejen sus preferencias o prioridades. Los miembros veteranos pueden considerar que las pantallas de menús diseñadas para ayudar a los nuevos miembros a navegar por la comunidad les hacen perder demasiado tiempo. Pueden especificar un conjunto de pantallas iniciales que presentan la elección de foros, vendedores y servicios de información que visitan con más frecuencia y acudir a los menús más completos sólo en ocasiones menos frecuentes, cuando buscan algo nuevo. Las comunidades pueden proporcionar a cada miembro una hoja informativa diseñada con el fin de poner de relieve los artículos que pueden interesar a un miembro, basándose en la actividad previa y en las pautas de interés de cada miembro. Ya existe tecnología capaz de saber qué artículos de esa hoja informativa selecciona el miembro para una lectura más detallada, y basándose en esa información puede afinar más la selección de nuevos artículos para la hoja informativa.

Se podría facilitar a los miembros una tecnología agente, a la que podrían «entrenar» para que reflejara sus preferencias. El director de un departamento de compras de una cadena de restaurantes de comida rápida puede recibir de una comunidad de servicios alimenticios la tecnología agente necesaria para buscar los mejores proveedores de patatas. Basándose en las pautas de compras anteriores, esta tecnología de agentes «sabrá» que el gerente de compras quiere una calidad especial de patata, proveniente de un número limitado de áreas geográficas, y que sólo tratará con vendedores que puedan cumplir ciertos plazos de entrega y de pago. La tecnología agente buscaría entonces los vendedores apropiados y las ofertas disponibles para los suministros en cuestión. Gracias al análisis de la elección que hace el director de compras entre las diferentes ofertas propuestas, la tecnología agente afinaría sus criterios de búsqueda para la siguiente ronda de compras. Este conocimiento acumulado sobre las necesidades y las preferencias del director de compras se convierte en algo valioso para él. Probablemente estará poco dispuesto a perderlo por cambiar de comunidad.

Esta adaptación al cliente puede suponer una inversión de tiempo, al principio, para los miembros de la comunidad, pero mejorará de forma significativa su experiencia en la comunidad y una vez que está hecho les hará más reticentes al abandono. A cualquier nueva comunidad, le faltará el perfil de utilización requerido para que el organizador de la comunidad ayude a los miembros a adaptar el entorno a sus necesidades y los propios miembros tendrán que perder tiempo adaptando el nuevo entorno a sus necesidades.

Entrar en el negocio de la comunidades virtuales implica cierto grado de riesgo e incertidumbre. Si construyen sobre las inversiones previas de los demás y mantienen como objetivo firme conseguir una masa crítica de miembros antes de empezar a preocuparse por el comercio, los organizadores pueden, sin embargo, entrar en el negocio de las comunidades virtuales de forma rápida y efectiva. Estas acciones también les hará menos vulnerables a los ataques de los competidores que entren más tarde.

7
EL TOQUE DEL JARDINERO

Gestionar el crecimiento orgánico

Tire las hojas de cálculo, los proyectos, los organigramas y los planes quinquenales. Las comunidades virtuales requieren una mentalidad diferente y un nuevo enfoque gerencial, más parecido a las tareas del jardinero: sembrar, alimentar y arrancar las malas hierbas. Los buenos organizadores conseguirán equilibrar un enfoque orgánico para la construcción de la comunidad con una atención muy centrada en las palancas económicas claves que generarán la creación de valor.

¿Qué debe hacer el organizador de comunidad virtual, cuando el éxito esperado de la comunidad trae consigo un número creciente de miembros? Después de todo, no es tan fácil experimentar el sentimiento de comunidad entre tanta gente. Por ello, cuando reflexionen sobre lo que se necesita para gestionar y organizar una comunidad virtual, a medida que empieza a crecer, los organizadores deben crear una organización que sea lo suficientemente «escalable» como para que la comunidad en su conjunto se beneficie del incremento de socios en miles e incluso millones. Esto significa que el organizador de la comunidad debe conservar el sentimiento de intimidad y continuidad, y a la vez captar los beneficios de escala que se puedan, al menos en parte, transmitir a los miembros.

A un nivel más abstracto, gestionar una comunidad de forma efectiva será como gestionar cualquier otro negocio: tomar las medidas adecuadas a los resultados deseados, y adaptarlas conforme crece el negocio. Ello constituirá una herramienta importante para asegurar la buena salud de la comunidad. Pero una vez que se analizan los pormenores, está claro que los retos gerenciales que plantea organizar una comunidad virtual exigen un enfoque diferente, más orgánico que para otro tipo de negocios. En este capítulo, examinamos esos retos gerenciales y sugerimos que las competencias del jardinero de sembrar, alimentar y arrancar las malas hierbas son las más análogas a las que los organizadores de comunidades necesitarán para ayudar a las comunidades virtuales a crecer. También analizamos las nuevas competencias y los roles organizativos que son esenciales para el éxito de la comunidad.

Exigencias del crecimiento

El crecimiento de la comunidad virtual depende de la habilidad del organizador para realizar dos tareas: (1) proporcionar escalabilidad, lo que permitirá a una comunidad crecer sin perder el sentimiento de comunidad, y (2) soltar las riendas, lo que significa permitir a la comunidad crecer orgánicamente sin estar «hiper planificada» o «hiper gestionada».

Proporcionar escalabilidad

A menudo se nos pregunta a partir de qué número de miembros una comunidad pierde el sentimiento de *ser* una comunidad. Nuestra respuesta es que las comunidades virtuales, tal y como las hemos definido (formadas por un gran número de subcomunidades), tienen potencial para contener millones de miembros. En otras palabras, creemos que las comunidades son «escalables», que pueden aprovechar los beneficios del crecimiento, manteniendo a la vez el sentimiento de comunidad. Estos dos objetivos no se excluyen necesariamente uno a otro, pero el organizador debe tomar medidas concretas para que esta posibilidad se haga realidad.

Conservar el sentimiento de comunidad. Existen dos aspectos diferentes en la conservación de la comunidad. En primer lugar, el organizador debe estructurar la comunidad de forma que proteja su intimidad. Una vez que se ha desarrollado un sentimiento de comunidad, se puede disolver fácilmente si los pequeños grupos que la componen se ven desbordados por demasiados nuevos miembros. Para que una comunidad virtual conserve su sentimiento de comunidad, sus subcomunidades deben seguir siendo pequeñas. Hay distintas formas de conseguirlo, pero ninguna se hará sola. El organizador debe impulsarlas.

En primer lugar, el organizador de la comunidad puede trabajar para establecer una cultura que incite al desarrollo de subcomunidades fractales nuevas, cuando un número suficiente de miembros demuestran un interés especial a través de lo que dicen o de lo que buscan, en los tablones de anuncios o en las tertulias. Para eso, el organizador debe dar a las subcomunidades los recursos necesarios para desarrollarse. La filosofía de crecimiento debe explicarse a los miembros cuando entran a formar parte de la comunidad y verse reforzada entre los responsables de comunidades (el papel de esos responsables se analiza más adelante en este capítulo) para que estén al tanto de oportunidades que ayuden a la formación de subcomunidades. En *America Online*, por ejemplo, las tertulias están limitadas a veinticinco personas. Si intenta entrar una persona más se crea automáticamente una nueva tertulia. Se pueden aplicar estos mismos principios a las subcomunidades, que incluirán no sólo tertulias, claro está, sino también tablones de anuncios, acontecimientos *online*, publicidad y transacciones.

En segundo lugar, el organizador puede establecer una «gradación» dentro de las subcomunidades, que permita a los miembros leales disfrutar de cierta protección frente a la multitud de «novatos». Debe encontrarse un delicado equilibrio entre asegurar la «calidad» de los miembros y animar a todos los recién llegados a formar parte de la comunidad. El punto de equilibrio dependerá del tipo de comunidad. Una comunidad geográfica dirigida a gente que acaba de mudarse a una área puede estar más abierta a la participación de todos que una comunidad donde se debaten técnicas sofisticadas de inversión. Incluso dentro de un mismo tipo de comunidad, la severidad del filtro aplicado a los nuevos miembros puede variar considerablemente y los miembros podrían elegir libremente una comunidad cuyos filtros correspondan a sus necesidades. Es posible que las comunidades se segmenten en zonas, algunas de las cuales serán accesibles a todos y otras tendrán controles de acceso. A veces se ofrece un compromiso entre ambos. En *Silicon Investor*, uno de los sitios descritos en el capítulo 5, hay un área llamada *Stock Talk*, que viene descrita como «un foro para la discusión y el análisis educado de la industria tecnológica. Si es usted usuario registrado, puede participar en las discusiones diarias. Si no, está cordialmente invitado a aprender y observar sin participar». El acceso está abierto pero la participación limitada de alguna forma.

El segundo aspecto importante de la conservación de la comunidad es mantener su integridad o un sentido de continuidad entre los miembros. La tasa de abandono es uno de los principales problemas de las jóvenes empresas en Internet. Hay tantas cosas nuevas que explorar que los que navegan en la red siguen entrando en otros sitios. Para conservar la comunidad, el organizador debe intentar animar a la misma gente a que siga volviendo. Una forma de hacerlo es ofreciendo un calendario de acontecimientos que sirvan de «gancho» para atraer a los miembros de nuevo y durante un tiempo suficiente para empezar a desarrollar relaciones con otros miembros de la comunidad. Establecer directorios —según las líneas señaladas en el capítulo 6— puede hacer que la gente vuelva a la comunidad, al menos como punto de partida de sus exploraciones en la red. Un esfuerzo cuidadoso de presentación, probablemente combinado con herramientas personalizadas de búsqueda que saben qué productos buscar para cada miembro, conforman otro mecanismo que anima a los miembros a seguir volviendo, atraídos por las transacciones irresistibles que se les ofrece.

Asegurarse de que se aprovechan las ventajas de escala. A la vez que ayuda a cada subcomunidad a conservar su intimidad, el organizador de la comunidad debe aprovechar también las ventajas de escala y asegurarse de que la comunidad en su conjunto disfruta de ellas. Una comunidad más grande tendrá mucho más poder de negociación que una pequeña. El organizador de la comunidad debe cerciorarse de que los responsables de éstas aprovechan esta ventaja general cuando negocian los costes de los derechos de contenido publicado, cuando invitan a personajes famosos, compran software o negocian precios de bienes y servicios.

Una comunidad más grande será capaz de repartir los gastos importantes entre un mayor número de miembros, pero debe asegurarse que las subcomunidades utilizan los recursos centrales y no se los proporcionan por su cuenta. Los gastos compartidos podrían ser el marketing, el servicio al cliente, los sistemas de información, la gestión de la información y la facturación.

Soltar las riendas

El segundo requisito para que el crecimiento se desarrolle con éxito es la flexibilidad a la hora de llevar las riendas. Una comunidad no crecerá si el organizador intenta mantener un control excesivo sobre la propiedad, el liderazgo, el contenido, la estructura de la comunidad y las decisiones de gestión.

Crear franquicias. Hemos sugerido que el organizador debía estar al acecho de las oportunidades de crear subcomunidades. Siguiendo esta idea, un organizador debería ser lo suficientemente flexible como para permitir que las comunidades puedan ser convertidas en franquicias (o empresas afiliadas, como describimos en el capítulo 4) dando a sus responsables una parte de la propiedad y a la vez manteniendo las subcomunidades dentro de la esfera de influencia de la comunidad matriz (o comunidad amplia). Esto no es muy diferente del concepto aplicado por los grandes almacenes Bloomingdale, que alquilan espacios a detallistas independientes, quienes se benefician del fuerte entorno del almacén, aunque manteniendo su independencia en cuanto a propiedad y gestión.

Los responsables de una subcomunidad «en franquicia» podrían controlar su diseño y sus operaciones diarias. Pero habría límites al grado de control que el organizador central debería ceder. Sería especialmente importante que la comunidad matriz conserve el derecho de captar información sobre la actividad de los miembros en todas sus subcomunidades. También debería asegurarse de que los miembros sólo puedan acceder a la subcomunidad desde la comunidad matriz (no directamente desde Internet por ejemplo). Ésta debe encontrar formas de mantener emocionalmente ligados a los miembros de las subcomunidades con la comunidad matriz, posiblemente incentivando a los miembros de esta última y a los de las comunidades en franquicia para que pasen tiempo en el área del otro.

Dar mayor poder a los miembros. Un organizador de comunidad debería conceder mayo poder a sus miembros en cuanto a decidir qué aspecto debería tener su comunidad, quién les vende y qué se dicen entre ellos. Pero el organizador debe encontrar un punto de equilibrio entre el poder de los miembros y la protección de los intereses de toda la comunidad. El organizador debería intervenir para proteger los derechos de la mayoría y mantener la calidad del sitio. Muchos sitios *online* se niegan a ejercer su derecho de hacer callar a los participantes desagradables, un problema que aparecerá con mayor probabilidad en una comunidad de consumidores que en una comunidad dirigida a empresas Los miembros también deben ser incentivados a participar activamente en la comunidad, desempeñando papeles de liderazgo en las subcomunidades. De nuevo, esta es una cultura que debe ser constantemente reforzada tanto entre los miembros como entre los responsables: los líderes deben ser identificados activamente y equipados adecuadamente.

El modelo de gestión «orgánica»

En nuestra opinión, para que una comunidad crezca, sus responsables y supervisores deben desarrollar una actitud muy diferente de la que requieren otros negocios. Ya hemos hablado del concepto de «propietarios naturales», ya que existen negocios que parecen ser los candidatos naturales para convertirse en organizadores de comunidades. Y hemos dicho que muchas personas que creían que sus activos anteriores los colocaban en buena posición para este tipo de propiedad natural pueden encontrarse, de hecho, con una sorpresa desagradable cuando estos activos no son tan importantes como la actitud y las habilidades que la empresa aporta a la creación de la comunidad. El mejor término para describir esta actitud es «orgánica».

Como lo puede atestiguar todo aquel que haya empezado a montar un negocio en la red, el crecimiento de una comunidad no se puede «planificar» con el mismo detalle con que se organiza el lanzamiento de un nuevo producto alimenticio, basándose en un plan de cinco años. Esta forma de planificar puede ser una trampa para el organizador de la comunidad. Aunque cierto grado de planificación es saludable, las direcciones que toma una comunidad al crecer serán muy difíciles de prever con precisión porque estarán en función, no sólo de quién participe, sino también de la química entre los participantes.

Los planes mejor diseñados a menudo son los peores.

Una comunidad evolucionará constantemente: a diferencia de muchos otros productos, pero de manera similar a los demás medios de comunicación creativos, una comunidad cambiará a medida que crece. Como se explicó en el capítulo 5, surgirán puntos de interés de ciertos grupos de miembros, creando oportunidades para que se desarrollen subcomunidades si el organizador está al acecho de las oportunidades y aporta los recursos necesarios. Lo más deseable es precisamente este tipo de crecimiento que evoluciona de manera natural. Estas subcomunidades —y también la comunidad global— tendrán mucho más éxito que si se hubiesen planeado.

Parent Soup, la comunidad emergente dedicada a los padres, y que hemos descrito en el capítulo 5, anima a sus miembros a sugerir nuevos «grupos» *online*: «¿No encuentra el grupo que necesita? Cree el suyo propio. Para empezar su grupo, diríjase a nuestros tablones de anuncios... envíe un mensaje que describa el propósito de su grupo y cuándo desean reunirse. Después, le ayudaremos a llevar el proyecto adelante.» Los responsables deben ceder parte del control al cliente. El cliente, en este caso más que nunca, debe definir el producto con exactitud.

Gestionar el crecimiento de una comunidad implica sembrar, alimentar y arrancar las malas hierbas. *Sembrar* se puede referir al experimento de empezar nuevas subcomunidades y luego esperar a ver si funcionan, de forma muy parecida a la que Sony utilizó cuando, llegado el momento, invirtió en el desarrollo de nuevos productos gastando dinero en muchos proyectos y esperando a ver cuáles «seguían en pie». El resultado fue el Walkman de Sony. Un ejemplo en la red es el esfuerzo «Invernadero» de *America Online* por cultivar el desarrollo de subcomunidades. *America Online* proporciona dinero para la «siembra», para que los empresarios interesados desarrollen conceptos empresariales de comunidades virtuales, y les asiste con su apoyo para la producción *online*, con recursos para el marketing y la promoción en la red. Esto ha dado lugar al lanzamiento con éxito de varios tipos de comunidades, como *Motley Fool*, *HouseNet*, *Thrive* (una área temática relacionada con la salud y la forma física), *NetNoir* (para los afroamericanos) y *iSKI*. Dentro de una comunidad, «sembrar» significa empezar conversaciones, sembrando ideas que inciten, encontrando anfitriones atractivos o conocidos, y reclutando a miembros entusiastas. Algunas veces estas subcomunidades surgirán y se desarrollarán por su cuenta, pero a menudo deben ser activamente incentivadas.

Alimentar significa que a las subcomunidades prometedoras se les debe dar los recursos necesarios para encontrar y apoyar a los vendedores, para crear o comprar acceso a contenido publicado que pueda tener valor, y para invertir en anfitriones de tertulias, servicio al cliente y sistemas de apoyo. El organizador de la comunidad debe crear un entorno de gestión en el que se acepte y recompense la toma de riesgos si corresponde a las necesidades de los miembros. «Alimentar» también se refiere a los ánimos que el organizador de la comunidad debe dar a los organizadores de subcomunidades, que deben mostrarse creativos y enérgicos, incluso si algunos de sus esfuerzos fracasan. Estos individuos serán imprescindibles para la fuerza de una comunidad a largo plazo.

Arrancar las malas hierbas significa que los responsables de comunidades deben estar constantemente al acecho de las «ramas muertas» para podarlas. Por ejemplo, las tertulias vacías deberían ser eliminadas o cambiadas porque disminuyen el sentido de comunidad y enfrían el entusiasmo. Se debería controlar el comportamiento desagradable de anunciantes o miembros. Se debe asimismo eliminar progresivamente los acontecimientos *online* impopulares. Los organizadores de subcomunidades que no responden a las necesidades de los miembros deben ser sustituidos. Pero la tarea de «arrancar las malas hierbas» no debe imponerse a los miembros de la comunidad de forma arbitraria. No debe percibirse como una operación de mano dura. Una forma de eliminar progresivamente áreas de la comunidad estancadas o improductivas, por ejemplo, es establecer previamente un tiempo límite de vida para todas las subcomunidades o tertulias individuales y reexaminar en ese momento si pueden seguir adelante.

La responsabilidad global de la dirección de una comunidad del tamaño y naturaleza descritos en el capítulo 3 (incluyendo el control de funciones tales como marketing, desarrollo de contenido y gestión financiera) no es función del director general tradicional. Lo que se necesita es una combinación de creatividad, flexibilidad y (dado el tamaño de la comunidad) rigor financiero. Esto no es muy diferente del papel del productor en un estudio cinematográfico. De hecho, la persona que desempeña el papel de jefe operativo en *Parent Soup* se describe a sí misma como su productora.

El productor ejecutivo de una comunidad debe saber apreciar la creatividad, tener simpatía para con los miembros, tener instinto para atraer «talento» a la comunidad y ser estricto con los resultados económicos. Un fuerte sentido del ritmo de crecimiento será crucial. Será cosa del productor ejecutivo, por ejemplo, decidir cuándo la comunidad debe empezar a ampliar su objetivo y pasar de adquirir miembros a incrementar las tasas de utilización y a atraer anunciantes y vendedores. El productor ejecutivo debe saber cuándo intervenir y cuándo dejar que las cosas sigan su curso. El productor debe combinar flexibilidad y control.

HABILIDADES NECESARIAS

Uno de los papeles clave del productor ejecutivo será encontrar y desarrollar las habilidades necesarias para hacer crecer la comunidad. Cada fase del desarrollo de la comunidad está asociada a un conjunto de habilidades diferentes. Muchas de las funciones que se necesitan para gestionar una comunidad son nuevas, mientras que otras son variantes de roles que se desempeñan en las empresas actualmente. (El gráfico 7-1 representa el organigrama de una comunidad de tamaño medio a grande.) Estos roles se clasifican en las tres áreas de actividad con las que están asociadas: adquirir miembros, estimular la utilización y extraer valor de la comunidad.

La adquisición de miembros

La responsabilidad de llegar hasta los miembros potenciales recae esencialmente en el director de marketing de la comunidad. Éste tiene un objetivo claramente cuantificable: un número determinado de nuevos miembros. El experto en marketing puede sacar provecho de los perfiles de información sobre los miembros, así como de la retroinformación subjetiva que le proporcionan las tertulias y los tablones de anuncios para aprender qué elementos de la comunidad valoran más los participantes actuales. Como maneja un conjunto de datos mucho más completo que el que utiliza la mayoría de expertos en marketing,

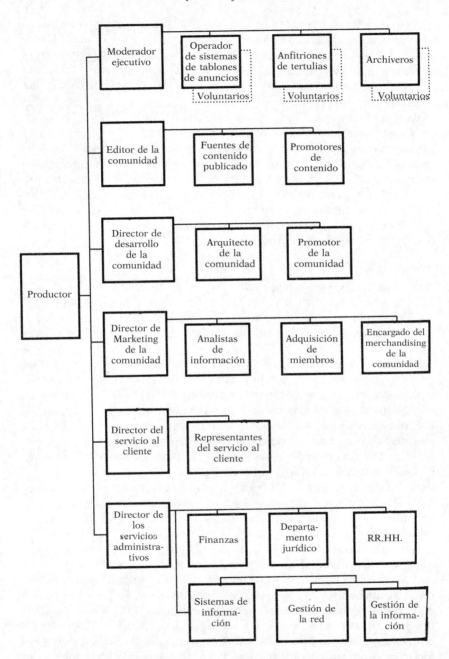

Gráfico 7.1. Organigrama de una comunidad establecida.

el responsable de marketing de la comunidad puede aplicar las técnicas tradicionales del análisis de mercados para segmentar el «mercado» de la comunidad y crear un mensaje que atraiga a los miembros potenciales.

El «rumor» es el combustible que hace funcionar al marketing online.

Comunicar el mensaje exigirá algunos enfoques nuevos. El experto en marketing tendrá acceso limitado a los medios de comunicación tradicionales para anunciarse, al menos a corto plazo, por el gasto que ello supone. Promocionar una comunidad es crear un rumor que promueva acciones gratuitas de Relaciones Públicas y hacer que corra la voz. También supone saber dónde anunciarse en la red y cómo promocionar la comunidad a través de asociaciones comerciales u otras.

La utilización por los miembros

Existe una serie de roles necesarios para estimular la utilización de una comunidad por sus miembros, una vez que han decidido probarla.

Anfitrión. Los anfitriones gestionan el contenido generado por los miembros, lo que incluye tablones de anuncios, tertulias y acontecimientos *online* en tiempo real. Describiremos tres tipos de anfitriones, dos de los cuales ya existen en la actualidad. Uno es el «operador de sistemas» (*sysop*) de tablones de anuncios que ya mencionamos anteriormente en el libro. Existen aproximadamente 40.000 en Estados Unidos. Los operadores de sistemas gestionan un tablón de anuncios específico, con diferentes grados de control editorial, en función de la filosofía de la comunidad. Pueden asegurar que no se envíen preguntas o respuestas «inadecuadas», esto es, las que son «repetitivas», «erróneas» o «que no son de buen gusto». (La definición de estos términos está en manos del operador de sistemas, no del diccionario.)

Un segundo papel es el de anfitrión de tertulia, que modera las tertulias en tiempo real. El término está aceptado y se usa en la actualidad de forma generalizada. Los anfitriones de tertulias desempeñan el mismo papel editorial que los operadores de sistemas, pero participan en la conversación, insertando en ella preguntas o ideas interesantes. Pueden ser los anfitriones de la reunión y sus ayudantes. Los anfitriones de tertulias son una mezcla de columnista de periódico y presentador de programa de entrevistas. En el futuro, probablemente tanto ellos como los operadores de sistemas serán más «activos» en su tarea de asegurar una calidad superior en las conversaciones e interacciones entre miembros, especialmente cuando las comunidades crezcan y acudan a la red una mayor cantidad de miembros.

Muchos operadores de sistemas y anfitriones de tertulias son miembros de la comunidad, que desempeñan ese papel de forma voluntaria, recibiendo, generalmente, una compensación en forma de utilización gratuita a cambio de su tiempo. Además de estas dos posiciones, se puede necesitar también un moderador ejecutivo que sea responsable de todo el contenido generado por los miembros. Esta persona supervisaría a los anfitriones y operadores de sistemas, los reclutaría, los entrenaría, los sancionaría y controlaría de forma sistemática la calidad de su trabajo. Esto mismo exigirá un enfoque orgánico de la gestión: el moderador debe aprender a identificar las cualidades de un anfitrión o un operador de sistemas eficaz, esperar a que aparezcan los adecuados y darles un papel en la comunidad. Esto le llevará algún tiempo. Además, los buenos anfitriones de tertulia pueden convertirse en un recurso valioso. Una empresa de Silicon Valley, *LiveWorld* (creada por el antiguo responsable del *e-World* de *Apple*, Peter Friedman), se creó basándose en gran parte en la fuerza de su equipo de anfitriones de tertulia, que Friedman y su equipo habían ido identificando y cultivando durante los últimos años.

Además, el moderador sería el responsable de elaborar la política de la comunidad en lo que se refiere al control editorial del contenido generado por los miembros. ¿Qué es lo que la comunidad no admite ver publicado? ¿Cómo pueden respetarse a la vez la libertad de expresión y los sentimientos de los miembros en su conjunto? Como el secretario de un club, el moderador debe fijar las normas para los miembros y estar constantemente en busca de ideas que podrían mejorar la calidad de los momentos que los miembros pasan juntos. Esto incluye establecer nuevos tablones de anuncios para que los miembros programen y organicen acontecimientos *online*. Como las noches especiales de los clubs, estos acontecimientos son ocasiones en las que se invita a un ponente especial a unirse a los miembros para dar una «charla» sobre un tema de interés y a contestar a las preguntas de los miembros que le escuchan. *ESPNET*, el *web* de los deportes, puede anunciar que un portero de hockey sobre hielo «contestará a sus preguntas después del entrenamiento, el viernes a las 13.30, hora de la Región Este (de EE.UU.)».

Un moderador eficaz se dirigirá a los anfitriones de la comunidad y a los operadores de sistemas para obtener ideas sobre cómo mejorar el entorno de la comunidad para las interacciones de los miembros. Éstos están más cerca del día a día de los participantes de la comunidad y tendrán un buen sentido de cuándo un tablón de anuncios o una tertulia está madura para dividirla en subcomunidades o para ser eliminada. El crecimiento orgánico de la comunidad se verá influido de forma considerable por estos anfitriones y operadores de sistemas, y el moderador debe decidir cuál es la mejor manera de motivar y compensar a esos individuos, posiblemente creando oportunidades de «franquicia», como describíamos anteriormente en este capítulo.

Archivero. No existe por ahora ningún modelo del papel de archivero, cuya tarea sería crear la biblioteca del contenido generado por los miembros, un recurso importante para mantener interesados e informados a los miembros a lo largo del tiempo y uno de los principales puntos que, a largo plazo, permitirán a la comunidad distinguirse de otras comunidades. El archivero desarrollará un proceso de revisión de cuanto producen los tablones de anuncios y las tertulias de la comunidad, decidiendo qué malas hierbas arrancará y con qué se quedará. *ESPNET*, por ejemplo, ofrece «transcripciones de tertulias» de conversaciones que han tenido lugar con participantes famosos, que alguien ha tenido que grabar, editar y archivar electrónicamente. Este tipo de contenido debe almacenarse de forma accesible, permitiendo a los anfitriones, a los operadores de sistemas y a los propios miembros recurrir a él en tiempo real para contestar a las preguntas o para aportar algo a las conversaciones. El archivero no es muy diferente del que maneja las estadísticas deportivas, procesa grandes cantidades de información y comunica los datos apropiados a los comentaristas, en directo.

En teoría, el archivero filtrará todo el contenido generado por los miembros, identificando los datos de interés, marcándolos y archivándolos electrónicamente. En la práctica, deberá pedir a los anfitriones de tertulias, los operadores de sistemas y los sistemas de información que le ayuden a desempeñar este papel. Debería dar a los anfitriones líneas directrices que les indicaran qué datos del contenido conservar, y enseñarles el sistema a seguir para archivarlos electrónicamente. Con el tiempo sabrán por sí mismos lo que deben conservar. El archivero también debe indizar esta información y permitir que se acceda a ella fácilmente. La indización es probablemente el mayor desafío de todos, ya que la estructura de las subcomunidades cambiará a medida que cambie la comunidad, siendo más difícil que los archivos reflejen exactamente la estructura de la comunidad. El archivero debe ser muy hábil manejando información y estar al día en tecnología de sistemas y de software. Como su papel se centra en el contenido generado por los miembros, deberá informar al moderador ejecutivo.

El editor de la comunidad. El editor de la comunidad es responsable del contenido no generado por los miembros, esto es, el contenido publicado por empresas externas o creado por el propio organizador de la comunidad. Este material puede abarcar desde revistas *online* y artículos, hasta estadísticas, servicios de información en tiempo real o bases de datos accesibles. En una comunidad de empresa a empresa para granjeros, por ejemplo, el editor puede tener que asegurarse de que la comunidad dispone de datos actualizados como los índices de precios de los productos, las condiciones meteorológicas del país, artículos sobre comestibles o fertilizantes y boletines informativos sobre asuntos legales o campañas actuales de presión a las instituciones legislativas. El editor *no* será responsable de la publicidad sobre el equipamiento agrícola de segunda mano que aparece en los tablones de anuncios o de las discusiones sobre el politiqueo más reciente en las tertulias y foros *online*; éstos formarían parte del contenido generado por los miembros.

La palabra *editor* es —como operador de sistemas o anfitrión de tertulia— un término ampliamente utilizado. Por ejemplo, en *Total New York*, un sitio que mencionamos en el capítulo 5, existen unos cargos llamados editor y director de programación. Es responsabilidad del editor entender la necesidad de información de los miembros y satisfacerla con las fuentes adecuadas de información. El editor puede negociar con proveedores externos de este tipo de contenido y crear valor para los miembros, conjugando precio, conveniencia y calidad. Por otra parte, como todas las comunidades generarán al menos una parte de su propio contenido «publicado», el editor controlaría su creación a través de un equipo de promotores de contenido. Las comunidades más grandes empezarán a crear dicho contenido publicado en forma de revistas electrónicas internas o bases de datos que aprovechan el contenido generado por los miembros. El editor será responsable de decidir qué aspectos de ese contenido editorial deberá desarrollar la comunidad por sí misma y cuáles deberá obtener fuera de la comunidad.

Director del servicio al cliente. Responder a las preguntas de los participantes, de forma rápida y sencilla, es de vital importancia para que los que visitan la comunidad por primera vez se sientan acogidos y se conviertan en miembros al cien por cien. Aquí se trata de una asistencia personalizada y será difícil de llevar a cabo por la gran variedad de tipos de llamadas que, probablemente, lleguen hasta la centralita del servicio al cliente. Algunas serán de novatos en informática que aún están intentando resolver cómo pasar de la primera página al *web* de la comunidad. Otras será para avisar a la comunidad de que el servidor no funciona. Habrá otras llamadas, sin embargo, que no tendrán nada que ver con la comunidad («¿Por qué mi factura de conexión a

Internet fue tan elevada el mes pasado?»). El papel del director del servicio de atención al cliente es asegurarse de que todas estas llamadas se atienden de forma efectiva sin acarrear gastos excesivos.

Dado el coste del personal, el servicio al cliente puede ser uno de los principales capítulos de gastos, en los primeros años de la comunidad. La comunidad puede, por supuesto, intentar trasladar al vendedor (o pedirle que se lo devuelva) el coste de las llamadas que estén directa y exclusivamente relacionadas con transacciones que lleva a cabo un vendedor de la comunidad, aunque normalmente la comunidad considerará la calidad de su servicio al cliente como un factor que la diferencia de sus competidores y querrá hacerse cargo de estos gastos.

La satisfacción de los miembros será la medida clave del éxito de esta función y los tablones de anuncios de la comunidad serán probablemente una fuente directa de retroinformación sobre cómo se puede mejorar esa función. Dado que ésta es una de las principales fuentes de gasto, que muchas llamadas tenderán a ser similares y que se necesita una cobertura de 24 horas, ésta es una función que muy probablemente compartirá la comunidad en su conjunto o varias comunidades en el caso de constelaciones o coaliciones.

Director de los sistemas de información. En la dirección de la comunidad, los directores de sistemas de información desempeñarán claramente un papel fundamental, aunque en la sombra. Deben asegurarse de que el servidor de la comunidad tiene la suficiente capacidad como para almacenar todo el contenido de la comunidad: tanto el material generado por los miembros como el publicado, y para archivar los perfiles de sus miembros. También deben asegurarse de que la comunidad posea capacidad de transmisión adecuada: las líneas telefónicas que conectan las llamadas de los miembros de la comunidad con y entre los servidores de la comunidad. Como en caso del servicio al cliente, la «retroinformación» sólo aparecerá cuando algo va mal. A un nivel más estratégico, estos directores deben velar por la seguridad de todos los datos financieros que entran y salen de la comunidad. Deben trabajar con el archivero para diseñar el sistema que permita el acceso al contenido generado por los miembros y que se encuentre archivado. También deben desarrollar un sistema que no sólo almacene los perfiles de los miembros y garantice la privacidad de éstos, sino que también produzca informes diarios y adaptados al cliente, que cubran las necesidades de los responsables de la comunidad, así como de los vendedores y anunciantes.

Dadas las enormes cantidades de datos que se manejan y la complejidad técnica que esto acarrea, es probable que este puesto requiera un nivel de especialización que pocas comunidades podrán encontrar en su interior. Por lo tanto, las comunidades compartirán esta función con otras o, más probablemente, la externalizarán. Es casi seguro afirmar que muchas grandes empresas como IBM o AT&T ofrecerán este tipo de servicios a los organizadores de comunidades.

Promotor de la comunidad. Como los promotores inmobiliarios, los promotores comunitarios son encargados de proyectos, responsables de establecer nuevas subcomunidades o servicios. No son los únicos responsables de la innovación en la comunidad. (Si la innovación no es considerada por todos como la sangre de la comunidad, el ritmo de adquisición de miembros irá a menos y el número de miembros irá disminuyendo lentamente.) El papel del promotor es trabajar con los anfitriones, los operadores de sistemas, los editores y los miembros (entre otros) para comprender qué necesitan las subcomunidades en cuanto a siembra y alimentación y luego proporcionárselo. Éste puede ser otro de esos papeles que sólo las comunidades más grandes podrán permitirse el lujo de tener; las comunidades más pequeñas pueden pedir a personas que ocupen otros puestos —como un anfitrión, por ejemplo— que desempeñen esta función.

Arquitecto de la comunidad. El arquitecto de la comunidad optimiza la estructura y el diseño de la comunidad. Este papel lo desempeñan en la actualidad los promotores de software y los consultores de Internet. Mientras que un promotor de comunidad se centra en gestionar la creación de nuevas subcomunidades, un arquitecto de comunidad puede ser contratado para asesorar sobre cuestiones que pueden ser o bien específicas —como trabajar con los operadores de sistemas en el diseño de tablones de anuncios individuales—, o bien generales —como la estructura global de la comunidad. El promotor de una comunidad de viajes, por ejemplo, puede centrarse en poner en pie docenas de nuevas subcomunidades para satisfacer las necesidades emergentes de los miembros, en una gran variedad de áreas geográficas, incluyendo París, Londres, Venecia, Fidji o Hawaii y crear un alto grado de complejidad en el proceso. El arquitecto de la comunidad ayudará a determinar cómo equilibrar el deseo de satisfacer las necesidades de los miembros y de innovar, frente a la necesidad de asegurarse de que cada tertulia y tablón de anuncios tenga un interés suficiente para los miembros. En este caso, el arquitecto podría sugerir que se cree una subcomunidad para las Islas del Pacífico antes de crear áreas separadas para Fidji y Hawaii. Además, un arquitecto de comunidad puede ser contratado para trabajar con el editor y los promotores de contenido sobre cómo mejorar el interfaz del usuario y la estructura de menús (la secuencia de pasos que el miembro utiliza para llegar al destino deseado) de la comunidad, o sobre cómo equilibrar la proporción de contenido publicado y de contenido generado por los miembros.

Evidentemente, no es necesario que cada comunidad tenga su propio arquitecto. Este puesto se compartirá probablemente entre varias comunidades o se subcontratará fuera de la empresa, pero si existe dentro de una comunidad, esta función puede ser desempeñada o supervisada por un director de desarrollo de la comunidad, que también será responsable de los promotores de la comunidad.

Captación de valor

A medida que una comunidad se centre en captar valor, incrementando el nivel de sus ingresos por publicidad y transacciones, pondrá mayor énfasis en dos funciones: el analista de información y el especialista en merchandising de la comunidad.

El analista de información. El analista de información probablemente será el héroe (o la heroína) desconocido/a de muchas comunidades. Será responsable de la gestión de los perfiles de los miembros, de las enormes cantidades de datos que se generan y almacenan mientras los participantes navegan dentro de las fronteras electrónicas de la comunidad. Debe analizar las pautas de comportamiento de los miembros y deducir de esas huellas digitales lo que es importante para los miembros y lo que no lo es, qué se puede mejorar y cómo. También debe evaluar los resultados de los vendedores —en términos de volumen de las transacciones que generan—, y los resultados de los editores de contenido —en términos de la utilización de los miembros que atraen. Éste no es un papel ejecutivo, sino consultivo. En la práctica, implicará seguir el rastro de los informes que proporcionen retroinformación a los gerentes, de forma regular. Esto incluirá, por ejemplo, información sobre estadísticas demográficas acerca de los participantes y de su comportamiento dentro de la comunidad: cuántas personas han visitado cada tablón de anuncios; cuántas preguntas registradas hay; cuántas respuestas proporcionadas; cuánto tiempo se ha pasado en cada tertulia; cuántos han participado en foros *online*; cuántos y quiénes compraron cuánto y a qué vendedores.

Habrá al menos cinco aplicaciones de esta información:

1. Incrementar la oferta existente de la comunidad, incluyendo el tipo y la profundidad del contenido; el diseño y la disposición de la comunidad; la gama de vendedores y editores de contenido represen-

tados, y posiblemente, incluso, la gama y las características de los productos que ofrecen.
2. Poner en marcha las decisiones estructurales tomadas por el productor ejecutivo, el arquitecto, el promotor y los anfitriones. Los modos de utilización deberían indicar qué tablones de anuncios y tertulias se visitan con más frecuencia y por lo tanto qué áreas de la comunidad global pueden estar maduras para la división fractal en subcomunidades.
3. Reclutar nuevos miembros. Los datos deberían permitir al organizador de la comunidad entender las características de los diferentes tipos de miembros y, por lo tanto, llegar a individuos con perfiles similares.
4. Generar ingresos por publicidad y transacciones. Resumidos en forma de sumario, los datos deberían demostrar lo atractivo que resultan los miembros de la comunidad para los vendedores. Cuando tenga la aprobación de los miembros, la información puede compartirse con los anunciantes para indicar qué miembros pueden estar interesados en recibir de forma selectiva información sobre productos u hojas de pedido. Ésta debería ser a la larga una forma eficiente de conseguir que los vendedores lleguen hasta el público objetivo y que las comunidades consigan una masa crítica de miembros. Por desgracia, algunos vendedores consideran la eficacia a corto plazo y utilizan servicios masivos de correo electrónico para descargar un aluvión de mensajes en los buzones de los usuarios *online*. Esto podría desencadenar una reacción violenta en contra del marketing electrónico en general.
5. Ayudar a los vendedores a entender los puntos fuertes y débiles de sus productos, según lo perciben los miembros de la comunidad. Como comentaremos en el capítulo 9, las comunidades virtuales pueden ser un instrumento efectivo para generar retroinformación directa sobre productos.

Una parte de la función del analista (el almacenamiento y proceso mecánico de los datos y su síntesis en forma de informes) puede contratarse fuera de la comunidad. Pero el analista debe definir como mínimo los requisitos de la arquitectura de la información: qué información debe captarse; en qué formato y cómo debe almacenarse. Un buen analista también será capaz de entresacar las implicaciones de las pautas coherentes observadas en los perfiles de los miembros (como la frecuencia de visitas a ciertos vendedores o a ciertas partes de la comunidad) y proponer ciertas recomendaciones (como facilitar el acceso a ciertas partes de la comunidad) para que los responsables intervengan para satisfacer los intereses tanto de los miembros de la comunidad como de sus vendedores. La capacidad de una comunidad de entender y responder al comportamiento de sus miembros es lo que creará una ventaja competitiva para ésta.

Merchandiser de la comunidad. El merchandiser de la comunidad es el responsable de satisfacer la necesidad de transacción de los miembros de la comunidad, asegurándose de que los proveedores de los bienes y servicios deseados por los miembros están siendo incentivados a participar en la comunidad. El merchandiser también es el responsable de maximizar los ingresos de la comunidad por publicidad y transacciones, lo que indicará si la primera función se ha llevado a cabo eficazmente.

«Satisfacer las necesidades de transacción» de la comunidad significa, en primer lugar, descubrir qué productos los miembros de la comunidad quieren conocer mejor o comprar por vía electrónica. Los

Dos papeles de los que el organizador no puede prescindir: el analista de información y el merchandiser de la comunidad.

informes del analista de información deberían contribuir a ello. Al merchandiser también le puede ayudar la información recogida por los anfitriones de tertulias y los operadores de sistemas en los comentarios de los miembros en las tertulias y los tablones de anuncios. Los anfitriones, incluso, podrían preguntar directamente a los miembros cuáles son sus preferencias. El merchandiser será entonces responsable de reclutar a los vendedores que interesen a los miembros, y explotar los perfiles de los miembros para captar información sobre la comunidad y así hacer de ésta un mercado atractivo para esos vendedores.

El merchandiser puede «maximizar los ingresos por publicidad y transacción» a través de diversas vías. En primer lugar, si asumimos que el organizador de la comunidad recibe una comisión porcentual sobre las transacciones que se llevan a cabo dentro de la comunidad, el papel del merchandiser es establecer la comisión «correcta». A este nivel, la comunidad maximiza sus ingresos encontrando un punto de equilibrio entre mantener las comisiones lo suficientemente altas como para ser significativas y lo suficientemente bajas como para que a los vendedores les interese hacer transacciones con los miembros de la comunidad. Además de establecer los niveles de comisión, algunos merchandisers pueden intentar incrementar los ingresos vendiendo activamente productos y servicios *online*. Como una cadena de Telecompra, la comunidad podría utilizar uno o dos merchandisers muy eficaces para fomentar las ventas a través de la comunidad global. Al hacer esto, sin embargo, puede dañar el papel del organizador de la comunidad como una persona independiente y objetiva, en quien se puede confiar.

En cuanto a la publicidad, un merchandiser podría aumentar los ingresos consiguiendo tasas de éxito muy altas para los anunciantes. Esto significa ayudar a los vendedores a dirigir su publicidad a aquellos miembros que con más probabilidad querrán verla. Esto puede conseguirse utilizando información relativamente sencilla de los perfiles de los miembros (como por ejemplo, en qué tablones de anuncios ha participado un miembro). De esta forma, los miembros que mandan mensajes a tablones de anuncios centrados en viajes a Italia, por ejemplo, podrían recibir automáticamente mensajes de correo electrónico sobre ofertas especiales de Alitalia. Además, para mejorar la eficacia de la publicidad y producir mayores ingresos, el merchandiser puede ayudar a los anunciantes a diseñar su mensaje, basándose de nuevo en la información del analista. Por lo tanto, si algunos segmentos de una comunidad de viajes parecen valorar más el precio que el servicio y prefieren la comodidad de reunir todos los elementos de unas vacaciones, el merchandiser podría aconsejar a Alitalia que desarrolle una publicidad para esos miembros que haga hincapié en los precios bajos y que ofrezca «paquetes» completos de vacaciones a Italia. Aunque esto sea un concepto sencillo, será difícil de conseguir. Exigirá un alto grado de atención por parte de los anfitriones o captar información a un nivel más detallado que el de saber quién ha visitado un determinado tablón de anuncios. También exigirá una flexibilidad considerable por parte de los vendedores.

El merchandiser es el responsable de asegurar que el comercio pueda desarrollarse de forma eficiente y segura dentro de la comunidad. Esto incluye organizar sistemas de pago seguros. También debe identificar formas de facilitar las transacciones comerciales entre los miembros de la comunidad. Esto puede requerir la colocación de una sección de «anuncios por palabras» o el desarrollo de un conjunto más sofisticado de servicios de transacción, especialmente en las comunidades de empresa a empresa. Se podrían instalar, por ejemplo, «salas de reunión» privadas para que los intermediarios pudieran interactuar con los vendedores y compradores, de forma confidencial, y se podría ofrecer una lista completa de servicios de apoyo como cheques de crédito, servicios de prueba y acceso a información sobre tarifas o temas legales.

Finalmente, el merchandiser desempeña un papel decisivo encontrando un punto de equilibrio entre las necesidades a veces opuestas de vendedores y miembros. Los vendedores pueden desear bombardear a los miembros con e-mails que anuncien sus productos o promociones específicas; algunos ya lo hacen. Algunos miembros querrán recibir estos mensajes; otros se negarán rotundamente. El merchandiser debe trabajar con ambas partes para encontrar una solución intermedia satisfactoria. El lema siempre debe ser «la comunidad tiene prioridad sobre el comercio».

Requisitos para la gestión

Una cosa es hacer una lista de los requisitos necesarios para el crecimiento así como de las destrezas, y otra cosa muy distinta es llevarlos a la práctica en la comunidad virtual. Es competencia de los responsables distribuir los papeles que hemos descrito y orquestar la convergencia de las políticas y las personas en torno a objetivos comunes.

Localizar y desarrollar las destrezas de forma efectiva

No será una tarea fácil encontrar a las personas que ocupen las posiciones explicadas en este capítulo, incluso si asumimos que la comunidad puede proporcionar dichas personas. Algunas funciones ya existen en la actualidad en el mundo virtual, otras aún están por aparecer pero tienen posiciones análogas en otros sectores y el resto no existe todavía en ningún sitio.

Las funciones que ya están apareciendo en cierta cantidad, en el mundo virtual, incluyen el operador de sistemas, el anfitrión de tertulia, el editor *online*, el director del servicio al cliente y el director de los sistemas de información. Existen, por ejemplo, unos 40.000 sysops sólo en los Estados Unidos, muchos de los cuales dirigen sus propios servicios de tablones de anuncios independientes (BBS). Hay miles de anfitriones de tertulia —aunque estos varían mucho en cuanto a calidad. También existen centenares de editores que trabajan en los grandes servicios *online* (como *America Online, CompuServe, Prodigy y Microsoft Network*), así como otros muchos más en empresas *online* de nueva creación. El servicio al cliente está bien desarrollado en estos mismos servicios, al igual que en la gestión de sistemas de información.

Unas funciones más difíciles de desempeñar son las que todavía están por aparecer pero que tienen análogos en otros sectores. Entre ellas están las de merchandisers, expertos en marketing y analistas de la información. Está claro que la comercialización es una función importante en muchos sectores. Si bien las funciones más parecidas se encuentran en las empresas de Telecompra, las habilidades necesarias también pueden adaptarse de las empresas relacionadas con los centros comerciales y los grandes almacenes, donde los responsables deben atraer a detallistas que vendan sus productos en su centro o almacén, al mismo tiempo que debe entender las necesidades de los clientes locales. Los analistas de la información también están por aparecer en un número significativo en el mundo virtual. Existen, sin embargo, claros paralelismos con empresas que gestionan grandes cantidades de datos para sus clientes, tales como Nielsen e IRI, quienes siguen el rastro de las compras de los clientes en las tiendas de comestibles en Estados Unidos y también con las empresas a las que Nielsen e IRI atienden, que a menudo poseen sofisticados departamentos de investigación.

Las funciones que aún están por aparecer en alguna parte incluyen los archiveros, los promotores de comunidad y los arquitectos de comunidades. Si dejamos a un lado los que guardan las estadísticas deportivas, los archiveros, probablemente, tendrán que desarrollarse a partir de una mezcla entre los anfitriones y los operadores de sistemas que poseen tanto los conocimientos profundos de la comunidad como el instinto para saber qué material tendrá un interés duradero. Los buenos organizadores de pequeñas subcomunidades pueden ser entrenados para convertirse en promotores o arquitectos comunitarios.

Cuatro papeles destacan por su importancia para el valor de la comunidad a largo plazo: *los expertos en marketing*, que generan el interés de la gente por una comunidad y saben atraer; los *anfitriones y operadores de sistemas*, que crean un estimulante entorno que hace que la gente quiera volver a la comunidad e implicarse en ella; *los merchandisers*, que son capaces de contratar a los vendedores y los anunciantes adecuados, y de ayudarles a adaptarse a este nuevo entorno de venta; y *los analistas de la información*, que recogen e interpretan adecuadamente la información, y desarrollan los perfiles de miembros y vendedores, los cuales son valiosos para los moderadores, editores, expertos en marketing, vendedores, anunciantes y —lo más importante—, para los miembros. Dados los márgenes de tiempo necesarios para desarrollar estas destrezas, el organizador de la comunidad debería empezar a edificarlas tan pronto como la economía de la comunidad se lo permita.

Establecer una medición adecuada de los resultados

Una cosa es dibujar los papeles de la comunidad en un organigrama; otra cosa es hacer que funcionen en la práctica. Una vez establecidas en la organización, las diferentes funciones pueden tener intereses y prioridades opuestos. Algunos de estos conflictos pueden parecerle familiares: allá donde un editor querría ver un poco de espacio vacío, en una hoja, con el fin de mejorar su aspecto, el merchandiser puede ver una oportunidad única para colocar un anuncio. Donde los anfitriones y operadores de sistemas pueden ver una necesidad de responder a los intereses de los miembros creando docenas de nuevas subcomunidades, el arquitecto puede ver la necesidad de minimizar la complejidad, manteniendo bajo el número de nuevas comunidades. Establecer las mediciones adecuadas tendrá dos efectos que se refuerzan mutuamente. Actuarán como un mecanismo de ajuste para la organización, equilibrando las necesidades opuestas y actuando como mecanismo de integración entre las funciones y los conjuntos de habilidades, llevándolos a realizar un conjunto de tareas o procesos comunes. Los editores y los merchandisers pueden reunirse en torno al objetivo de maximizar el número de miembros. Como la vida nunca es tan sencilla, también deben asegurarse de

La gestión orgánica sin la medición adecuada de los resultados no creará valor duradero.

que la comunidad está alcanzando sus objetivos económicos. De hecho, uno de los papeles claves que desempeñan las mediciones de resultados es equilibrar la respuesta a las necesidades de los miembros con la propia salud económica de la comunidad a largo plazo. Para que el crecimiento orgánico sea económicamente sano, no incontrolado, debe gestionarse y dirigirse cuidadosamente.

El productor ejecutivo, cuyo papel es guiar la comunidad por la curva de crecimiento, debería establecer mediciones de resultados para el grupo de responsables, que reflejen el siguiente objetivo estratégico de la comunidad. Así, en las primeras etapas, cuando el objetivo es conseguir una masa crítica de miembros, el grupo de responsables debería estar unido sobre puntos tales como el número de miembros que se deben adquirir y las tasas de abandono que se deben mantener bajas, pero también debe haber acuerdo en mantener bajo el coste de adquisición de los miembros. A medida que se da mayor importancia al aumento del nivel de utilización de los miembros y de adquisición de vendedores y anunciantes, el tiempo medio de utilización y las comisiones por transacciones generadas *online* cobrarán mayor importancia que la adquisición de nuevos miembros. Sin embargo, el equipo debería recordar siempre el principio de «la comunidad tiene prioridad sobre el comercio» para mantener la atención de la comunidad centrada en lo más importante: los intereses de los miembros y sus relaciones entre unos y otros.

8
EQUIPAR LA COMUNIDAD

Elegir la tecnología adecuada

No se deje seducir o intimidar por la deslumbrante gama de opciones tecnológicas que hay en el mercado. Las comunidades virtuales no necesitan utilizar la mejor o la más potente tecnología. En realidad, convendría evitar, cuando fuera posible, la tecnología más innovadora, para mantener más fácilmente la anticipación y la velocidad. Apueste por Internet a largo plazo, pero mientras tanto busque y adquiera la tecnología que necesite para empezar a construir una comunidad virtual que tenga éxito económico.

Según nuestra experiencia, el elemento que más disuade a los altos directivos de las grandes empresas de lanzar una comunidad virtual es el malestar que produce la elección tecnológica que se requiere para tener éxito. (Los emprendedores que hemos encontrado se sienten más a gusto en este asunto). Por una parte este malestar es comprensible. Es muy fácil, cuando uno se aventura en el ciberespacio, verse seducido o desbordado por la multitud de opciones tecnológicas disponibles.

La tecnología no es el factor más importante de las comunidades virtuales. Son los miembros.

No obstante, es muy posible superar este malestar manteniéndose centrado en las necesidades de los miembros y siguiendo atentamente los principios de velocidad y aprovechamiento. Salvo en raras ocasiones, la tecnología no será, probablemente, el factor más importante a la hora de determinar el éxito comercial de una comunidad virtual. De hecho, sólo constituye una parte relativamente pequeña de la inversión y de los gastos de funcionamiento totales. Las primeras experiencias en la red sugieren que las tecnologías claves, necesarias para satisfacer las cuatro grandes necesidades de interacción —que son la fantasía, el interés, las relaciones y la transacción— ya están disponibles. La innovación tecnológica está centrando su interés, rápidamente, en los puntos por resolver, tales como la seguridad y la necesidad de programas informáticos de medición, que señalen quién hizo qué y en qué lugar de la red. Esto constituye un requisito previo para poder desarrollar los perfiles de miembros, que anunciantes y vendedores necesitarán para llegar hasta el público y los clientes potenciales, de forma más precisa. Mientras tanto, los servicios de anfitriones ofrecidos por empresas como *America Online*, *AT&T* e *IBM* hacen su aparición para ofrecer redes de seguridad y plataformas informáticas a las empresas que no pertenecen al sector tecnológico. Estas empresas quieren disponer de comunidades virtuales en la red, pero sin tener que invertir grandes sumas de dinero en tecnología o en el desarrollo del saber hacer necesario para instalarla y ponerla en funcionamiento.

Un riesgo mucho mayor es que los responsables inviertan demasiado en tecnología punta para intentar marcar la diferencia. Esta inversión excesiva no sólo añade riesgo financiero, sino que también incrementa el riesgo operativo y los plazos necesarios para ofrecer servicios claves. Recuerde: el éxito en el negocio de las comunidades virtuales no consiste en diferenciarse mediante la tecnología, sino mediante las estrategias diseñadas para acelerar la adquisición de miembros y crear un profundo conocimiento de sus necesidades.

Principios básicos de una estrategia tecnológica

A pesar de todo lo dicho anteriormente, es necesario, claro está, tener a punto una estrategia tecnológica. Las estrategias más efectivas estarán basadas en los dos conceptos de velocidad y aprovechamiento. Las siete líneas directrices siguientes le ayudarán a entender cómo debe ser dicha estrategia.

1. Siempre que sea posible, utilice una tecnología probada. Prefiera siempre tecnologías probadas, que ya se han asentado como estándares *de facto* o *de jure*.
2. Evite la innovación tecnológica en el interfaz del cliente e intente incorporar la tecnología más robusta para la captación y el análisis de la información. Esto ayudará a acelerar la posibilidad de explotar el potencial comercial de las comunidades virtuales.

3. Sea disciplinado y creativo a la hora de definir los entornos y los servicios prestados a los miembros que se pueden ofrecer a través de la tecnología existente. Está claro, por ejemplo, que algunas formas de publicidad —como, por ejemplo, la creación de imagen de marca para algunos bienes de consumo— requieren el vídeo para que sean efectivas. Actualmente, el vídeo no se puede ofrecer de forma conveniente y rentable en la red electrónica. La alternativa para los organizadores consiste en centrarse, al principio, en las formas de publicidad que no necesiten vídeo o en «reinventar» una forma de publicidad que pueda circular a través de los actuales medios de comunicación *online*. (Son ejemplos de esto los primeros intentos en los sitios *Mama Ragu* y *Zima Web*.)
4. Evite desarrollar tecnología casera.
5. Evalúe cuidadosamente las ofertas de los proveedores de tecnología, cuando busque una tecnología que todavía no se ha consolidado como estándar ampliamente aceptado. Tanto Microsoft como Netscape están realizando un gran esfuerzo por definir una amplia arquitectura tecnológica que ayude al comercio electrónico a crecer en Internet. Ambos intentan movilizar una «red» más amplia de proveedores de tecnología para aportar componentes claves de estas nuevas arquitecturas y para crear expectación,

Elija la tecnología por su velocidad y eficacia.

que es tan necesaria a la hora de convencer a los demás de que adopten esas arquitecturas. (Cuando nos referimos a redes tecnológicas, no nos referimos a la *World Wide Web* sino a una forma de competencia nueva e importante entre los grupos de empresas tecnológicas que promueven una arquitectura o visión específica de cómo deben estar conectados entre ellos los diferentes componentes tecnológicos. Estas empresas tienen poca o ninguna relación formal entre sí, pero están vinculadas por el compromiso que tienen con un conjunto de estándares que definen una arquitectura específica.) Siga esta batalla y las cambiantes alianzas o las tomas de participación que se puedan realizar entre varios proveedores, los cuales maniobran para conseguir una posición dentro de alguna de estas redes tecnológicas. Sea especialmente cuidadoso a la hora de adquirir tecnología vinculada a una red tecnológica que aparentemente está perdiendo cuota de mercado, o que quizás nunca consiguió la importancia necesaria para empezar. Aunque se trate de una tecnología superior, puede que nunca llegue a ser un estándar.

6. Diseñe una arquitectura tecnológica modular. Esto le permitirá «cambiar» componentes tecnológicos claves si empiezan a perder terreno en el mercado, en términos de precio o resultados, y reemplazarlos por nuevos componentes en cuanto estén disponibles.
7. Al principio, desarrolle cuidadosamente arquitecturas informativas que le ayuden a centrarse en adquirir tecnología para la captación, el almacenamiento y la gestión de datos. El reto estará en anticipar las categorías de información que serán más relevantes con el tiempo, en tres áreas: información generada por los miembros, perfiles de utilización y de transacción de los miembros e información económica (tasas de abandono, coste de adquisición de cada miembro, generación de efectivo frente al gasto en la comunidad virtual por segmentos de miembros/servicios). La arquitectura informativa, ¿permitirá al organizador de la comunidad captar y utilizar la información más relevante sobre la comunidad y sus miembros? Más específicamente, ¿con qué nivel de detalles se hará el perfil de los miembros que se puede acumular con el tiempo? ¿Proporciona una visión clara de los historiales de transacción y de las áreas donde los miembros de la comunidad pasan el tiempo?

Seleccionar la plataforma de red adecuada

Uno de los interrogantes claves a los que tendrán que enfrentarse los organizadores de comunidades será la decisión a corto plazo de participar en un servicio *online* como *America Online* o bien aventurarse inmediatamente en Internet, aunque puede que a este último le falte todavía una infraestructura completamente desarrollada para las transacciones comerciales. Esta decisión es importante. Una decisión incorrecta podría significar demoras cuando el organizador tiene que cambiarse a una plataforma de red alternativa y/o la pérdida de potencial de rentabilidad. Llevado al extremo, podría significar la diferencia entre el éxito o el fracaso.

Desgraciadamente, esta decisión es más compleja a causa de un debate apasionado entre los partidarios de los dos tipos de plataformas. Los defensores de Internet opinan que los estándares establecidos en torno a los protocolos de comunicación básicos (TCP/IP) y los lenguajes de descripción de textos (HTML) ofrecen más oportunidades para el crecimiento y la innovación que las plataformas de tecnología propietaria. Mencionan el cambio masivo que tuvo lugar en el negocio de los ordenadores en los años ochenta, de las arquitecturas propietarias de grandes sistemas y miniordenadores a las arquitecturas abiertas que se desarrollaron en torno a los estándares *de facto* definidos por Intel y Microsoft en los ordenadores personales.

Aquellos que son partidarios de los servicios *online* replican que los estándares tecnológicos deben ser robustos, y responder a las necesidades de los usuarios. Como pretenden que dichos estándares todavía están por crear —con el fin de facilitar la actividad comercial en Internet—, abogan por plataformas tecnológicas no estándares que puedan satisfacer la demanda de dicha actividad en la actualidad, no en un momento indefinido del futuro.

El debate sobre los modelos de negocios

Pero la tecnología sólo es una parte de la ecuación. A un nivel más profundo, el debate acalorado entre los partidarios de Internet y los defensores de los servicios *online* propietarios, constituye, en realidad, un debate sobre modelos de negocios. Hay una pregunta mucho más importante que la de saber qué tecnología ganará, y es: ¿cuál de los modelos de negocios rivales representados por estas redes demostrará su capacidad de crear valor económico para los participantes?

Los defensores de Internet opinan que su fuerza reside en su enorme diversidad de recursos, mucho mayor de la que cualquier negocio pudiera esperar reunir en un mismo sitio. Afirman que los usuarios se sentirán a gusto utilizando herramientas de navegación y servicios especializados (incluyendo directorios como *Yahoo!* y buscadores como *Infoseek*) para localizar y acceder a recursos de una multitud de proveedores.

Los defensores de servicios *online* contestan que mientras que «navegar» puede adecuarse a los usuarios que conocen la tecnología, el mercado de masas nunca será seducido por una red tan dispersa. Insisten en que la mayoría de la gente querrá servicios «globales» —donde puedan comprarlo todo en una sola parada— que reúnan, organicen y vendan una amplia gama de recursos. Si bien admiten que pueda darse algo de navegación, creen que los usuarios tenderán a asentarse en áreas familiares de la red que cubran sus necesidades de forma satisfactoria.

Finalmente, plantearse que Internet y las redes propietarias son fuerzas opuestas en una batalla puede obligar a tomar una decisión poco realista, de tipo excluyente, entre las dos opciones. Aparecerán soluciones híbridas que satisfagan mejor las necesidades de los negocios y de los usuarios que cualquiera de las dos opciones por sí sola.

Si la acumulación de recursos por el organizador de la comunidad es el modelo de negocio más atractivo, el debate en torno a la elección de plataforma de red está más claro. Se trata de evaluar las tecnologías necesarias para construir negocios de comunidades virtuales y evaluar cuánto tiempo puede tardarse en conseguir la funcionalidad específica necesaria para apoyar ese modelo de negocio. Por ejemplo, ¿cuándo desarrollará Internet un enfoque homogeneizado para seguir el rastro de las actividades de los individuos, a través de los múltiples sitios web (lo cual debe hacerse antes de poder lanzar programas de publicidad personalizada)? ¿Cuándo aparecerá un enfoque ampliamente aceptado de la autenticación —que consiste en comprobar que una persona es realmente quien dice ser (lo que será esencial para impulsar el crecimiento de las transacciones comerciales)?

Elegir la tecnología básica y la tecnología de superficie (overlay)

La manera en que los organizadores de comunidad se planteen la elección de una plataforma depende, en parte, de lo que decidan los demás organizadores (y los negocios en general). Si varios de los mayores participantes eligen Internet como red principal, por ejemplo, su decisión acelerará probablemente el desarrollo de tecnología relacionada con el comercio en esa plataforma, haciéndola todavía más atractiva para los que entren más tarde.

Parte del debate sobre la tecnología parece estar ya desfasada. Los estándares *de facto* han surgido de forma clara, en torno a tecnologías tan básicas como el método para conectar diferentes redes (los protocolos TCP/IP). La mayoría de los participantes reconocen que esta tecnología estándar básica ofrece mucha más flexibilidad a menor coste que las opciones no estándar similares ofertadas originalmente por los servicios *online* y las redes privadas especializadas. Tras haber utilizado, en un primer momento, una estrategia no estándar, los últimos participantes en el negocio de los servicios *online*, como Microsoft y AT&T, han dado ahora media vuelta y apoyan los estándares. De igual manera, *Prodigy* y *CompuServe* están migrando actualmente a un conjunto de tecnología básica totalmente estándar, mientras que *America Online* está cambiando su plataforma de red central a una base del tipo TCP/IP.

Más problemáticas son las capas adicionales de tecnología que se necesitan para llevar a cabo actividades comerciales y dar a los usuarios experiencias más completas con gráficos en tres dimensiones, animación, vídeo y sonido. Están implicadas varias tecnologías:

- **Tecnologías de transacción y pago:** Los vendedores normalmente prefieren que les paguen por sus ofertas y los miembros de las comunidades querrán saber que está disponible un sistema de pago de uso generalizado; un sistema que pueda comprobar la identidad del negocio que pide el pago, y garantizar que éste sea seguro. Las tecnologías para el pago tendrán que ser capaces de manejar tanto pagos grandes como pequeños (menos de 10 $).

- **Programas informáticos de medición y recogida de datos:** Para pagar a los editores por su contenido, los organizadores de comunidades deberán ser capaces de identificar qué miembros acceden a su comunidad; qué áreas de contenido visitan; cuánto tiempo pasan allí, y qué transacciones llevan a cabo. Las tecnologías que proporcionan esta información serán imprescindibles para facturar a los miembros; para atraer a anunciantes deseosos de saber quién es el público; qué hacen los miembros cuando visitan la comunidad; así como para atraer a vendedores ansiosos por llegar hasta los miembros con el perfil de transacción adecuado.

- **Tecnologías de integración:** Uno de los rasgos distintivos de las redes con capacidad multimedia es la posibilidad de combinar contenido y comunicación. Internet ya se ha convertido en una red altamente segmentada, con una área que proporciona contenido publicado (la *World Wide Web*), otra que facilita servicios de tablones de anuncios (los grupos de noticias de *USENET*) y una tercera que ofrece tertulias en tiempo real (*Internet Relay Chat*). Las comunidades virtuales serán aún más capaces de aprovechar las capacidades de Internet cuando esté disponible la tecnología que integre estos tres servicios de forma que los miembros disfruten de una experiencia sin fisuras.

- **Programas informáticos de gráficos y de animación:** Ha empezado la carrera para proporcionar efectos visuales todavía más incitantes, pero la tecnología (incluyendo la compresión) necesaria para crear gráficos en tres dimensiones e imágenes en movimiento todavía no está homogeneizada, ni mucho menos. Esto crea un problema importante para los usuarios de la red y los promotores de contenido. Los usuarios tendrán que instalar múltiples versiones de programas para acceder a los sitios con muchos gráficos, mientras que los promotores deberán aprender a trabajar con múltiples paquetes de programas de gráficos y animación o arriesgarse a quedar atados a uno que no consiga llegar a ser estándar.

- **El contenido «de flujos»:** Voz, sonido y vídeo dependen de la capacidad para hacer llegar «flujos» de datos en tiempo real al usuario de la red, a pesar del ancho de banda y de las limitaciones de tráfico. Dichas limitaciones son un problema específico de las redes basadas en *routers*, como Internet, que no crean circuitos dedicados entre el proveedor de contenido y el usuario de la red. En su lugar, deben contentarse con sendas de *routers*, inciertas y a menudo complicadas, sin mencionar que, por las mismas líneas, hay más tráfico.

Decisiones difíciles

Las tecnologías de superficie de las que acabamos de hablar se encuentran plenamente desarrolladas y estandarizadas en las plataformas *online* propietarias (como *America Online*), lo que supone un dilema para los organizadores que quieran crear comunidades virtuales en Internet. ¿Deberían contratar a alguno de estos servicios *online* propietarios para asegurarse de que conseguirán la tecnología de superficie necesaria para construir su comunidad virtual? ¿O deberían aventurarse en Internet, donde esas tecnologías, aparte de sus estándares correspondientes, todavía están por definir?

Si optan por Internet, deberán considerar cómo competir con comunidades que residen en servicios *online* propietarios, que son más aptos para desplegar tecnología así como para adquirir miembros. Por otra parte, la decisión de optar por un servicio *online* que utiliza tecnología propietaria también tiene varias desventajas: la tecnología puede ser abandonada; el servicio *online* puede desarrollar la relación principal con los miembros o puede retirar su parte del valor creado por los organizadores de la comunidad (y posiblemente se quede con una parte creciente, a medida que se quede encerrado en tecnologías no estándares).

Enfrentados a este panorama, los aspirantes a organizadores de comunidades pueden decidir hacer una apuesta compensatoria quedándose en Internet (para mantener su independencia) pero, al mismo tiempo, utilizando tecnología de superficie no estandarizada, con el fin de superar las limitaciones de funcionalidad relativas a los servicios *online*. Esta tecnología de superficie no estándar incluiría productos de las categorías mencionadas anteriormente: tecnología de transacción y pago; programas de medición y recogida de datos; tecnología de integración; programas de gráficos y animación y tecnologías capaces de proporcionar «flujos» de voz, sonido y vídeo.

La necesidad de acelerar la entrada. Las ventajas de ser uno de los primeros en actuar y la urgencia que estas ventajas aportan motivarán a los organizadores basados en Internet a lanzarse rápidamente a elegir la tecnología. En lugar de esperar a que las tecnologías rivales se asienten en torno a estándares *de facto*, los organizadores de comunidades virtuales, probablemente, preferirán la velocidad y desplegar tecnologías no estandarizadas para construir sus negocios.

La urgencia de moverse puede ser reforzada actualmente por los negocios de «anfitriones» que aparecen en Internet. Estos negocios ya están reuniendo plataformas que combinan tecnología básica estándar con tecnología de superficie no estándar, con el fin de proporcionar la funcionalidad completa que necesitan las comunidades virtuales. Los organizadores de comunidades virtuales que encuentren difícil o arriesgado evaluar las tecnologías rivales y ensamblar su propias tecnologías de superficie no estandarizadas valorarán la garantía que proporciona un anfitrión que puede facilitar una plataforma comercial que funciona y ha sido diseñada en función de sus necesidades específicas.

Cuando evalúen estos servicios, además de evaluar la funcionalidad y el coste de la plataforma anfitrión existente, los organizadores de comunidades deben plantearse una cuestión más amplia. ¿Qué relación existe entre la arquitectura tecnológica desarrollada por el anfitrión y los diferentes *webs* tecnológicos que aparecen en las redes? Si el anfitrión resulta estar estrechamente vinculado a alguno de estos *webs* tecnológicos (Microsoft o Netscape, por ejemplo), el organizador debería hacer su propio estudio sobre las perspectivas de éxito de esa red, comparada con las otras redes rivales. Esta cuestión puede verse un poco atenuada por el desarrollo de una arquitectura tecnológica suficientemente modular y flexible.

La espera de estándares *de facto*. La tendencia hacia una tecnología de superficie no estandarizada en Internet podría invertirse, claro está, con la aparición repentina de estándares *de facto* para estas tecnologías. Existirán seguramente fuertes incentivos para que los proveedores de contenido y los usuarios de la red ejerzan presión para obtener una definición de los estándares. Los proveedores de contenido incurrirán en gastos suplementarios si deben adaptar su contenido a múltiples plataformas de tecnología no estándar, mientras que los usuarios deberán sufrir las molestias de las incompatibilidades dentro de la red. El éxito temprano en el área de sistemas de pago generalizados, donde *Visa* y *MasterCard* están cooperando para definir un conjunto de estándares común, es motivo de optimismo.

La buena noticia es que la inversión en las tecnologías clave de superficie ha sido considerable y que habrá, en el mercado, una gama de soluciones, dentro de uno o dos años. La mala noticia es que hay muchas soluciones y cada uno de sus promotores intenta desesperadamente recuperar su inversión. Pocos apoyarán un estándar *de facto* emergente que no sea el suyo propio.

El resultado probable, a corto plazo, es una competición intensa entre las diferentes soluciones tecnológicas, a medida que los promotores intenten acelerar la adopción, construir una amplia base instalada y captar oportunidades de creación de valor. Los negocios basados en la red reforzarán esta fragmentación al luchar por implementar tecnologías ahora mismo, en lugar de esperar a que aparezcan los estándares.

Lo mejor de ambos mundos. Si bien el resultado eventual todavía es incierto, el escenario más probable es la aparición de un entorno de red híbrido que adopte lo mejor de Internet y de las opciones propietarias.

En este escenario, las diferencias entre los servicios *online* propietarios e Internet empiezan a difuminarse, ya que los negocios responden a las necesidades de los usuarios de reunir recursos en «paquetes» donde es más fácil navegar que en el fragmentado Internet. Por una parte, los servicios *online* propietarios siguen adoptando las tecnologías básicas estándares *de facto* que se encuentran en Internet. Esto les permite proporcionar a sus miembros un mejor acceso a toda la gama de recursos disponibles en Internet y a la vez continuar proporcionándoles un conjunto de recursos únicos que sólo están a disposición de sus miembros. También prestan cada vez más atención a los nuevos modelos de negocios, como las comunidades virtuales. Por otra parte, los participantes del «nuevo juego» empiezan a aparecer en Internet, desplegando tecnología de superficie no estandarizada con el fin de acelerar su entrada en el negocio de las comunidades virtuales. Esto implica un reagrupamiento de Internet, al menos a corto plazo, en torno a «islas» con capacidad comercial.

Hágase a la idea de que habrá una red híbrida.

Para estimular el crecimiento comercial y responder a las necesidades del consumidor, todos los participantes adoptarán probablemente un enfoque oportunista al desplegar plataformas tecnológicas, adoptando estándares *de facto* donde ya existan y confiando en tecnología de superficie no estandarizada en los demás casos. La competición girará menos en torno a las plataformas tecnológicas que en torno a la habilidad y flexibilidad que demuestren los participantes al llevar a la práctica un modelo de negocio fundamentalmente nuevo. Las elecciones de posicionamiento serán motivadas por un entendimiento claro de la funcionalidad necesaria para implementar el modelo y por una apreciación profunda de las ventajas que reciben los que primero actúan.

Otros escenarios. Si bien el mestizaje entre Internet y las redes propietarias es el pronóstico más probable, no es el único. Pueden darse varios más, que dependerán del ritmo al que se despliegue la tecnología, de las decisiones tomadas por los principales negocios basados en la red y del comportamiento de los usuarios.

- Los servicios *online* propietarios pueden conseguir una ventaja invencible en cuanto a márgenes de tiempo, al construir negocios como las comunidades virtuales, arrollando a los participantes que se aventuran valientemente en Internet. Este escenario será especialmente probable si hay demoras en el despliegue de tecnologías de superficie en Internet o si algunas de las primeras implementaciones «explotan» (por ejemplo, si hubiera una brecha masiva en la seguridad del pago).
- Los estándares *de facto* pueden aparecer rápidamente para las tecnologías de superficie en Internet, conservando el valor de plataforma homogénea. Las comunidades virtuales optarían entonces por Internet, en vez de arriesgarse a acabar dependiendo de los servicios *online* propietarios, como intermediarios entre ellos y sus usuarios. Las comunidades virtuales exitosas, que ya están colocadas en entornos propietarios, como *Motley Fool* en *America Online*, migrarían a la plataforma más ampliamente accesible: Internet. Con el tiempo, esta migración relegaría a los servicios *online* propietarios al papel mucho más limitado de proveedores de acceso.
- Una tecnología robusta actuando como agente y filtro, combinada con una sofisticación creciente de los usuarios podría producir un resultado muy diferente. Un ejemplo de dichas tecnologías pueden ser los programas de agente y filtro que permiten a los usuarios predeterminar qué correo electrónico o qué información desean recibir, y bloquear el resto. Mediante estas tecnologías, los usuarios individuales de la red podrían hacerse cargo de algunas funciones de la comunidad virtual, tales como adaptar los servicios de contenido y comunicación a sus necesidades. De este modo, los vendedores probablemente no tendrían que usar la comunidad como intermediaria entre ellos y sus usuarios, pero tendrían que hacer frente, sin embargo, al problema de clientes mejor informados que les pidan mayores niveles de servicio a menores precios, amenazándoles con lanzar a sus agentes a la búsqueda de vendedores más complacientes.

Implicaciones para los organizadores de comunidades

En lugar de unirse al debate bastante estéril que opone Internet a los servicios *online* propietarios, los organizadores de comunidades virtuales deberían dedicar sus esfuerzos a desarrollar el modelo de negocio que mejor corresponda a las necesidades de los usuarios de la red, especialmente la amplia mayoría que todavía no se ha aventurado en la red.

En efecto, los resultados son inciertos, pero si se mantienen centrados en los modelos de negocios y su funcionalidad, los organizadores de comunidades virtuales desarrollarán un grado de flexibilidad y un sentido de la urgencia que les servirá cuando naveguen por los mares confusos y constantemente cambiantes de la innovación tecnológica. La tecnología no es el fin, sino el medio que facilita la entrega de valor a los usuarios finales. Tener una idea clara del valor que se debe ofrecer y de la temporalización necesaria para el éxito actuará de brújula que ayude a los organizadores de comunidades virtuales a permanecer en la carrera.

Incluso con esta brújula, la dirección a tomar por el organizador de la comunidad a corto plazo no está clara. La urgencia sugiere construir comunidades en los servicios *online* propietarios, donde las tecnologías necesarias están disponibles en la actualidad. El argumento de sacar provecho de las tecnologías existentes, en Internet, se opone al de encerrarse en los entornos de tecnología propietaria. Internet proporciona un conjunto de estándares abiertos que impulsa a un conjunto diverso de empresas a invertir para crear y ofrecer una amplia gama de tecnologías innovadoras que «se conectan» a la plataforma básica de Internet. Como resultado, los enfoques innovadores a áreas tan diversas como gráficos en tres dimensiones, sonido transmitido por red y encriptación se están desarrollando y desplegando cada día. Al contrario, la empresa que posee una plataforma de servicio *online* propietaria soporta la mayor parte de la carga de la inversión en innovación tecnológica. Esto no sólo significa, en términos generales, que habrá menos dinero disponible en conjunto para la inversión en innovación tecnológica (incluso una empresa muy grande no puede permitirse el lujo de invertir cantidades equivalentes a centenas de empresas en una plataforma abierta), sino que también limita el potencial de innovación (una empresa normalmente no puede alcanzar el tamaño de la innovación que representan centenares de empresas independientes, cada una con su perspectiva única de cómo satisfacer una necesidad en concreto). La arquitectura abierta del ordenador personal dio paso a una avalancha de innovaciones relativas a las arquitecturas propietarias de los grandes ordenadores e incluso de los miniordenadores. De forma similar, la arquitectura abierta de Internet probablemente genere, con el tiempo, más innovación que cualquier plataforma de red propietaria.

Este conflicto no puede resolverse fácilmente. Hay dos caminos posibles. Piense en la posibilidad de establecer una comunidad, inicialmente, en servicios *online* propietarios, para sacar provecho del aprendizaje temprano y de la oportunidad de empezar con una cabeza de ventaja en la adquisición de una masa crítica de miembros. Si elige este camino, piense en la posibilidad de desarrollar un sitio paralelo para su comunidad en Internet. Ésta es la opción que han tomado *Motley Fool* y *SeniorNet*. Utilice la comunidad en la plataforma de servicio *online* como canal para encauzar a los miembros, con el tiempo, hacia su sitio en Internet. Esto reducirá el riesgo de sufrir la reducción de beneficios a largo plazo, que puede tener lugar por la excesiva dependencia del servicio *online* para la obtención de tecnología no estandarizada, la adquisición de miembros y la gestión.

La otra opción es emigrar directamente a Internet y modificar la sofisticación y la gama de servicios proporcionados a la comunidad a medida que la tecnología esté disponible. Ésta es la opción elegida por jóvenes empresas en Internet como *Main Quad*, una comunidad virtual emergente, dirigida a estudiantes universitarios, y *Talk City*, un conjunto emergente de comunidades virtuales que se apoyan en gran parte en *Internet Relay Chat* por su capacidad para organizar tertulias. Estas jóvenes empresas deben esforzarse por decidir qué tecnología desplegar (como *Well Engaged*, un programa informático que refuerza la comunicación entre miembros en la *web*) y cómo reducir el riesgo de quedar atrapados en una tecnología que se queda atrás si las tecnologías rivales ganan la carrera de los estándares.

Como estamos concluyendo la segunda parte de este libro, puede ser un buen momento para admitir que si bien no pretendíamos escribir una guía pormenorizada de las comunidades virtuales, somos conscientes de que algunos lectores pueden estar interesados en explorar la cuestión de a qué temas y tareas deberían dedicarse en primer lugar, al empezar a construir una comunidad virtual. Con ese objetivo hemos escrito una «Agenda para los Responsables» que aparece al final del libro. Esta agenda señala a los responsables las tareas específicas que les ayudarán a empezar a organizar una comunidad virtual.

TERCERA PARTE

POSICIONARSE PARA GANAR EL GRAN PREMIO

9
REEXAMINAR LA GESTIÓN FUNCIONAL

Las comunidades virtuales no son tan sólo una oportunidad de negocio en solitario, que las empresas son libres de tomar o dejar a su antojo. Al trasladar el poder, generalmente desde el vendedor hacia el cliente, las comunidades virtuales transformarán de modo irrevocable la forma en que las grandes empresas comercializan y venden a los clientes en el mundo de los negocios.

Estos cambios exigirán nuevas formas de considerar y acercarse a las funciones de marketing y ventas.

Las comunidades virtuales, al decantar el equilibrio de poderes en las transacciones comerciales en favor del cliente, ofrecerán a los vendedores una poderosa herramienta para profundizar y ampliar sus relaciones con los clientes. Este hecho afectará al modo en que se llevan los negocios tradicionales tanto en el «espacio físico» como en el mundo virtual. Los primeros efectos, los podrán apreciar los responsables en las funciones de marketing y ventas (véase el gráfico 9-1), quienes tendrán que luchar con nuevas reglas para ganarse la confianza de los clientes. De hecho, la aparición de las comunidades virtuales puede suponer que la «propiedad» del conjunto de relaciones con un cliente quede vacante. Estas amenazas al *statu quo* de los vendedores representarán también oportunidades. Éstos, mirándolo bien, llevan las de ganar con las comunidades virtuales (véase el gráfico 9-2), especialmente aquellos que aprendan a sacar provecho de ese poder del cliente, en lugar de tratar de combatirlo

ABORDAR Y VENDER A CLIENTES MÁS PODEROSOS

En capítulos anteriores de este libro, nos referimos ya a cómo las comunidades virtuales pueden implicar un traslado de poder del vendedor al comprador, al reducir o eliminar las ventajas de información

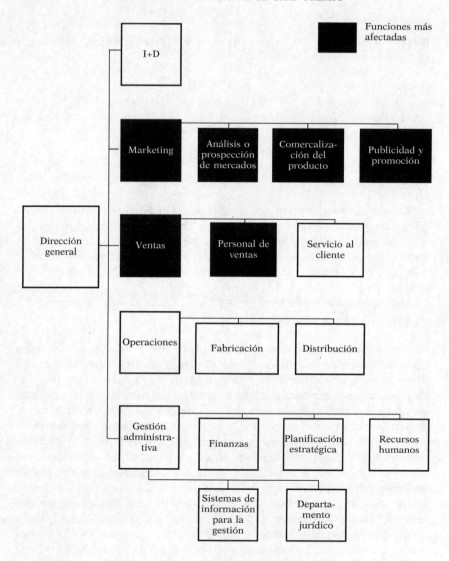

Gráfico 9.1. El impacto de la Comunidad Virtual en las funciones empresariales tradicionales.

de que disfrutan actualmente los vendedores. Pero no todo son malas noticias para los vendedores, ya que las comunidades virtuales traerán consigo una mejora de la calidad de la información sobre los compradores individuales y darán a los compradores un motivo para ofrecer dicha información a los vendedores, permitiendo que los vendedores innovadores tiendan a tratar a los compradores como «segmentos de una unidad». Las comunidades virtuales también permitirán a los vendedores sacar provecho de las ideas de los compradores en materia de diseño y comercialización de productos, así como de las voces de los compradores a la hora de promocionarlos. Las comunidades también supondrán, sin lugar a dudas, un desafío. En este entorno virtual, los vendedores deben confiar más en la calidad de su producto que en la fuerza de su marca; deben aprender a hacer que su publicidad no sólo comunique sino que además venda; y deben ajustar su estrategia de precios para poder sobrevivir en un mundo de mercados más eficientes. Los vendedores de éxito podrían acabar disfrutando de una especie de lealtad por parte de los compradores que ahora tan sólo pueden imaginar. Como consecuencia, las fuerzas de venta podrán centrar su atención en «vender» a los compradores y menos en «dominarles» y «servirles».

Vender a «segmentos de una unidad»

Los vendedores, hace mucho tiempo, dominaron el arte del marketing de masas. Pero la frontera siguiente, la «adaptación a las masas» ha resultado más difícil de alcanzar. Este concepto ha aumentado el interés de los vendedores por el objetivo de identificar, y construir relaciones con los mejores clientes de una empresa, tanto los que ya tiene como los potenciales, con el objetivo económico de conseguir la concentración de la mayor parte de su valor y para compartirlo con esa empresa. Un factor esencial para alcanzar ese objetivo es seleccionar, comunicar y ofrecer la propuesta de valor de un producto que mejor permita estimular las transacciones más rentables con los clientes individuales. Las comunidades virtuales son el mecanismo que puede hacer realidad esta visión de un marketing basado en las relaciones y adaptado a los individuos.

En este esfuerzo, resultarán esenciales las nuevas fuentes de información sobre los clientes que las comunidades virtuales pueden ofrecer. Si las comunidades tienen éxito, medido en términos del número de participantes, la cantidad de tiempo empleado en la comunidad y la intensidad de la transacción, los perfiles que ellas crean sobre clientes individuales proporcionarán importantes conjuntos de datos, tanto sobre clientes individuales como sobre segmentos de ellos. Estos conjuntos de datos crearán detallados historiales de las transacciones, a nivel de los clientes individuales, que pueden ser utilizados para predecir posibilidades futuras de llevar a cabo transacciones con un cliente dado. (*Firefly*, un agente electrónico de software producido por *Agents, Inc.*, lleva a cabo esto hoy, en el terreno de los consumidores de productos de entretenimiento. Permite a los usuarios crear perfiles de sus preferencias musicales y cinematográficas y hace posible que los vendedores usen esta información para venderles sus productos de forma individualizada, basándose en sus preferencias en el pasado.) Los datos podrían ser utilizados también por los vendedores, si los miembros de la comunidad lo autorizan, para identificar qué clientes actuales y *potenciales* son más valiosos que otros. Esto se aplica sobre todo en el mundo de las coaliciones descrito en el capítulo 4; los organizadores de la coalición tienen acceso a los datos de dichas comunidades y, por lo tanto, a una visión más completa de los historiales de las transacciones de sus clientes.

- Reduce el énfasis en el valor de la marca del vendedor
- Facilita las comparaciones de precios
- Permite que se realicen comentarios sobre el producto/servicio en público, y no de forma confidencial
- Aumenta el volumen de información que ha de ser analizada
- Cambia las reglas de publicidad/promoción

- Amplía la demanda para el producto/servicio
- Incrementa la promoción boca a boca del producto/servicio
- Estimula la retroinformación del cliente
- Genera información más rica sobre los clientes, los mercados
- Elimina la separación entre publicidad y transacciones
- Permite que la publicidad sea contemplada como una herramienta de ayuda y no como una intrusión

Gráfico 9.2. Implicaciones potenciales de las Comunidades para los Vendedores.

Uno de los efectos que derivará de todo ello serán las mayores dificultades a las que tendrá que enfrentarse el experto que lleva a cabo la prospección de mercados. Si su labor es ya hoy en día suficientemente difícil —pues los datos que maneja y que permiten a los altos ejecutivos tomar decisiones son muy dispares—, todavía aumentará considerablemente su complejidad. En primer lugar, el investigador de mercados debe volver a aprender qué es factible y qué no lo es, en lo que se refiere a la obtención de información sobre los clientes. Hay diversos mecanismos para conseguir información en la red, los cuales varían en alcance y precisión. Por ejemplo, pedir a los usuarios que se registren en un sitio no ayudará al investigador de mercados en el seguimiento de su actividad dentro de ese sitio. (Incluso la inscripción resulta complicada, porque hay varios modos de registrar a los usuarios de redes electrónicas.)

El investigador debe comprender qué vendedores tienen derecho a consultar qué datos, cómo respetar la privacidad del comprador, y dónde ir a buscar los datos de los clientes. En determinadas circunstancias, los organizadores de las comunidades controlarán los perfiles de los clientes, en nombre de los miembros. En otras, este papel lo desempeñará el organizador de la coalición. En el extremo opuesto del «mercado invertido», el modelo cambia completamente y el cliente individual, más que proporcionar información sobre su perfil, está exponiendo sus necesidades. Esto ocurre cada vez que un comprador pide a un agente informático que le busque un producto determinado. En este caso, el papel del investigador de mercado sufre una transformación profunda, ayudando al servicio de atención al cliente a prever las peticiones de ese producto. Para evitar naufragar bajo el peso de datos no utilizados, el investigador de mercado debe precisar los datos de los participantes de la comunidad que le serán más útiles. En algunos negocios, los datos completos de transacción no están disponibles para todos los clientes individuales. En ese caso, las comunidades vendrán a cubrir una importante carencia en las herramientas de los gestores. En otros negocios, se recoge una cantidad de datos superior a la que pueden absorber las organizaciones. En esos casos, una gran cantidad de información llega a las mesas de los directivos sin que nadie la haya leído.

No se deje hundir bajo el peso de datos no utilizados.

En el mundo virtual, el investigador de mercado debe encontrar una especie de término medio, aprovechándose de la profundidad de la información disponible gracias a las comunidades y al mismo tiempo centrándose en el proceso de recogida y análisis de datos. En el mundo virtual, puede conseguirse una gran cantidad de datos relacionados con los aspectos demográficos de los usuarios; con los sitios que han visitado; con los anuncios por los que se han interesado; y, en algunos casos, hasta se puede saber cada vez que han pulsado una tecla (estando conectados, por supuesto). Los responsables del marketing deben trabajar junto con los investigadores de mercado para identificar las importantes cuestiones que sólo una comunidad puede resolver. (Por ejemplo, ¿qué tipo de acontecimientos o de cambios en las características del producto pueden disparar cierto tipo de compras? ¿Qué tipo de productos se intercambian antes de llegar a tomar una decisión de compra? Los esfuerzos de la prospección de mercados deben centrarse entonces en reunir e interpretar esa información. En caso de tener éxito, el responsable del marketing obtendría una ventaja en sus mercados electrónicos que puede igualmente ser aplicada a los mercados *offline*.)

Consolidar la estrategia del producto

La información generada en una comunidad por sus miembros tiene también valor en forma de retroinformación sobre la calidad del producto y sus características. Un promotor de programas especializados compró paquetes de software a un proveedor global de software y los adaptó a las necesidades de los clientes del sector financiero. Este promotor se encontró con que su proveedor no mostraba un especial interés en ofrecer un servicio adecuado. Como resultado, buscaron ayuda en una especie de pequeña comunidad vertical de negocios, ubicada en *CompuServe*, que reunía a otros clientes del mismo proveedor de software. Cada vez que a los promotores de programas les surgían preguntas, las enviaban al tablón de anuncios electrónico de la comunidad. Así pudieron apoyarse mutuamente de una manera más adecuada y efectiva que la manera en que el proveedor les apoyaba anteriormente. Llevando esto más lejos, empezaron a reunir retroinformación sobre los productos que estaban adquiriendo y ofrecieron esta información al proveedor de software. Conviene decir en su favor que, en vez de tomar una postura defensiva, el proveedor adoptó muchas de sus recomendaciones en las versiones posteriores del producto.

La gente habla con frecuencia en Internet sobre productos, conversaciones que pueden ir desde palos de golf y restaurantes, hasta servicios legales. Esto sucede, tanto si lo quieren las empresas como si no. De hecho, hemos visto ejemplos de empresas tratando de evitar discusiones públicas en la red sobre sus productos, poniendo un freno a la utilización del nombre y de las marcas de su empresa en grupos de discusión. Todo ha sido en vano. Irónicamente, aunque su deseo de proteger su marca sea comprensible, las empresas afectadas son frecuentemente líderes del mercado que son las que menos deberían temer las discusiones entre sus clientes. En este tema, especialistas en marketing harían bien en seguir el ejemplo de *King Canute* reconociendo la futilidad de intentar luchar contra la marea y, en lugar de ello, aprovecharla en su beneficio.

A medida que las comunidades empiezan a reunir clientes con intereses y características compartidas, formarán bases de datos actualizadas donde los vendedores pueden encontrar a los usuarios más frecuentes de sus productos, en un auténtico entorno comercial con el que los grupos específicos no pueden competir. Ahí pueden aprender directamente a mejorar sus productos o la percepción que los clientes tienen de sus productos y a sacar ideas de sus clientes para conceptos de nuevos productos. Dado que muchos de los comentarios en la red tienden a alabar los productos, las comunidades también pondrán de relieve qué productos o qué características habrá que examinar atentamente antes de pensar en eliminarlos. La prueba, por parte de los vendedores, de que «han captado el mensaje» será si insertan enlaces a su buzón electrónico que permitan a los miembros de la comunidad comunicar con la empresa o, mejor aún, el uso de tablones de anuncios electrónicos y de eventos *online* que faciliten la intercomunicación entre los miembros.

La retroinformación sobre los clientes, reunida de esta forma, puede que no sea estadísticamente significativa en lo primeros años, pero sí lo será con el tiempo, a medida que se abran más puntos de recogida de datos. Dicha retroinformación debe generar ideas y ayudar a adaptar otras iniciativas de prospección de mercados; también puede poner de relieve simples mejoras en los productos o en el servicio al cliente que no requieren mayor investigación del mercado. Si bien se ofrecerá esta información de forma pública en foros *online* a los que cualquier competidor puede también acceder, a su valor auténtico sólo pueden acceder aquellos que la utilizan para actuar sobre las ideas aportadas por los clientes. Al igual que sucedía en el mundo de los intermediarios de la información que hemos descrito en el capítulo 4, el secreto de su éxito radicará no en la propiedad de la información, sino en su aplicación.

Capitalizar la capacidad inherente de la comunidad para las Relaciones Públicas

Las comunidades pueden resultar muy efectivas a la hora de estimular la comunicación oral. Las discusiones *online* que acabamos de mencionar en relación con la consolidación del diseño del producto, también pueden servir de relaciones públicas gratuitas. Como ya hemos mencionado, muy a menudo, las personas conectadas a la red se apasionan rápidamente por las ventajas de un producto. Ello permite a la empresa sacar provecho de su mejor equipo de vendedores: sus propios clientes. Tomemos un ejemplo de cómo funciona este fenómeno en la práctica. *Cobra Golf, Inc.*, es un fabricante de palos de golf.

La empresa ha creado un espacio en su sitio para que la gente pueda enviar mensajes inéditos en los tablones de anuncios electrónicos. A veces, se describen en estos tablones productos competidores. Pero leamos este reciente intercambio sobre uno de los propios productos de Cobra:

(top) (post reply)
Fecha: 21.junio.19 — (Vie) -11:53
Autor: _____
e-mail: _____@helisys.com.
Estoy buscando un nuevo *driver*. Actualmente me pregunto si debo comprar el *Taylor Made Bubble Titanium* o el *Cobra Ti*. ¿Puede alguien ayudarme a resolver esta situación?

(top) (post reply)
Fecha: 24.jun.19__(Lun)-09:02
Autor: _____
e-Mail: _____ . _____@aol.com
Recientemente compré el *driver* de titanio de 8.5 grados de *Cobra*. Es el palo más largo con el que he jugado nunca. Algo de lo que hay que tomar buena cuenta, y que no aparece en la publicidad de *Cobra*, es el efecto multiplicador que tiene el palo. La cara del palo tiene tal forma redondeada que, en caso de no golpear adecuadamente, el efecto multiplicador podría devolver la pelota a la calle. He añadido 15 yardas, como mínimo, a la longitud media de mi drive. El mango y el manejo del palo también son satisfactorios. Para su información, le diré que mi handicap es de 12 (tengo tendencia a jugar corto y dificultades con el *put*).

El poder de este intercambio dependerá en parte de si la persona que responde es conocida y respetada por otros miembros de la comunidad. (En muchos casos, otros participantes en el tablón de anuncio añadirán comentarios que corroborarán o mostrarán su disconformidad con anteriores respuestas.) Pero es seguro que tendrá, como mínimo, su peso si la naturaleza de la respuesta convence a otros miembros de que la persona sabe algo de palos de golf. Para beneficiarse de este tipo de promoción, los vendedores

¿En quién va usted a confiar más, en un vendedor o en un amigo?

deben crear tablones de anuncios, como lo ha hecho *Cobra*, tomar el riesgo de permitir a los miembros que discutan libremente, tanto de los productos de la empresa como de aquellos de sus competidores, y analizar los resultados.

Confiar más en el producto que en la marca

En interacciones como el intercambio de correo electrónico que acabamos de ilustrar, los miembros de la comunidad se centran menos en la marca (salvo un título para distinguir unos productos de otros) y más en las características del producto. Como los miembros de la comunidad valoran lo que otros miembros piensan de los productos del vendedor, más allá de lo que el vendedor les cuente para que crean en su publicidad, la comunidad empieza a tener por sí misma poder de marca: empieza a asumir todo lo relacionado con la certificación de una marca, que da a los compradores la tranquilidad de que pueden estar satisfechos con la compra que han efectuado.

> *La comunidad se convierte en la marca. El producto debe venderse por sí mismo.*

El valor del ejemplo de *Cobra Golf, Inc.* estriba tanto en la pregunta formulada como en la respuesta. Alguien acudió a la comunidad *online* para realizar averiguaciones sobre un producto específico. Por un lado, puede parecer que este comportamiento socava el valor de la marca de un fabricante al no ser prueba suficiente de la calidad del producto. Por otra parte, este comportamiento pone de relieve que el fabricante es menos importante que la calidad del producto. En la red, la excelencia tendrá su recompensa entrando en una dinámica de beneficios, cuando los clientes satisfechos promocionen los productos de los que están contentos, lo cual, a su vez, convertirá a otras personas en clientes.

Anunciar para vender, no sólo para comunicar

El boca a boca es generalmente aceptado como la vía más efectiva de publicidad. Dada la dificultad para estimular suficientemente el boca a boca, y que éste pueda influir en los mercado de masas, los vendedores han optado por hacer publicidad para crear y mantener la imagen de una marca. Si afirmamos que las comunidades pueden erosionar el poder de la marca, ¿cuál es el papel que le queda a la publicidad?

Las comunidades aumentarán realmente el papel y el poder de la publicidad. Todavía es válido promocionar las marcas y aumentar su conocimiento. No estamos proclamando el final de las marcas. Mientras haya productos competidores en un mercado, las marcas son necesarias, por lo menos para que los compradores puedan diferenciar unos productos de otros. Las comunidades pueden realmente contribuir a crear un mayor interés por las marcas que giran sobre la imagen, como es el caso de los artículos de moda o de los denominados artículos de *high-ticket*, que implican un elevado desembolso. Pero un papel mucho más potente surgirá para la publicidad a partir de su función como punta de lanza de una transacción. En la red, una persona puede ver un anuncio, hacer *clic* en él para obtener más información y pedir que se le envíe material a su buzón electrónico o, en muchos casos, efectuar el pedido de forma inmediata, *online*. Añadimos lo que es propio de una comunidad, es decir, que la gente (los miembros, los *sysops* u operadores de sistema o los anfitriones) discute entre sí sobre los productos, y el resultado es un entorno en el cual la distancia que separa la publicidad y la venta puede ser minimizada y la transición del anuncio a la venta acelerada. Las comunidades deben estimular el impulso de compra.

Este fenómeno cambia los criterios para definir una publicidad exitosa. El objetivo pasa de ser que el cliente vuelva a llamar, a que mantenga su interés durante el tiempo suficiente como para pedir mayor información o realizar una compra. Como mínimo, la finalidad de la publicidad será generar información sobre clientes potenciales: quiénes son y hasta qué punto parecen estar interesados por el producto, teniendo en cuenta para ello hasta qué punto se han introducido en el sitio. En las denominadas categorías de *high-ticket* como son las viviendas, los coches, los aparatos de aviación, la meta será establecer un diálogo con el cliente potencial, más que llevar a cabo una transacción completa. De forma alternativa y en consonancia con la noción de mercados invertidos, la publicidad puede provenir de los clientes que quieren dar a conocer sus necesidades a un vendedor. Los papeles se invierten, y los clientes pueden ahora señalar sus necesidades, a las que deberá responder la oferta de los vendedores.

Al cambiar el papel de la publicidad, su ubicación y diseño también deben cambiar. Las habilidades requeridas en la publicidad *online* difieren de las requeridas en los medios existentes. El merchandising electrónico tiene por objetivo estimular la compra aquí y ahora. Para ello utilizará el carácter interactivo de la tecnología para hacerse atractivo ante el navegante. Debe ofrecer de forma rápida (la regla es: «no más de tres *clics*») información relevante, y facilitar los pedidos *online*. Digitalizar burdamente un anuncio ya existente es imperdonable, no sólo porque puede parecer aburrido en un contexto *online*, sino porque también significa que se ha desperdiciado la oportunidad de comprometer activamente al cliente. En último lugar, los publicitarios deben recordar que la publicidad en una comunidad virtual, más que percibirse como una molestia que interrumpe los acontecimientos deportivos o el hilo del artículo de una revista, puede ser considerado como algo que tiene un valor intrínseco. Podría llegar a ser una razón para integrarse en la comunidad; para mucha gente, sus comunidades serán sitios donde saben que pueden encontrar los productos que están buscando. Esto otorga a la ubicación una importancia aun mayor. Si un cliente está buscando un anuncio, lo más importante es que pueda encontrarlo fácilmente.

Los vendedores que captan rápidamente el potencial de la publicidad en la red —publicidad que está diseñada para estimular directamente las ventas y que está ubicada adecuadamente, en el contexto adecuado y dentro de la comunidad adecuada— tienen más posibilidades de mejorar la efectividad general de sus programas de marketing.

Utilizar la nueva y «eficiente» política de precios

Las comunidades virtuales crean nuevos desafíos en la fijación de precios. El comercio electrónico, en general, puede hacer que los mercados sean más eficientes, al encontrar los miembros de la comunidad los precios más bajos ofrecidos por los vendedores o poner a trabajar las herramientas de software para hacer esto por ellos y sacar sus ofertas. Como mencionamos en el capítulo 3, los clientes empezarán a hacerse con el valor adicional que tradicionalmente los proveedores han podido reclamar debido a la falta de información sobre el producto perfecto y sobre la fijación de precios por parte de los clientes en muchos mercados. Las comunidades virtuales hacen que la fijación de precios sea más eficiente, ya que los miembros de una comunidad de consumidores o de negocios van contándose las excelencias de los tratos ofrecidos por un proveedor determinado.

Este hecho conlleva serias implicaciones para los vendedores. Los vendedores que ofrecen sus productos a unos precios más elevados son probablemente los más afectados. Ellos tienen que justificar las diferencias en el precio con las ventajas de un producto genuino y la efectiva comunicación de estos beneficios. El aspecto positivo es que las comunidades virtuales dan a los vendedores la oportunidad de experimentar a la hora de fijar los precios. Por ejemplo, un vendedor puede saber lo suficiente sobre las necesidades de los miembros de la comunidad como para desarrollar paquetes en la fijación de precios que satisfagan las necesidades de los diferentes sectores de mercado. De forma alternativa, un vendedor puede experimentar con diferentes niveles de fijación de precios y en diferentes momentos para probar en qué medida la fijación de precios afecta al volumen. Esto nos lleva de nuevo a la noción de adaptación al cliente en masa; una de las formas de adaptar un producto a las necesidades del cliente es hacer pruebas sobre las características del producto, incluyendo el precio, constantemente para establecer lo óptimo tanto para el cliente como para el vendedor. Los productores más dinámicos harán uso de la comunidad para mejorar la efectividad de sus estrategias de fijación de precios.

Aproveche las comunidades para crear una auténtica fidelidad del cliente

Los clientes, en muchos mercados, buscan el valor, no la estabilidad; el precio, no la relación. En la industria alimentaria, incluso ciertas marcas han tenido problemas a la hora de defender su cuota de mercado frente a los productos de los detallistas que compiten en este terreno y que han desarrollado casi de la noche a la mañana cadenas de minoristas como *Sainsbury's* en Gran Bretaña, *Loblaw's* en Canadá, y *A&P* en Estados Unidos. En la actividad bancaria al por mayor, «la relación bancaria» afronta nuevos desafíos: en algunos de los mercados financieros más competitivos, los bancos deben ganar cada futuro elemento de mercado de sus clientes comerciales. En otros sectores, las reducciones de precios aparecen disfrazadas bajo la forma de programas de fidelidad, levantando sospechas sobre si realmente están transfiriendo valor a los compradores sin beneficios perceptibles a largo plazo para los productores o los proveedores de servicios.

Sin embargo, cuando las empresas hablan de «fidelidad», normalmente están pensando inconscientemente en dirección única, que además es su propia dirección. Las empresas desean conocer de forma detallada a sus clientes, reunir información sobre ellos de forma asidua, y venderla a cualquiera que esté dispuesto a pagar por ella, pero se ponen nerviosas si los compradores comparten información entre ellos sobre la compañía y sus productos. Las empresas quieren que los compradores les sean fieles, pero la economía determina sus decisiones para continuar elaborando un producto o continuar vendiéndolo a un determinado grupo de compradores. Las empresas quieren fidelidad pero se han mostrado normalmente incapaces de cultivar relaciones individualizadas con sus clientes, especialmente en el caso de los mercados de consumidores.

La ausencia de relaciones individualizadas no resulta sorprendente cuando se manejan bases de clientes que se cuentan por millones. Pero las comunidades pueden cambiar el juego y ayudar a las empresas a establecer lazos más estrechos con sus cliente. Sirviéndose de los perfiles de sus miembros e interviniendo en los tablones de anuncios electrónicos, las comunidades posibilitan una mejor compresión de los clientes por parte de las empresas. A través de una combinación de tablones de anuncios electrónicos patrocinados por la empresa, conexiones a través de correo electrónico que remiten a la empresa, y acontecimientos *online* que tienen como anfitriones a los representantes de la compañía, las comunidades también permiten que las empresas interactúen personalmente con los clientes. Y asimismo permiten a las compañías demostrar su sensibilidad hacia los clientes actuando en base a sugerencias e informaciones específicas, y comunicando el impacto de esas acciones a los miembros de la comunidad. Cierto es que las comunidades permiten que un tercero —el organizador de la comunidad— se interponga entre el vendedor y el comprador, pero en muchos casos la figura de ese tercero ya existe (minoristas, por ejemplo), y en otros este hecho debería animar a muchos vendedores a considerar la posibilidad de convertirse ellos mismos en organizadores de la comunidad.

Lo que usted creyó que era «fidelidad» no era sino una calle de dirección única.

Si la fidelidad se define en términos de compras repetidas, o de «volver a por más», las comunidades son un vehículo muy importante para incrementar la fidelidad a los productos de un vendedor. Esto no es debido a que los vendedores disfruten de monopolios en las comunidades. Al contrario: como ya hemos afirmado, creemos que las comunidades ofrecerán una completa gama de productos competidores. La lealtad vendrá de la relación personalizada que el proveedor desarrolle con sus clientes, a través de una publicidad adaptada al cliente, la información compartida en ambos sentidos y la posibilidad de productos adaptados al cliente. Todo ello se verá reforzado por el hecho que las comunidades atraen a los entusiastas, y estos entusiastas formarán «clubs de fans» virtuales en torno a los productos y a los proveedores. Además, asumiendo que un vendedor tiene acceso a los perfiles de los miembros de la comunidad, se le alertará, más rápida-

...te que en el mundo *offline*, cuando un cliente ha dejado de comprar. En este supuesto, podrá centrar sus esfuerzos de marketing en el comprador, ganándose de nuevo su confianza antes de que se acostumbre a un producto rival.

Los vendedores deberían aprovechar las comunidades no sólo para mejorar su comprensión de los compradores decisivos, sino también para crear un registro que ayude a prestar un buen servicio y una sensibilidad hacia sus necesidades. La lealtad que creen en este proceso se basará en la ejecución, y no en la marca, pero servirá para cimentar el valor de la marca en dicho proceso.

Nuevo enfoque de la función de ventas en la gestión de clientes

En el caso de muchas empresas, el corazón de la función de ventas no ha cambiado materialmente en los últimos cuarenta años. En estos casos, continúa poniéndose el énfasis en la figura del director de ventas como la persona que da patadas en la acera, puñetazos en la mesa, y se enfrenta a intermediarios y distribuidores. El director de ventas no es considerado —ni mucho menos— como un gestor de clientes. Las comunidades virtuales se preparan, de alguna manera, a cambiar esta realidad.

En una comunidad virtual, la función de ventas es compartida entre diferentes actores. Los anuncios pueden ampliar su enfoque hasta darles una función de venta. Los anfitriones de tertulias en los tablones de anuncios electrónicos pueden convertirse en discretos vendedores, llevando a los miembros hacia áreas donde pueden adquirir lo que están buscando. El merchandiser de la comunidad puede organizar acontecimientos o promociones especiales (en alguno de los cuales puede actuar como protagonista el que tenga las mejores cualidades de vendedor). Si no queda ninguna venta por realizar en la comunidad, sus miembros en persona tratarán de persuadirse unos a otros sobre los pros y los contras de los diferentes productos. No estamos sugiriendo que los vendedores vayan a quedarse sin trabajo a causa de las comunidades. Su participación todavía será necesaria para vender a través de los canales físicos. Uno o dos, entre los mejores, pueden centrarse en la venta *online* de productos. Pero, en general, el papel del vendedor en el mundo virtual será diferente.

Formar equipo con la función marketing. La interacción de ventas y marketing puede resultar difícil. Pero en un entorno de comunidad virtual —entendido tal y como aquí lo hemos descrito—, donde la línea de separación entre el marketing y las ventas no está clara, es importante para las dos funciones interactuar sin que haya separación clara entre ambas. Ahora que la publicidad desempeña un papel de venta, debe darse entrada a la función de ventas en el diseño de la publicidad y en otros esfuerzos de marketing *online*, donde pueden ofrecer ideas sobre qué tácticas de venta pueden resultar efectivas con los compradores de la red. Esta interacción debe producirse en un doble sentido. La función de ventas debe estar dispuesta a recoger información de los responsables de marketing, de las operaciones de ventas que parecen tener éxito en el entorno virtual, y que podrían también tener aplicación en el mundo *offline*, así como de aquellas que no tienen éxito.

Insistir en la gestión de clientes. Los perfiles detallados de los clientes y los programas de marketing hechos a medida por la comunidad virtual exigirán mejoras en la capacidad de la compañía para gestionar la rentabilidad del comprador. Intentar adaptar los productos y la publicidad a los compradores equivocados es un error que puede pagarse caro. Por lo tanto, resultará importante, en esta función de ventas, estar convenientemente equipado (en términos de destrezas y de herramientas analíticas) para desempeñar este papel de gestión de clientes, en el caso de que no lo desempeñara la función marketing. Este papel puede incluir el desarrollo de estrategias de «puja» dirigidas a ganar el negocio de ciertos clientes o tipos de clientes, cuando se materialicen los mercados invertidos y los clientes empiecen de verdad a lanzar su oferta.

Cuidado con los nuevos competidores. La llegada de las comunidades virtuales puede conllevar la aparición de nuevos competidores. Los vendedores no deben descuidar el mercado virtual para asegurarse que saben a quién están vendiendo. Las comunidades pueden cambiar las reglas del juego y permitir a los pequeños participantes volver las tornas a los grandes. También puede cambiar la competitividad de una empresa, si, por ejemplo, una empresa ofrece descripciones del producto, capacidad de efectuar los pedidos electrónicamente, seguimiento del envío de la mercancía y servicio *online* al cliente, mientras que otras no los ofrecen. Hoy en día, hay pruebas de que estas cuatro actividades se llevan a cabo en la red. Los vendedores deben mantenerse al tanto de estos avances, y saber cómo hacerles frente al llevar a cabo sus ventas en un entorno electrónico, sabiendo dar respuesta cuando sea necesario (por ejemplo ofreciendo servicio *online* al cliente), y manteniendo informada a la función de marketing de las nuevas amenazas que la acechan en el terreno de la competencia. Un equipo agresivo de vendedores tomará la delantera a la hora de ofrecer estas herramientas a sus clientes claves.

NUEVO VIGOR A OTRAS FUNCIONES

La comunidad virtual puede ayudar a mejorar el desempeño de funciones distintas a las de marketing y ventas, ofreciéndoles una combinación de más opciones, una mejor información, y unas posibilidades más amplias de acceder a la gente y a los mercados. Algunas de las funciones que pueden resultar más provechosas son tratadas a continuación.

Planificación estratégica

Muchas grandes empresas desarrollan planes estratégicos con horizontes a largo plazo y muchas utilizan un enfoque basado en escenarios. Las comunidades virtuales ofrecen toda una gama de posibles escenarios. Intentar, en esta etapa tan temprana, desarrollar un escenario radical, y al mismo tiempo razonable, representa un desafío significativo (como nosotros mismos podemos dar fe de ello). Pero llevar a la práctica, hasta el final, la dinámica potencial que surge de las comunidades virtuales puede resultar un ejercicio útil que desafía nociones arraigadas sobre un sector particular y su estructura. En efecto, puede obligar a los participantes más importantes de un sector a replantearse la manera en que sirven sus mercados. También puede animar a los pequeños participantes a examinar sus métodos para ampliar los mercados, intentando establecer una posición competitiva fuerte en los nuevos canales creados por las comunidades virtuales.

En un plazo cercano, si un negocio decide organizar una comunidad virtual, su planificación estratégica debe luchar contra las previsiones económicas de la comunidad. Inicialmente esto supondrá un desafío. La estructura de los costes será inusual para muchas compañías, y los ingresos no sólo serán difíciles de predecir sino también, debido a la dinámica de los rendimientos crecientes, complejos de modelar. Transmitir los desafíos, la urgencia, y los beneficios que conlleva el negocio de organizar la comunidad será muy difícil, debido a la necesidad de un cambio en la mentalidad de los altos ejecutivos, tal y como describimos en el capítulo 7, especialmente dado el período relativamente largo de resultados mediocres antes de que los ingresos empiecen a despegar. El escaso volumen de inversiones a efectuar por adelantado debe mitigar algunas de estas dificultades y podría animar a los altos ejecutivos a respaldar el conjunto más rico de opciones competitivas que las comunidades pueden proporcionar. Siendo realistas, la necesidad de comprender las potenciales amenazas planteadas por las comunidades virtuales pueden resultar ser el argumento más persuasivo para formar parte de ellas a corto plazo.

Gestión de sistemas de información

Si las comunidades virtuales llegan a ser una constante de sus negocios, los responsables de los sistemas de información tendrán un mayor volumen de trabajo. Los desafíos los planteará el software más que el hardware. Mientras algunas de las funciones de software que la organización de la comunidad requiere, muy probablemente podrán externalizarse, los responsables de los sistemas de información tendrán que comprender suficientemente estas funciones para saber qué es importante y quién tiene las habilidades necesarias para llevarlas a cabo. Las funciones relacionadas con el software incluirán el diseño de «la imagen y las percepciones» que ofrece la comunidad, creando la arquitectura informativa que permita el acceso efectivo al contenido generado por los miembros, y la creación de sistemas que permitan captar y gestionar los perfiles de los miembros.

Los responsables de los sistemas de información deben comprender estos nuevos entornos, basados en una red pública, y ser capaces de asesorar a los altos ejecutivos a la hora de llevar a cabo el necesario equilibrio tecnológico descrito en el capítulo 8.

El potencial reside en el desarrollo de las comunidades virtuales orientadas a la satisfacción de las necesidades de los profesionales de los sistemas de información. Dichos profesionales deben aprovechar la aparición de estas comunidades para mantenerse informados sobre su sector, sometido a cambios constantes, y para aumentar la red de colegas a los cuales pueden acudir en busca de consejo sobre complejas cuestiones técnicas, nuevos productos y proveedores de servicios.

Gestión de los recursos humanos

Los años noventa han mantenido ocupado al responsable de los recursos humanos en la racionalización de los gastos, la reducción de efectivos y las fusiones. Sin embargo, como en el caso de las ventas, muchas otras funciones básicas de los recursos humanos —como son las relaciones laborales, la contratación, la evaluación y el seguimiento de la trayectoria profesional, la remuneración, y la gestión de beneficios—, han cambiado poco en los últimos diez o incluso veinte años. Las empresas más importantes siguen siendo, con mucho, las que precisan todavía de muchas de estas capacidades. Esto podría cambiar en los sectores en los que las comunidades virtuales emerjan con fuerza.

Como hemos visto, la organización de comunidades virtuales requiere la creación de algunas nuevas funciones. Un responsable de los recursos humanos debe tener una opinión sobre cuáles son estos pa-

...ueden externalizar o cómo pueden ser desarrollados en la ...presa. La organización de la comunidad también exigirá ...unciones ya existentes adquieran nuevas habilidades y una ...mentalidad. Si las grandes organizaciones tienen que adaptar... ...os responsables de los recursos humanos deberán desempeñar un ...pel a la hora de asegurarse de que se han comprendido y adquirido ...sas nuevas habilidades. Esto significará la formación de los actuales responsables para operar en ellos un cambio de mentalidad y abordar de forma creativa las oportunidades que ofrece la tecnología. También significará motivar las organizaciones para que acepten un mayor grado de incertidumbre. En muchos casos esto resultará difícil porque la mayoría de la gente se muestra reacia a la tecnología cuando no la comprende —especialmente los altos ejecutivos. Los responsables de los recursos humanos no pueden ser los responsables únicos de que la cultura de empresa se adapte al cambio, pero pueden contribuir a ello. Esto supondrá asegurarse de que algunas de las personas más adecuadas ostentan cargos lo suficientemente importantes como para encaminar la empresa hacia nuevas direcciones y crear los mecanismos de evaluación y retribución que apoyen a los que saber asumir un riesgo. Si las comunidades virtuales están llamadas a ser una oportunidad y no una amenaza, el responsable de los recursos humanos debe saber comprender el concepto y anticipar su organización.

En el terreno de la contratación, las comunidades ofrecen una nueva vía para el mercado de trabajo. En Internet, hay numerosas áreas donde la gente puede publicar listas de empleos o depositar su currículum. Con frecuencia, éstos adoptan la forma de tablones de anuncios electrónicos dentro de un sitio más grande. Cal Law, por ejemplo, tiene un área llamada *Cal Law Legal Classifieds*, donde los despachos de abogados de California pueden colocar la descripción de puestos de trabajo para abogados, oficios paralegales y secretarios. Además, como en el caso de los responsables de sistemas de información, los directores de recursos humanos de varias empresas pueden sacar provecho de la comunidad virtual para organizar redes de información y relaciones —tanto en su empresa como en su profesión—, y así entender mejor el mercado de trabajo en el que operan.

Estas observaciones están orientadas a entender cómo las comunidades virtuales pueden cambiar la forma en que se gestionan las funciones del negocio. En el último capítulo, analizamos cómo pueden afectar la forma en que se gestionan las empresas y se estructuran los mercados.

10
REMODELAR MERCADOS Y ORGANIZACIONES

Las comunidades virtuales tienen el poder de remodelar sectores y empresas. Al socavar las tradicionales ventajas basadas en las economías de escala, permiten la emergencia de un nuevo sistema, basado en las cualidades del emprendedor, y que puede amenazar la hegemonía de las mayores empresas actuales. Aquellos que sepan comprender, adaptarse y moldear las fuerzas desatadas por esta nueva forma de hacer negocios cuentan con mayores posibilidades de generar una riqueza considerable. Los que sigan jugando con arreglo a las viejas reglas puede que estén destruyendo valor.

Las comunidades virtuales pueden poner en marcha una amplia gama de cambios en el panorama empresarial actual. Al poner el énfasis en la perspectiva del cliente —en vez del productor—, las comunidades darán nueva forma a las estructuras del mercado y de las empresas. Al igualar las asimetrías de la información, contribuirán a impulsar la expansión de los mercados. Al hacer más eficientes los mercados, difundirán la información más ampliamente. Al abrir canales directos de comunicación entre los productores y los clientes, supondrán una amenaza para la viabilidad a largo plazo de los intermediarios tradicionales. Y al permitir la creación de empresas emergentes en un amplio espectro de sectores, desafiarán la posición establecida de algunas de las mayores corporaciones actuales.

LAS COMUNIDADES VIRTUALES REDEFINEN LOS MERCADOS

Las comunidades virtuales redefinen los mercado al aumentar la demanda. También lo hacen al centrar su interés en los clientes más que en las nociones tradicionales de «sector», que provenían del productor.

...demanda

...capítulo 2 vimos cómo la demanda debe aumentar a medida ...comunidad virtual reduce los costes. Dejando a un lado la mi... ...onomía, hay otras vías por las que también debería aumentar la ...nanda. Las redes electrónicas pueden traspasar las fronteras geo-...olíticas, ampliando el alcance de los proveedores en los nuevos mercados. Algunos *webs* dedicados a las ventas, como el *UK Shopping Mall* están empezando a añadir secciones globales, para dar a los clientes británicos acceso a los mercados de ultramar. Sin embargo, para que este mayor alcance se traduzca en un impacto material en el comercio, habrá que ayudar a los vendedores a encontrar compradores. Las comunidades pueden desempeñar un importante papel en acercar a las dos partes.

Las comunidades (a diferencia del comercio electrónico en general) actúan como un claro punto de encuentro de los particulares y las entidades que tienen intereses semejantes, para que puedan conectarse e informarse unos a otros sobre dónde pueden encontrar unos proveedores o unos compradores específicos. También sirven como punto de encuentro para una masa crítica de clientes que —de esa manera— quedan al alcance de los anunciantes.

La efectividad de las comunidades, a la hora de reunir a vendedores y compradores, puede ser especialmente elevada en los mercados cuya efectividad se ve limitada por ser muy localizados. La industria alimentaria está dominada por un número relativamente pequeño de marcas nacionales e internacionales. Innumerables productos son elaborados y distribuidos a nivel local, pero éstos pueden caer en el denominado *catch-22* para los pequeños productores: ellos no pueden permitirse una publicidad a nivel nacional, no pueden generar el volumen requerido para colocar el producto en los lineales de las cadenas de supermercados nacionales; si alcanzaran el volumen suficiente, también podrían, por supuesto, permitirse ese tipo de publicidad. Las comunidades virtuales pueden ofrecer a esos pequeños productores una capacidad de marketing a nivel nacional —y además adaptado—, todo ello por el precio de un anuncio *online*. *Skyline Chili*, una empresa que goza del favor de los habitantes de Cincinnati (Ohio), puede vender sus productos, sin intermediarios, a través de una comunidad de personas que viven desde hace tiempo en Cincinnati o para una comunidad de gourmets interesados en probar la comida regional. Las comunidades virtuales pueden darle una mayor difusión, aunque no cambiarían los aspectos económicos de la distribución a nivel nacional.

Las comunidades también pueden estimular la demanda de aquella gente que de otro modo no hubiera pensado en comprar un artículo determinado. Una empresa de suministros de jardinería p[uede] estimular el interés por la jardinería entre los propietarios de u[na] vienda que no tengan otras afinidades, patrocinando el área de [la] comunidad dedicada a la casa y el jardín, en la que los jardin[eros] pueden hablar sobre su hobby. Charlar con un jardinero entusi[asta] podría despertar su interés. En las comunidades, los entusiastas [ac]túan como vendedores naturales. Al ofrecer información, pued[en] estimular el interés allí donde sólo estaba latente o donde antes [no] existía.

Algunas empresas aprovecharán de forma agresiva el potencial d[e] las comunidades virtuales para ampliar sus mercados. Su desafío ser[á] decidir dónde creen que existe una demanda latente para sus productos, y qué comunidades deben entonces organizar o en cuáles participar para explotar esa demanda potencial.

Definir los mercados en torno a los clientes

Las comunidades virtuales obligan a una nueva definición de los mercados en torno a los compradores, en un doble sentido. En primer lugar, sirven de estímulo a las empresas para abordar otros sectores, guiadas por el común deseo de satisfacer las necesidades de sus clientes. Hemos afirmado que la comunidad virtual debe tener un enfoque específico. También hemos analizado cómo las comunidades necesitan ser gestionadas «orgánicamente» y cómo su crecimiento debe responder a las necesidades de los miembros, antes que conformarse a las necesidades predeterminadas del organizador. En consecuencia, empresas tan dispares como *Johnson & Johnson*, *Procter & Gamble*, *Toys «R» Us*, y el Hospital de Nueva York/*Cornell Medical Center* podrían acabar siendo socios en una comunidad dedicada a los padres.

En segundo lugar, las comunidades podrían posibilitar, en el caso de diferentes áreas funcionales dentro de una empresa, que se abandonaran sus singulares definiciones de un mercado, en favor de un mercado dirigido de forma más precisa a los clientes potenciales. Las comunidades lo consiguen *convirtiéndose en mercados*. ¿Qué queremos decir con esto? Tomemos el caso de una empresa que vende cereales. Su mercado viene definido de forma di-

> *Las comunidades definen de nuevo los mercados, al convertirse ellas mismas en los mercados.*

Organizarse: los intermediarios primero

Como vimos en el capítulo 9, al abordar el impacto de las comunidades virtuales en la función de ventas, las comunidades tienen la capacidad necesaria para sumarse, y posiblemente desplazar, a los intermediarios existentes. Con el tiempo, una comunidad exitosa de viajes acumulará gran número de viajeros, reunirá información detallada sobre sus necesidades y preferencias, y establecerá vínculos con sus principales proveedores, incluyendo las compañías aéreas, las compañías marítimas, las cadenas de hoteles, y las agencias de alquiler de coches. Esto les colocará en situación de desplazar a los intermediarios tradicionales (las agencias de viajes), de convertirse en agentes, y de llevarse ellos mismos la comisión que hoy cobran las agencias de viajes.

De forma más ambiciosa, en un país con un sistema de salud que tenga pocos intermediarios bien afianzados (como es el caso de algunos países de la Europa del Oeste) o en un sector sanitario que esté en las primeras etapas de su desarrollo (como sucede en muchos mercados emergentes), un organizador de comunidad sanitaria que inspire confianza podría jugar un valioso papel de intermediario. Esto podría incluir la ayuda a los médicos para que comprendan la eficacia de diferentes productos farmacéuticos y aparatos médicos y la ayuda a quien paga (en muchos casos el gobierno) para que pueda efectuar un seguimiento de los costes y evaluar la efectividad económica de los diferentes tratamientos. Dada la importancia de la asistencia sanitaria para cualquier economía, el valor de un intermediario eficiente y de confianza es potencialmente enorme, eliminando la necesidad de otros intermediarios, y ayudando a identificar y promover tratamientos efectivos y a suprimir los que no lo son.

La capacidad de una comunidad virtual para jugar un papel de intermediario en un sector determinado dependerá de ciertos factores, como son:

- Hasta qué punto la entrega de productos *online* puede sustituir de forma eficaz a los canales *offline*. Por ejemplo, un comerciante del sector del automóvil ofrece servicios, antes y después de la venta, que una comunidad difícilmente podrá igualar.
- La fuerza de su posición negociadora dentro del sector. Cuanto mayor sea la cuota de mercado de la que responde una comunidad virtual, mayores serán sus posibilidades de negociar su papel de intermediario en ese sector.
- La vulnerabilidad de los intermediarios tradicionales ante la erosión de su cuota de mercado. Si los márgenes de los intermediarios tradicionales son bajos y sus costes fijos elevados, una

pequeña erosión de dicha cuota por una comunidad tendrá un importante impacto en el conjunto de su rentabilidad. Esto les llevará a efectuar una defensa más dura de su cuota de mercado y resultará mucho más difícil hacer que abandonen dicha cuota a corto plazo. Los periódicos, por ejemplo, tienen unos costes fijos muy elevados. Entre el sesenta y el setenta y cinco por ciento de los costes de un periódico medio son fijos, incluyendo el coste del contenido editado, la tirada, las ventas publicitarias, las operaciones, la distribución y los gastos generales. Las comunidades virtuales localizadas geográficamente, o las comunidades basadas en la compra de viviendas o de coches, pueden intervenir como nuevos intermediarios entre los vendedores, los compradores, quienes recogen las noticias y quienes las leen. Podrían ofrecer una forma de anuncio clasificado mucho más potente (con vídeo clips o conexiones directas por e-mail con los vendedores), junto con clips de noticias que transmitan los telegramas de agencias. Incluso si las comunidades quitaran a los periódicos sólo una pequeña parte de sus lectores y de su publicidad, podrían tener un gran impacto negativo en su economía.

La reacción de los intermediarios al desarrollo de las comunidades virtuales puede ser una reacción agresiva y preventiva. De hecho, como ya ha quedado dicho, algunos intermediarios pueden estar en buena posición para convertirse en organizadores de una comunidad. Les podría resultar más fácil ofrecer una completa serie de productos y servicios competitivos que a un fabricante o a un proveedor de servicios, quienes deben asociarse con los competidores para ofrecer a los compradores las mismas posibilidades de elección.

Las comunidades rompen el circuito que une producción y distribución.

En algunos sectores, como los servicios financieros, en los que un banco actúa como productor (por ejemplo, en la concepción del préstamo) y como distribuidor (por ejemplo, en la venta de una amplia variedad de fondos de inversión), la decisión de convertirse en organizador de una comunidad virtual puede resultar más difícil. Como organizador, ¿aceptaría alegremente un banco —y confiarían en él los demás— si ofreciese sus propios préstamos en condiciones de igualdad con los de otros bancos? Una alternativa podría ser finalmente separar la producción y la distribución allí donde sea factible. En cierto sentido, ésta fue la vía utilizada por

AMR, la sociedad matriz de *American Airlines*, cuando desgajó la compañía aérea de su servicio de reservas, *easySABRE*, que está al mismo tiempo desempeñando un papel dinámico en la red, a través del sitio *online* que patrocina —*Travelocity*— descrito en el capítulo 5.

Esta dinámica crea claras amenazas y oportunidades en muchos sectores. Los intermediarios activos analizarán cómo protegerse mejor contra la amenaza de la desintermediación y al mismo tiempo tomarán la iniciativa de organizar comunidades. Los productores deben evaluar la naturaleza a largo plazo de su relación con los intermediarios, antes de decidir sobre su incursión en el negocio de las comunidades.

Recompensar la excelencia

Las comunidades fortalecerán aún más las empresas que demuestren su excelencia en la gestión. Al aumentar la eficiencia de los mercados, éstos presionarán sobre los precios. Las comunidades, en ese caso, beneficiarán a las empresas que mejor sepan gestionar la estructura de sus costes. Gracias a la publicidad de boca a boca, las comunidades tenderán a recompensar a las empresas que dan a sus clientes un valor excelente. Los miembros de la comunidad se encargarán de difundir la calidad del producto; las empresas se beneficiarán de los comentarios que los clientes satisfechos hagan a otros miembros de la comunidad y de este modo se reforzará la parte cualitativa de su propuesta de valor.

En la medida en que una pequeña empresa ofrece un mejor producto o un mejor servicio al cliente, disfrutará de una oportunidad de promocionar estas fuerzas en una comunidad virtual mejor que en el mundo *offline*. Su capacidad para transmitir el mensaje de su producto no estará, durante mucho tiempo, en función de su capacidad para adquirir espacios publicitarios. Seguramente, las economías de escala pueden seguir existiendo en áreas como la producción física y la distribución de mercancías. Pero las grandes corporaciones han disfrutado también de muchas ventajas derivadas de la economía de escala que las comunidades virtuales erosionarán. Éstas permitirán un acceso económico y fácil de los clientes a los mercados nacionales e incluso a los globales, y por ello socavarán algunas de las ventajas de que han podido disfrutar las grandes empresas, como son la capacidad para hacerse con espacio en los lineales de los grandes minoristas, su capacidad para comprar publicidad televisiva cara, y sus redes de distribución global. Aún más: los organizadores de la comunidad pueden promocionar activamente pequeñas empresas, en la creencia de que como la comunidad lucha por formar una masa crítica de suscriptores, las pequeñas compañías estarán más dispuestas que las empresas líderes para ser vendedores de la comunidad.

La igualdad de oportunidades que las comunidades virtuales pueden acarrear sugiere que las empresas —ya sean grandes o pequeñas— deberían centrarse más que nunca en la excelencia que acompaña a su propuesta de valor. Como ya dijimos anteriormente, en relación con la función de marketing, el valor del producto se impondrá más que nunca sobre el nombre de la marca.

Favorecer la competición

La economía y los requisitos organizativos que supone sacar adelante una comunidad hacen pensar que los primeros en incorporarse al negocio de la organización de una comunidad serán pequeñas empresas de alto riego, dirigidas por personas emprendedoras. Cada uno de estos individuos puede ganar millones de dólares en unos pocos años si las empresas tienen éxito —independientemente del valor que les atribuya la Bolsa. Por separado, este escenario parece bastante inofensivo: las grandes empresas podrían argumentar que las comunidades seguirán siendo un negocio marginal durante los próximos cinco años, representando sólo un porcentaje ínfimo de sus mercados totales.

Pero, al igual que las pirañas dan la vuelta al principio generalmente aceptado de que «el pez gordo se come al pez chico», del mismo modo las comunidades virtuales pueden convertirse en una amenaza para las grandes corporaciones empresariales si crecen en número suficiente. Si un número suficiente de entre las comunidades que trabajan en un sector determinado sobreviven los dos o tres primeros años, y si algunas consiguen hacerse con una porción significativa (aunque pequeña) de la base de clientes de un sector, entonces suponen una amenaza a largo plazo. El hecho que el negocio de las comunidades virtuales sea de tipo modesto puede engañar a la gran empresa y darle una falsa sensación de seguridad. Este hecho puede ser agravado por el modo en que las comunidades crecen en torno a ciertos ejes; algunas puede parecer que han aparecido repentinamente de la nada. Un minorista de juguetes debería tener cuidado con una comunidad demográfica dedicada a los padres, que crece a partir de un número de comunidades geográficas locales: pronto puede convertirse en el anfitrión de los fabricantes de juguetes vendiendo directamente a los clientes *online*. Si la ley de los rendimientos crecientes resulta de aplicación al negocio de organizar una comunidad, como nosotros creemos, entonces el crecimiento de la comunidad puede acelerarse rápidamente tras un lento arranque. Una vez ya en vías de crecimiento, el tamaño reducido de una comunidad es una ventaja. Este tipo de comunidades reaccionará de forma más rápida y más flexible que las empresas punteras a la retroinformación que reciban sobre el producto. Como le ocurrió a *MCI* en los primeros días de su lucha con *AT&T* por hacerse con una cuota del mercado de la telefonía de larga distancia, se beneficiarán de tener inicialmente una pequeña cuota de mercado que les permite ser más agresivos en los precios. ¿Quién le hubiera concedido una posibilidad a *MCI* frente a un competidor tan bien afianzado en el mercado como lo era *AT&T*? Sin embargo, *MCI* fue valorada en más de 15 billones de dólares cuando se produjo la OPA.

Las grandes empresas deben tener cuidado con esta «economía de pirañas». A corto plazo —digamos los próximos dos años—, el impacto de las comunidades virtuales será prácticamente insignificante. A medio plazo, las comunidades virtuales se llevarán probablemente «un buen pellizco» de la economía de estas empresas, lo que puede debilitar su economía de forma desproporcionada. A largo plazo, dentro de cinco o diez años, estas comunidades podrían amenazar la posición de mercado de alguna las actuales empresas líderes. Esto es sobre todo probable en las empresas de servicios y en las intermediarias (como el comercio al por menor) que tienen unos costes fijos elevados o un nivel elevado de activos fijos. En ellas, hasta los pequeños cambios en las fuentes de ingresos pueden tener un gran impacto en la rentabilidad. Las grandes empresas deben considerar cómo aumentar su conocimiento de estos pequeños competidores, de los cuales puede que normalmente no efectúen un seguimiento, y decidir cómo pueden competir mejor con ellos o quizás asociarse a ellos.

Cuidado con la «economía de pirañas».

Socavar las fuentes de ventajas tradicionales

Hasta cierto punto, las comunidades pueden desafiar algunos de los principios estratégicos sobre los cuales descansan muchas de las grandes empresas; en concreto: (1) que el capital alimenta las ventajas competitivas porque es preciso comprar los medios de producción —lo que a su vez produce economías de escala—, y (2) que las fuertes exigencias de capital actúan como barreras para la entrada. Las comunidades no requieren grandes cantidades de capital. Como vimos en el capítulo 3, los requisitos de capital para arrancar están al alcance de un emprendedor convincente y que tenga un buen plan de negocios. Y el capital puede producir unos ingresos elevados, contando con el tiempo suficiente para que esto se produzca.

Las grandes empresas buscarán maneras de responder a la invasión exitosa de las comunidades dentro de su terreno, y podrían hacerlo intentando levantar barreras al exigir un capital de entrada más elevado. Esto no se logrará fácilmente, aunque es posible que la misma tecnología que permite que los emprendedores entren hoy en el mercado impunemente se convierta mañana en su talón de Aquiles. ¿Cómo puede ocurrir esto? Las grandes empresas tienen capacidad para introducir sofisticadas herramientas informáticas (quizá alguna de las tecnologías de segmentación descritas en el capítulo 8) para gestionar los perfiles de los miembros o adaptar el contenido al cliente —herramientas que añadan un valor significativo para los vendedores, los publicistas, o los miembros. En este momento, es todavía difícil saber en qué podría consistir, pero si el valor añadido es lo suficientemente significativo, y si la tecnología utilizada es lo suficientemente costosa por su elaboración y su funcionamiento, el tamaño de la empresa y el acceso al capital serían de nuevo una ventaja. Para que este escenario sea realidad, hay que suponer que el valor incremental aportado por la tecnología es significativo y que los emprendedores son incapaces de encontrar la inversión necesaria. Debemos añadir que no existen pruebas claras que apoyen dichas suposiciones en el momento en que escribimos.

De manera alternativa, las empresas podrían intentar superar a los organizadores principiantes en su propio terreno constituyendo sus propias comunidades. Para llevarlo a cabo, tendrán que demostrar, en sus empresas, una cultura empresarial poco habitual y ante todo creativa. Al mismo tiempo, esa cultura tendrá que cooperar con la empresa matriz para que la comunidad virtual pueda beneficiarse de su acceso a los miembros potenciales, al contenido, y a las relaciones con otros vendedores.

Las comunidades virtuales dan nueva forma a la empresa

Hemos visto cómo la oportunidad de conseguir un mejor acceso a los clientes, y la presión de la competencia causada por la exitosa irrupción de las comunidades virtuales, pueden cambiar la forma en que se llevan a cabo las funciones en las empresas. El modelo de la comunidad virtual también puede conducir a un cambio en la forma de gestionar los negocios. En las empresas, pueden mejorar la efectividad de la gestión, acelerando la aparición de «comunidades de proceso» que establecen lazos entre los equipos con funciones entrecruzadas y que se basan en los mismos procesos de negocios. En la esfera de influencia de las empresas, la forma de la comunidad puede contribuir a que se difuminen las fronteras tradicionales de la empresa, a medida que surjan empresas ampliadas y asociaciones corporativas, centrándose las empresas en las funciones que realizan mejor, mientras que las demás se externalizan.

Comunidades de práctica y proceso

Tradicionalmente, las empresas se han organizado estrictamente en torno a líneas funcionales, pero este modelo «vertical» se está viniendo abajo. Una competencia cada vez más intensa, las presiones en los precios, unas tendencias en el mercado que cambian rápidamente, y la disponibilidad de una información más compleja hacen más importante que nunca la colaboración estrecha entre funciones, en vez de actuar de forma semi-autónoma.

Muchas empresas han intentado responder a esta necesidad organizando los procesos básicos (como son el desarrollo del producto, la gestión de la utilización de la marca, la gestión de clientes, y el suministro de productos o la cadena de suministros). El problema es que esto requiere una significativa interacción entre funciones, que ciertas culturas corporativas no consiguen alcanzar. Por ejemplo, el desarrollo de nuevos productos requiere interacciones frecuentes y efectivas entre I+D, marketing, fabricación, compras y ventas. En el pasado, la respuesta ofrecida era la reunión de todos los responsables importantes. En la práctica, esto ha llevado a una parálisis organizativa, ya que los responsables capacitados empleaban horas en reuniones en las que su contribución podría haberse limitado a minutos.

Aplicando el principio de la comunidad virtual a este problema, estableciendo tablones de anuncios electrónicos y áreas de encuentro, completados con buzones electrónicos e incluso con equipos de vídeoconferencia que permitan que la gente se comunique electrónicamente sin tener que abandonar sus mesas de trabajo, se pueden reforzar las redes informales que ya existen y fortalecer la integración entre los compartimentos organizativos. Estas comunidades corporativas internas pueden adoptar la forma de comunidades de práctica, poniendo en contacto a miembros de una función particular (como los estudios de mercado) de todo el mundo, o comunidades de proceso, conectando a miembros de equipos procedentes de diferentes áreas funcionales, ubicadas en diferentes partes del país, y que se ocupan de la ejecución de un proceso central (como es el desarrollo de un producto determinado).

Estas comunidades de negocios internas pueden diferenciarse en alguna medida de las otras formas de comunidad de las que nos hemos ocupado en la medida en que satisfacen las necesidades de interacción. Las «necesidades de transacción» pueden ser más fácilmente satisfechas por medio de intercambios de información, antes que por intercambios económicos, por ejemplo. Pero al igual que las comunidades virtuales que hemos descrito, las comunidades de práctica o proceso son probablemente comunidades orgánicas. En «*La llave invisible del éxito*», Thomas A. Stewart describe del modo siguiente estas comunidades informales de negocios: «Se aprende en grupo... No todos los grupos aprenden... Los grupos que aprenden... tienen unas características especiales. Se forman en virtud de un acuerdo entre ellos... Colaboran directamente, se ayudan unos a otros a concretar sus ideas, se enseñan unos a otros. No se pueden crear comunidades de este tipo por decreto, y se pueden destruir fácilmente.» (*Fortune*, 5 de agosto de 1996, 173.) El artículo pasa después a describir cómo un vicepresidente, en un departamento de I+D de *NYNEX*, una compañía telefónica norteamericana, comprobó que, colocando a individuos de diferentes departamentos funcionales en la misma habitación y permitiendo que este tipo de comunidad de práctica se formara (en este caso físicamente, y no electrónicamente) sin la intervención de la dirección, el abastecimiento de los servicios de datos de clientes se redujo de diecisiete días a tres.

Fortalecer las comunidades informales de su empresa transformándolas en comunidades virtuales.

Las empresas que se toman en serio estas lecciones, creando la infraestructura de red y la cultura que permita que dichas comunidades se formen, y sin ordenar formalmente su existencia, se beneficiarán de la ingenuidad y la colaboración natural de sus empleados. También acabarán teniendo unos empleados más felices.

Acelerar el desarrollo de las empresas ampliadas

Puede que surjan comunidades privadas de negocios para conectar electrónicamente a empresas, del mismo modo que, de forma conjunta, crean, producen, lanzan al mercado y distribuyen productos. En estas redes, las fronteras tradicionales entre las compañías independientes podrían difuminarse, haciendo que las diversas compañías se transformen en una «empresa ampliada».

Durante cierto tiempo, las empresas se han venido alejando del modelo de integración vertical que en un momento lideró *Time, Inc.*, que poseía los bosques que suministraban el papel en el que se imprimían sus revistas. Pero las empresas se están acercando a un modelo de negocios que descansa en una considerable interacción entre empresas independientes. Los fabricantes se están asociando cada vez más con sus proveedores clave, compartiendo información que en su momento se hubiera considerado exclusiva. Multinacionales que compiten entre sí como son *IBM* y *Toshiba*, *Kodak* y *Fuji* están suscribiendo acuerdos para desarrollar sus productos a pesar de que compiten agresivamente en el mercado por sus respectivos productos finales. Las empresas que cuenten con amplios grupos de proveedores o distribuidores pueden mejorar la toma de decisiones desarrollando redes privadas que les conecten entre sí. *Wal-Mart* está conectando a sus proveedores más importantes (como es el caso de las empresas de alimentación y de productos de papel) en una red que tiene a *Wal-Mart* como eje central. Tanto los pedidos de los productos como los inventarios se llevan a cabo electrónicamente.

¿Qué puede añadir el principio de las comunidades virtuales a estas redes? Este tipo de redes transportan información, pero rara vez permiten el diálogo. Añadiendo tablones de anuncios electrónicos se permite que los proveedores y los distribuidores se conecten, compartan ideas y resuelvan problemas. En cierto modo, vendrían a ser versiones ampliadas de las comunidades de proceso que acabamos de describir, creando confianza en las empresas de la misma esfera de negocios, ya que los problemas se solucionan de forma conjunta.

Estimular más asociaciones

Uno de los efectos secundarios más interesantes de las comunidades virtuales puede ser el grado de asociación que estimulan entre las empresas. La economía de algunos países se caracteriza ya por un alto grado de asociación entre las grandes empresas, como son el *keiretsu* de Japón y las extensas propiedades cruzadas y holdings del mundo empresarial en Alemania e Italia. Sin embargo, para las empresas de otros países, como Estados Unidos, es una excepción más que una regla general el hecho de asociarse con otras empresas. Las comunidades virtuales podrían cambiar esta tendencia.

Es difícil dar con ejemplos de vendedores que cooperen entre sí en la red porque muchas empresas han elegido hasta ahora adoptar el enfoque del «sitio Web corporativo». Pero imagine, por un momento, una comunidad en la que muchos vendedores tomen parte. ¿Podría diferenciarse la reunión de estos vendedores de su aparición conjunta a nivel publicitario en la misma revista o en el mismo programa televisivo? Por supuesto que sí. Basta para ello organizar una comunidad de forma conjunta, donde cada uno de los vendedores tendría acceso a los miembros (y probablemente a sus perfiles), y donde cada empresa podría opinar sobre el diseño de la comunidad. Resulta difícil imaginar grupos de productores rivales cooperando en la organización de una comunidad a corto plazo, lo cual plantearía, con toda seguridad, interesantes cuestiones legales. Resulta más fácil imaginar grupos de intermediarios que compiten (como minoristas o agencias), juntándose para organizar una comunidad como una maniobra preventiva contra la amenaza de desintermediación.

A medida que los vendedores intervienen en la organización de la comunidad, y especialmente a medida que empiezan a comprender las necesidades de un mismo conjunto de compradores, pueden empezar a encontrar sinergias en varios terrenos, como el compartir ciertas compras, la gestión de la información sobre clientes, el servicio al cliente, y la distribución del producto. El resultado puede desembocar en ciertas alianzas y *joint ventures*, en la medida en que lo permite la regulación antitrust.

Epílogo

Muchas de las fortunas de hoy en día han surgido de ideas, no de activos físicos. Muchas de las grandes empresas actuales de alta tecnología (*Apple, Hewlett-Packard, Microsoft*) fueron creadas por uno o dos individuos que tuvieron gran visión y poco capital. Los vendedores de éxito de productos electrónicos y los organizadores de comunidades pueden ser los sucesores de esas compañías de rápido crecimiento. La diferencia es que estas nuevas compañías no se limitarán probablemente al sector de la alta tecnología. Pueden saltar a una amplia gama de empresas y cambiar profundamente el panorama de esas empresas, en detrimento de las grandes corporaciones bien asentadas.

En caso de tener éxito, las comunidades virtuales generarán nuevas actividades: entre otras, organizar comunidades, moderar los tablones de anuncios electrónicos, diseñar software y la arquitectura de la comunidad. En general, requerirán un carácter emprendedor, pocas veces exigirán mucho capital: pueden ser un antídoto parcial para los despidos de los años ochenta y noventa. Pero el mayor impacto de las comunidades virtuales puede producirse en la forma en que los individuos gestionan sus vidas y las empresas se gestionan a sí mismas. Las comunidades servirán para conectar, como antes lo hicieran el sistema postal y el teléfono. Pero las comunidades recorrerán varios escalones más que el teléfono o el fax, ya que ayudan al individuo a buscar y encontrar. Almas en busca de relación, colegas en busca de trabajo en equipo, clientes en busca de productos, proveedores en busca de mercados: la comunidad virtual puede ofrecer un sitio para todos ellos.

AGENDA PARA LOS RESPONSABLES

Como es imposible, en el corto espacio de un libro, entrar en el detalle de cómo crear y hacer funcionar prácticamente cualquier tipo de negocios, hemos evitado deliberadamente presentar una «guía práctica» de las comunidades virtuales. Sin embargo, queríamos intentar dar una respuesta a la pregunta: «Y ahora, ¿qué hago?» Con el fin de señalar la dirección, sugerimos aquí los pasos siguientes, agrupados en cuatro categorías, con el fin de ayudar a los altos ejecutivos a organizar una comunidad virtual. Esperamos que todo ello sirva de ayuda.

Primer paso: Pruébelo

Si todavía no lo ha hecho, nada puede sustituir la experiencia de navegar *online* y explorar la red. Los ejemplos que hemos dado a lo largo del libro le pueden servir de punto de partida. Los directorios *online* le pueden guiar hacia las áreas que más le interesen.
Hable con las personas que participan en comunidades principiantes, pero también (si no son las mismas) con las que participan en comunidades punteras, con el fin de comprender los fundamentos y los matices de esta cultura empresarial, y en qué puede diferenciarse de la suya propia.

Segundo paso: Simule un plan de financiación para un competidor inexistente

Identifique un mercado objetivo de clientes claves y de segmentos de clientes basándose en:

- el atractivo relativo de los diferentes clientes
- hasta qué punto se encuentran ya conectados

- hasta qué punto ellos valorarían la existencia de una nueva comunidad.

Elabore una propuesta de valor:

- Desarrolle una lista de productos que puedan ser vendidos a ese grupo de clientes.
- Analice los aspectos de cada producto que podrá / no podrá describir *online* a los clientes actuales y a los nuevos.
- Haga la lista de los productos que pueden / no pueden entregarse *online*.
- Analice las ventajas y los inconvenientes de una comunidad virtual para sus clientes importantes, sobre todo en lo que se refiere a aquellas necesidades que actualmente no están cubiertas adecuadamente.

Analice el ritmo adecuado para su entrada:

- Alcanzar el lanzamiento de la comunidad.
- Marcar objetivos relativos a los miembros, y un calendario para alcanzarlos.

Mida el impacto económico:

- Sobre su negocio (impacto general; impacto económico sobre ciertas líneas actuales de negocio).
- Sobre ciertos elementos decisivos en su empresa (competidores, intermediarios, etc.).

Tercer paso: Desarrolle una propuesta para la alta dirección

Al igual que en el paso 2, para su propia empresa, y además...
Realice un examen competitivo del mundo virtual:

- Vigile los movimientos que realizan en el mundo virtual los principales competidores del mundo real.
- Vigile a los otros actores que entran en el mundo virtual, y que ofrecen la misma categoría de productos que la suya o que se dirigen a los mismos clientes clave con otros productos.
- Mida el impacto que una comunidad virtual exitosa puede tener sobre las relaciones con sus clientes y su cuota de mercado.

- Mida el potencial de desintermediación (si es usted un productor).
- El posible impacto (positivo y negativo) sobre el servicio de sus clientes importantes.
- La escala de ese impacto en su economía, si, con el tiempo, la comunidad virtual va a sustituir a sus intermediarios.
- La escala de ese impacto sobre su economía, si un intermediario organiza su propia comunidad virtual.

Estime el impacto de desintermediación (si es usted un intermediario):

- El posible impacto (positivo y negativo) sobre sus clientes importantes.
- La escala de ese impacto sobre su economía, si la comunidad le sustituye a usted y toma el X por ciento de su cuota de mercado.

Proponga una manera de entrar en el negocio de organizar comunidades:

- Examine su preparación para llegar a ser un organizador de comunidad, en términos de activos, de destrezas y de mentalidad (por parte de los altos ejecutivos y de los mandos operativos).
- Mida los tipos de comunidad que usted podría pensar en construir.

Analice la apuesta; tome en consideración lo siguiente:

- los tipos de comunidad que habrá que organizar
- los tipos de necesidades que el cliente pide que se cubran
- el tamaño de la comunidad (o comunidades)
- la gama de productos que habrá que ofrecer a los clientes.

Dibuje una estrategia de colaboración. La cual incluirá:

- una evaluación de las deficiencias en el terreno de las habilidades y los activos requeridos para alcanzar los objetivos en la contratación de miembros y vendedores
- los candidatos que están dispuestos a colaborar
- otros factores (por ejemplo, asegurarse un contenido único, evitando que caiga en manos de la competencia).
- hasta qué punto está usted dispuesto a dejar la propiedad de la empresa, y qué puntos no son negociables.

Exigencias financieras:

- cash flow de los tres primeros ejercicios
- inversión requerida
- otros requisitos (por ejemplo, los derechos sobre el contenido, las marcas).

Objetivos para:

- los seis primeros meses
- la evolución de los miembros en función del tiempo
- los ingresos, la rentabilidad y el cash flow en función del tiempo.

Otros:

- necesidad de señalar los límites y las relaciones con la organización matriz.

Cuarto paso: Formar un equipo que desarrolle la estrategia de entrada

- Diseñe una organización que lance y gestione la comunidad:
- enumere las habilidades clave requeridas
- identifique las fuentes para esas habilidades (internas, externas, externalizadas)
- contrate un productor ejecutivo
- reúna al equipo.

Desarrolle un plan de marketing inicial:

- diseño del producto, que incluya los rasgos (directorios, tablones de anuncios electrónicos, etc.); señale cómo se cubrirán las cuatro necesidades clave
- lista de los vendedores / anunciantes de la etapa preliminar
- plan de publicidad y relaciones públicas (asociaciones comerciales, otros grupos, apoyándose en la publicidad de la empresa, cuando existe)
- identificación de los primeros miembros objetivo (incluyendo a las personas influyentes)
- decisión sobre las fuentes de ingresos (por ejemplo, decisión de cobrar derechos de inscripción).

Tome pronto las decisiones técnicas:

- Internet o servicio propietario, o algún tipo de combinación de ambos
- funciones técnicas que habrá que externalizar
- decisiones sobre la tecnología más importante (por ejemplo, el sistema de pago)
- arquitectura de la primera información (qué datos deben recogerse, y cómo).

Decida sobre la ubicación (no lejos de otras empresas en fase de lanzamiento, o de los servicios técnicos).

PARA PROFUNDIZAR EN EL TEMA

Para desarrollar nuestra perspectiva sobre el tema de este libro, nos hemos servido de una amplia variedad de fuentes publicadas y también nuestro trabajo con los clientes. En este capítulo, presentamos una lista de lecturas básicas sobre los temas importantes abordados en este libro, a partir de fuentes fácilmente asequibles para los altos ejecutivos —tanto porque el material es asequible como porque no utiliza la jerga técnica o académica. Para quienes deseen mayor información, facilitamos una lista de lecturas complementarias que permiten profundizar en ciertos temas concretos.

ÍNDICE ANALÍTICO Y DE NOMBRES

A&P, 232
Abogados, 151, 158, 238
Acceso a la información, 48-52, 135
Accionistas, 92
Activos
   los miembros como, 78-86
   únicos, 100-102
Adaptación al cliente, 72
Agencias de viaje, 93
Agents, Inc., 172, 224
Agriculture Online, 45, 150-151
Aldeas virtuales, 117-118
   características de, 113
   vendedores y, 114-116
Alimentar, 187
Amazon.com, 51, 53, 111
   y «Concurso de Recomendación de Libros», 51
America Online (AOL), 12, 24, 41, 42, 59-60, 69, 72, 98, 111, 128, 130, 149, 183, 186-187, 210
   los miembros de, 85
   Motley Fool en, 39
American Airlines, 245
American Express, 105, 169, 170
Amplitud fractal, 153
AMR, 150, 245
Amsterdam Channel, 148
Análisis financiero, 74, 77-78
Analistas de la información, 196-198
Anfitriones, 104, 190-192, 201, 202, 234
Animación, 211
AOL
   Véase America Online

Apple, 163, 191
Archivero, 192, 201
Arrancar las malas hierbas, 186, 187
Asociación Médica Americana, 39
Asociación Profesional de Asistencia Informática, 39
AT&T, 206, 210, 247
Autenticación, 210

Bancos, banca, 144, 232
Barreras
   de entrada, 247
   la concentración como, 104-106
   las relaciones entre miembros y las, 102-104
   los activos únicos y las, 100-102
   los costes de producción y las barreras, 104
Bioespacio, 150
Brand, Stewart, 83
Breast-feeding Shop, The, 58
Buscadores, 83, 113, 133

Cal Law, 238
Cancer Forum, 40
Capacidad de distribución, 169
Captación del valor, 111
   como intermediarios de información, 135-136
   en coaliciones, 128-129
   en constelaciones, 121-123
Caterpillar, 114
CD Now, 68
CD-ROM, 174
Christian Corner, 41

Círculo de la dinámica del contenido atractivo, 71-73, 75 (fig.)
Clientes, 28, 29, 32-33, 46 (fig.), 136-137, 241-242
 como objetivo, 255-256
 como «segmentos de una unidad», 222-223, 223-226
 la elección de, 52-53
 la gestión de, 234-235
 la información sobre, 132-133
 poder adquisitivo y, 52
 relaciones con, 157
 relaciones públicas por parte de, 227-229
 y los negocios en red, 143-144
 y productos, 225-227
 y vendedores, 31-32, 33-34
«Club de fans», 233
Cobra Golf, Inc., 227-228, 229
Colección de catálogos, 43-44
Comercio, 25, 30, 37, 145, 231
Competición, 141, 170, 207, 214, 235
 el cambio y la, 178
 favorecer la, 246-247
 gestionar con vistas a la, 255-256
Compra, 151, 179
CompuServe, 12, 24, 40, 59, 60, 210, 226
Comunidades, 125-126, 148
 adquisición de, 105-107
 afiliadas, 120
 amplias y restringidas, 117-118, 120-123
 aumentar la funcionalidad de, 173-174
 centradas en los consumidores, 147-150
 coaliciones de, 25
  la captación de valor en, 128-129
  la entrada en, 129-130
  la organización de, 123-126, 130-131
  los supuestos sobre, 126-127
 concentración de, 104-106
 «constelaciones» de, 117-118, 119 (fig.), 121-124, 146
 los vendedores y, 120
 costes operativos, 86-92
 de empresa a empresa, 150-152
 definir, 60
 demográficas, 148-149
 el sentimiento de, 182-184
 el tamaño potencial de, 143
 empresa vertical, 150-151
 evolución de, 186
 fragmentación de las, 112-113, 115-116
 funcionales, 151
 geográficas, 147-148
 grupos de, 175, 214
 la profundidad fractal de, 145-146
 la rentabilidad de, 109, 116-117
 los servicios compartidos por, 124-125
 opciones de crecimiento, 94-95
 temáticas, 149-150
 tipos de, 146-152
 y el comercio, 16, 144-145
Comunidades, el marketing de las, 89, 104, 200-201, 258
Comunidades, la gestión de, 14, 181-182, 206-207
 el servicio al consumidor, 193-194, 234-235
 las necesidades de datos, 225
 los recursos humanos, 237-238
 los sistemas de información, 237
 orgánicas, 185-188
 requisitos para la, 200-203
 roles en la, 188-200
Comunidades de negocios, 12-13, 250
 evolución de las, 111-136
Comunidades de viajes, 50, 69-70, 87-89, 105, 119 (fig.), 146, 150, 153-154, 170, 195-196, 199
 creación de valor, 94-97
Comunidades demográficas, 148-149, 154-155
Comunidades geográficas, 147-148, 152, 153-155, 183
Comunidades temáticas, 149-150, 154-155
Comunidades virtuales
 Véase Comunidades
Condé Nast Traveler (revista), 170
Conocimiento, generar, 167-168, 174

Consejo de Gestión Logística, 151
Consumidores, 28, 38-39, 69-71
  Véanse también Clientes; Miembros
Contenido, 89-90, 157-158, 165, 166, 170, 211-212
  generado por los miembros, 50-52, 177-178
  y comunicación, 29-30, 48-50
Contextos de empresa a empresa, 43-45, 80-81
  empresas verticales, 150-151
  funcionales, 151
Continuous Relationship Marketing, 42
Costes, 99
  como barrera de entrada, 104-105
  de adquisición, 105-107
  de producción, 104
  y rentabilidad, 86-92
Counsel Connect Web, 151
Crecimiento, 35, 161-162
  activos y, 78-81
  potencial de, 109, 116-117
  requisitos del, 182-188
Cuotas, 67, 69, 94

Delivered with Love, 58
Demanda, aumento de la, 240-241
Deportes, 42, 44, 144
Derechos de inscripción, 94
Desarrollo lateral, 130
Desintermediación, 256-257
Dinámica de la fidelidad de los miembros, 72-73, 75 (fig.)
Dinámica de la oferta de transacciones, 73, 76 (fig.)
Dinámica del perfil de los miembros, 72-73, 76 (fig.)
Disney, 158
Diversión, 41-42
Divorced Pals, 41

Earth's Best Baby Foods, 57
EasySABRE, 244-245
Economía, 14
  a corto plazo, 97-99, 142-146
  de los rendimientos, 63-66
  y el incremento de los miembros, 82-83

Economías de enfoque, 105
Economías de escala, 245
Editores, 192-193, 200, 202
Efectos de red, 73
Elección, vendedor, 53
Elecciones de tecnología, 205-206
Electronic Mail & Guardian, 148
Empresas, 250-251
Empresas de bases de datos, 28-29
Empresas verticales, 150-151, 249
Enfoque basado en la dinámica del negocio, 74-78
  los circuitos y, 71-73, 75-76 (figs.)
Escala, ventajas y beneficios de, 184, 239, 245
Escalabilidad, 182-184
ESPNET, 42, 44, 157, 158, 191, 192
Estándares, tecnológicos, 210, 213, 214
Estrategia de tecnología, 206-208
Estrategias de entrada, 136, 258-259
  velocidad en las, 164
  y coaliciones, 129-130
Evaluación, tradicional, 74, 77
e-World, 163, 191
Excelencia en la gestión, 245-246
Expansión a largo plazo, 152-155
Experts On Call, 151

Fantasía, 41-42, 172
Farming Weather, 151
Federal Express, 64, 65, 104
Federal Retirees, 41
Feria virtual del empleo, 44
Fidelidad, 72, 85, 115, 154-155, 232-234
Fidelity Investments, 169
Fijación de precios, 37-38, 45, 46 (figs.), 94, 231-232
Finanzas, 39, 43, 55, 96, 149
Firefly, 172, 224
Foros de debate, 226
Franquicias, 184-185
Friedman, Peter, 191
Fuji, 251
Funciones del negocio, 248-249
Furlong, Mary, 40-41

Gardner, David, 39, 96
Gardner, Tom, 39, 96
Gates, Bill, 26
Gestión, 221
    agenda para los responsables, 255-259
    de negocios, 248-249
Gestión de los Recursos humanos, 237-238
Gráficos, 25, 211
Granjeros, 150-151, 193
Grupos de interés, 149-150
Guías Zagat, 30

Habilidades, 104, 135
    organizativas, 158-160
    requeridas por la gestión, 188-200
Hipotecas, 144
Historial de datos, 103
HouseNet, 187
HTML, 208

IBEX, 151
IBM, 206, 251
Incertidumbre, 27, 64
Individual, Inc., 151
Información, 37-38, 131, 143
    acceso a, 48-52
    arquitectura para, 208
    compartir, 251
    organización de, 49-50
    sobre clientes, 132-133
    sobre miembros, 34-35
Infraestructura, 25-26
Ingresos
    el enfoque dinámico y, 71-78
    fuentes de, 66-71, 94, 97-98
    la economía a corto plazo y, 97-99
    los miembros como activo y, 78-86
Innovación, 195
Intel, 209
Intereses, consumidor, 38-39
Intermediarios, 243-245
Intermediarios de información,
    la captación de valor y, 134-136
    los usuarios como, 134
    papel de los, 131-132
Internet, 24, 26, 40, 42, 60, 130, 133

    como plataformas de red, 208-209, 210-217
    directorios, 165-167
Internet Relay Chat, 211, 217
Inversión, 165, 236
    la economía a corto plazo de la, 97-98
    las barreras para la, 100-106
    personal, 149
    riesgos de, 116-117
    y rentabilidad, 86, 90-91
Investigación, 224-226
Ir de compras, 60, 239-241
IRI, 201
iSKI, 187

Johnson & Johnson, 241
Juegos, 41-42, 174

Keiretsu, 251
Kingsley, Michael, 50-51
Kodak, 251

Lenguajes de descripción de textos, 208
Lexis-Nexis, 60, 158
LiveWorld, 191
Loblaw's, 232

Main Quad, 217
Mama Ragu, 207
Marketing, 31-32, 151, 221
    de los «segmentos de una unidad», 222-223
    los cambios en el, 221-223, 226-235
    y la generación de tráfico, 166-168
Masa crítica
    a largo plazo, 154-155
    edificar, 161-163
    para los ingresos, 67
MasterCard, 105, 213
«Material transportado», 49-50
Mayoristas, 129
MCI, 60, 247
Medicina, 61, 150
Medición de los resultados, 201-203
Medios, sacar provecho de, 168
Mercados, 45, 46 (figs.)
    derechos de participación, 94

ÍNDICE ANALÍTICO Y DE NOMBRES   267

expansión de los, 56-58
invertidos, 38
redefinir los, 239-242
virtuales, 25, 144
y clientes, 241-242, 255-256
Merchandisers, merchandising, 198-200, 201, 202, 230-231
Metrobeat, 148
Microsoft, 26-27, 28 (fig.), 64, 104, 207, 209, 210
Microsoft Network, 41
Miembros, 33-34, 113, 185, 194
  adquisición de, 188-190
  añadir y guardar, 158-159
  apoderamiento de, 185
  como activo, 78-80, 101
  como objetivo, 47, 85
  comprometer a los, 171-173
  contenido y, 29-30, 50-51, 71-72, 177-178
  el valor para los, 34-35
  incremento de, 60
  masa crítica de, 154, 162
  papel cambiante de, 81-86
  pautas seguidas en la utilización, 190-196
  poder adquisitivo de, 55
  relaciones entre, 102-104
  tráfico y, 163-170
  y comunidades amplias, 120
  y mercados, 56-57
  y recursos, 30, 178-180
  y vendedores, 114-115
Modelo de comunidad centrada en el consumidor de viajes, 74, 87, 93-94
  cash flow proveniente de, 91-92
  costes de, 87, 88-89 (figs.), 105
  creación de valor y, 94-97
Modelo de los rendimientos crecientes, 164
  activos y, 78-86
  circuitos dinámicos y, 71-78
  economía del, 63-66
  puertas del, 161-162
  rentabilidad y, 86-92
Moderadores, 121
Motley Fool, 39, 43, 55, 60, 96, 101, 149, 187, 215, 217

Multi-User Dimensions (MUDs), 41-42
Multi-User Dragons
  Véase Multi-User Dimensions
Mustela, 57

Natural Baby Company, 58
Negocios
  desde el domicilio, 165
  en la red, 143-144, 150-152
NetNoir, 187
Nets, Inc., 43-44, 45
Netscape, 95, 133, 207
Nielsen, 201
Nombres de marcas, 156-157, 168, 229
Novell , 104
NYNEX, 250

Oferta, 45
Ordenadores personales, 25, 133, 209-210, 216-217
Organización
  de la información, 49-50
  enfoque orgánico, 35-36, 185-188
Organizadores, 25, 30, 53-54

Padres, 143, 241
Paint/Coatings Net, 61
Parent Soup, 148, 186, 188
ParentsPlace, 57-58, 148
Partners, establecer relaciones, 169-170, 251-252, 257
Perfiles de actividad, 176
Perfiles de los miembros, 72-73, 120-121, 174, 175-176, 178-179
  el comercio de, 68
  y coaliciones, 126-127, 128
Perfiles de transacciones, 68
Perfiles del vendedor, 127
Periodismo, 61
Personas mayores, 40-41, 148, 154
Phoenix TeaHouse, 149
Physicians Online, 61, 150
Planificación, 27, 236, 241-242
Plataformas de red, 24-25, 133
  elección, 208-217
  híbridas, 214-215

modelos de negocios, 216-217
Poder, 45, 221
　adquisitivo, 47-48, 52
　de los vendedores, 114, 116
Prensa, 148, 244
Privacidad, 68, 133
Procter & Gamble, 67, 241
Prodigy, 12, 24, 60, 210
Productos, evaluación de, 226-227
Profundidad fractal, 145-146, 150
Propiedad, 131, 132, 136-137, 142, 158
«Propietarios naturales», 142, 158, 185
Protocolos de comunicación, 208
Publicación, 50-51, 60-61, 174
Publicidad, anunciantes, 23-24, 79, 89, 94-95, 97-98, 176, 199, 207
　las ventas en concepto de, 229-231
　los ingresos por, 67
　y el perfil de los miembros, 72-73
　y las comunidades amplias, 118-121
Puertas, umbrales, en el modelo de rendimientos crecientes, 162
Puntos de entrada, 35, 141, 161

Rainman, 130
Recogida de datos, 211, 224-225
Recursos, 30, 156-158, 209
　acumular, 30, 35
Red Dragon Inn, 42, 60
Redes de información, 167
Reestructuración de empresas, 242-248
Relaciones
　con los clientes, 95-96, 157
　entre miembros, 102-104, 113, 121-122, 172-173
　personales, 177
Relaciones públicas, 227-229
Rentabilidad, 82, 116
　y costes operativos, 86-92
Restaurantes, 51, 179, 240
Revistas, 150-151, 159
Revistas *online*, 159
RR. HH.
　Véase Gestión de los Recursos Humanos
Russia Alive!, 148

Sainsbury's, 232
Salas de tertulias, 12, 104, 121, 172, 175, 177, 183, 192, 199, 211, 217, 234
　anfitriones, 190-192
Salud, 243
　Véase también Medicina
Satisfacción, miembro, 194
Sector de la biotecnología, 150
Sector de la confección, 150, 154
Sector de la moda, 150
«Segmentos de una unidad», 223
　cómo dirigirse a, 223-226
Senior Entrepreneur, 41
SeniorNet, 40-41, 217
SeniorNet Learning Center, 41
Servicio al cliente, 193-194, 200
Servicio de alojamiento, 116, 131, 206, 213
Servicio de Excedentes de Equipo, 44
Servicio de Notificaciones del Editor, 53
«Servicio de Productos Nuevos», 44
Servicios *online* propietarios, 212, 215, 217
SI.
　Véase Sistemas de información
Siembra, 186
Silicon Investor, 149, 183
Sistemas de información (SI), 194-195, 237
Sistemas de pago, 210-211
Sistemas generalizados de pago, 213
Sitios web, 142, 210, 252
Skyline Chili, 240
Slate, 50
South Bend Tribune (periódico), 148
SportsZone, 158
Stewart, Thomas A., 250
Stock Talk, 183
Subcomunidades, 118, 145-146, 187
　evolución de, 186
　formación de, 153-154, 174-175
　ventajas de escala en, 184
　y sentido de la comunidad, 183
Suscriptores, 69
Successful Farming (revista), 150-151
Sysop (operadores de sistemas), 190-191, 200, 201, 202

Tablones de anuncios electrónicos (BBS), 11, 24, 101, 104, 121, 172, 173, 175, 177, 182-183, 200, 211
  generar tráfico a través de, 163-164, 166-167
  la comunidad a través de, 29, 49
  los anfitriones, 190-192
  y las subcomunidades, 175
«Talento», 188
Talk City, 217
Tasa de abandono, 102, 103-104, 183
Tasas y modos de utilización, 25-26, 83, 171-172, 178-179, 200-201
  miembro, 190-196
TCP/IP, 208, 210
Tecnología
  actividades comerciales y, 210-211
  arquitectura, 195-196, 207-208, 213, 216-217
  de flujos, 211-212
  de medición, 211
  estándares, 213, 214
  modelos de negocios competidores, 209-210
  propietaria, 212
Tecnología «cookie», 133
Tecnología de flujos, 211-212
Tecnología de medición, 211
Tecnologías de la integración, 211
Thrive, 187
Time, Inc., 251
Time-Warner, 60
Toshiba, 251
Total New York, 148, 193
Toys «R» Us, 241
Tráfico, 162
  concentrar el, 171-176
  conservar el, 176-180
  generar el, 163-170
Transacciones, 42-44, 73, 79-80, 121-122, 198, 210-211, 250
  cuotas de, 92-94
Travel & Leisure (revista), 70, 170
Travelocity, 150, 245

UK Shopping Mall, 240
Universidad de San Francisco, 40
UPS, 104
USA Today, 69
USENET, 211

Valor, 80, 85-86, 171, 224, 229, 256
  añadir, 32, 132-133
  creación de, 33, 92-97, 111-112, 131, 141-142, 148
  de los negocios virtuales, 143-144
  extraer, 175-176, 196-200
  para los miembros, 34-35
Vendedores, 33, 38, 46 (figs.), 58-59, 79-80, 176, 196, 210-211, 224
  beneficios para, 28, 31-33
  cooperación entre, 251-252
  elección de, 52-53
  intermediarios en información y, 135-136
  poder de, 114, 115-116
  y aldeas virtuales, 115
  y comunidades amplias y restringidas, 120-121, 122-123
  y fidelidad, 232-234
  y perfiles de los miembros, 173-174
Venta al por menor, detallistas, 123, 129, 232
Ventajas de escala, 184, 239, 247-248
Ventas, 221
  estrategias para, 221-235
  y gestión del cliente, 234-235
  y publicidad, 229-231
Vino, 43
Virtual Garment Center, 61, 150
Virtual Vineyards, 43
Visa, 105, 213

Wal-Mart, 251
Walkman (de Sony), 186
Well, The, 11, 25, 69, 83
Well Engaged, 217
World Wide Web, 23, 24, 25, 60, 207, 211

Zima Web, 207